Maria Arellano
Beauty Advisor
4525 N Albany
Chicago, IL 60625

Cómo Alcanzar el Éxito Auténtico™

Dr. Ron Jenson

Optaré por iniciar la acción.

Procuraré alcanzar el significado personal.

Trataré de eliminar lo negativo de mi vida.

Internalizaré los principios correctos.

Marcharé firme a ejecutar mi misión.

Integraré toda mi vida para alcanzar el éxito.

Zarparé hacia mi meta, cuidando de los demás.

Arduamente mantendré mi rumbo.

Rigurosamente alinearé mis objetivos.

Energizaré mi vida interior.

Future Achievement International®

Versión en castellano: William Rodríguez Hirsch/Lorena Loguzzo
Editores de la versión en castellano: Guillermo Luna / Ladislao Leiva

Publicado por

Future Achievement International®
P.O. Box 891345
Temecula, California 92589-1345
Estados Unidos

ISBN 0-9709483-1-X
SP-AASBK-102-U-v2

www.futureachievement.com

CÓMO ALCANZAR EL ÉXITO AUTÉNTICO™

DIEZ PRINCIPIOS PARA LA VIDA,
QUE OPTIMIZARÁN SU VERDADERO POTENCIAL.

Dr. Ron Jenson

Contenido

Presentación de la edición castellana

Hace más de 20 años conocí y desarrollé una amistad con el Dr. Ron Jenson, creador de todo un sistema de capacitación en base a los principios universales para ayudarnos a OPTIMIZAR nuestro potencial de liderazgo. En los últimos años he experimentado personalmente los principios y enseñanzas de este sistema y me han ayudado a cambiar de actitud, mis creencias y por supuesto mi conducta.

Conforme viajo por los países de nuestro amado continente latinoamericano, siento dolor al ver como la desocupación, el fracaso en los negocios, el desánimo y la falta de esperanza, están creando una atmósfera de derrota y hasta de desesperación entre nuestros hermanos y lo que es peor, entre nuestros líderes.

¿Por qué está sucediendo esto?

Hay muchas razones, pero yo creo que la principal es por falta de un liderazgo efectivo. Necesitamos líderes que digan "yo he cambiado," "yo sigo cambiando," "puedo anticiparme al cambio." "¡Síganme, yo conozco el camino!." El sabio rey judío Salomón, nos advirtió en uno de sus proverbios,

"Sin dirigentes sabios, la nación está en problemas; pero con buenos consejeros hay seguridad."

La globalización y la apertura de los mercados, de pronto nos puso a competir ya no solamente con nuestros conciudadanos, sino ahora tenemos que competir con ciudadanos de todo el mundo. Debemos competir con los norteamericanos, europeos, asiáticos y africanos. Nuestra debilidad mayor es que no estamos preparados. ¡No nos preparamos a tiempo!

Los avances de la ciencia y la tecnología están acelerando la velocidad del cambio en una sociedad cada día más compleja. No es fácil subirse a un automóvil en marcha e intentar manejarlo.

Por esta razón, en los últimos años he estado enfatizando la necesidad de formarnos como líderes para enfrentar el desafío del futuro. Pues bien, el futuro ya llegó. Estamos en la primera década del tercer milenio.

Si hemos de prepararnos para ser un equipo de ganadores como latinoamericanos, tenemos que desarrollarnos como líderes integrales y balanceados. Esto es, exitosos en la familia, en el trabajo, en las finanzas, con los amigos, en nuestro cuidado físico, en nuestro descanso y en nuestra fe en Dios. Este es el éxito auténtico.

Este libro y todo el sistema educativo OPTIMIZARÉ™ son para mi una de las herramientas más sencillas, prácticas y aplicables a nuestra actual necesidad y por esto le animo no solo a leer este libro, sino a participar del dinámico seminario "Cómo Alcanzar el Éxito Auténtico" y de todo el programa que ofrece el sistema OPTIMIZARE™.

Rolando Justiniano
Presidente OPTIMIZARE™
América Latina

Prefacio a la edicion latinoamericana

Nuestros países en América Latina se encuentran en un punto crítico de su historia. Al mismo tiempo que muchas de nuestras naciones tienen muchos recursos naturales y un gran deseo de alcanzar la estabilidad social,económica y política; la única esperanza que tienen para sostener un futuro positivo es fundamentar estos recursos y energía en un compromiso para desarrollar una sociedad basada en principios y valores universales y duraderos donde el bien común sea la meta principal.

Los medios masivos en nuestro continente están llenos de cuadros dramáticos que reflejan profundos problemas y a la vez desafíos al liderazgo de todas las instituciones tales como el gobierno, la empresa privada, la educación y la iglesia

El liderazgo actual y el emergente tienen que resolver problemas tales como la pobreza, la violencia extrema en nuestras calles, la desconfianza al próimo y a la comunidad, el alto índice de impunidad que estimula la corrupcíon, delitos comúnes y el homidio masivo. Reducir la mortalidad infantil, enfermedades con profundas implicaciones sociales como el SIDA, educación no enfocada en las necesidades del desarrollo nacional, falta de investigación. En fin la necesidad de tener un plan nacional integral que lleve a nuestras naciones a experimentar su "milagro integral" y no solamente el económico.

Además del crecimiento económico, debemos considerar otros factores importantes que determinan el futuro de nuestras naciones. El desarrollo de nuestro recurso humano al máximo de su potencial, tal vez la más grade riqueza duradera que tienen nuestros países. Tal vez uno de los pasos mas importantes para encarar el desarrollo es asegurarnos de que además de enseñar ciencia y tecnologia, debemos incorporar en el curriculum de estudios secundarios y universitarios capacitación para desarrollar el pontencial líder que vive en cada latinoamericano.

Esta capacitación derrumbara los principales "mitos" que nos han acondicionado por siglos, deteniendo el desarrollo de nuestro recurso humano y aceptando así nuestra categoría de ciudadanos del tercer mundo. El mito de que el líder nace, nos a acondicionado a vivir bajo la dictadura de caudillos, generalmente personajes que sobresalen por teener una personalidad dominante, orientados hacia los logros, pero dejando muchos muertos en el camino, por no saber relacionarse con los diferentes tipos de personalidades. Estos caudillos por lo general no se reproducen en otros líderes, sino mas bien cortan la cabeza de quienes intentan sobresalir por su influencia.

El otro gran mito es el creer que liderazgo es posición, cuando liderazgo mas bien influencia. Hay personas que tienen un puesto de gran autoridad y poder y sinembargo son inefectivos para resolver los problemas, cuando por otro lado hay personas que no tienen posición y autoridad, pero son muy efectivos para resolver problemas.

Asi que la falta de efectividad de parte de los líderes para resolver los problemas se debe en gran parte a que la mayoría de ellos no han sido capacitados en liderazgo personal y menos aún en liderazgo basado en principios y valores universales y duraderos por lo tanto, no aman porque son egoístas. No tienen visión porque gobiernan impulsados por sus caprichos. No empoderan a otros, porque su objetivo es apoderarse de otros. No se multiplican porque eliminan a su potencial sucesor. No desean ardientemente que la visión se cumpla, solo quieren ser reconocidos, temidos y recordados. Usan la popularidad como un elemento de control y no como un recurso para la realización de la visión común y el cumplimiento de las esperanzas de sus seguidores. Usan "la maña" para mantenerse en el poder, sin preparar un plan y tener un proyecto común.

Este estilo de liderazgo de "ser servido" en lugar de "servir", frecuentemente ha erosionado los elementos que mantienen unida a la sociedad y que le dan un sentido de propósito y visión común.

En un esfuerzo de resolver este tema, muchos países han sobre-enfatizado la necesidad de mejorar la infraestructura física y aún económica sin tener al mismo tiempo un énfasis en construir la infraestructura mental de sus líderes y sus seguidores.

Es sencillamente como intentar construir un rascacielos sin los refuerzos metálicos y de concreto. Así, de la misma manera, sería imposible reconstruir una nación sin tener el sistema de valores y principios necesarios para proveer una estabilidad emocional, social y cultural.

Mientras que no tengamos un acercamiento integral a la busqueda de soluciones seguiremos siendo un continente empobrecido. Un continente sin sueño y sin destino.

América Latina necesita que sus líderes principales tengan un cambio transformador en su mentalidad ó manera de pensar. Esta oportunidad presenta un llamado a la acción de los actuales líderes de cada país para involucrarse en un proceso que los equipe con las herramientas para alcanzar e impactar a los líderes emergentes y hacer una diferencia de consecuencias generacional.

Los principios y valores que promueve OPTIMIZARE™ proveen una plataforma para que todos los actuales líderes de este continente trabajen cooperativamente en la implementación de un proceso educativo y de aprendizaje alrededor de estos principios Sólo líderes que se comprometen a transformar su propia vida pueden tener un significativo y duradero impacto en la vida de aquellos a quienes influencian, incluyendo a los líderes jóvenes y emergentes que están buscando modelos a seguir.

El llamado para este nuevo estilo de liderazgo basado en principios es muy claro. La intención de este sistema es ayudar a reconstruir la infraestructura mental para alcanzar el éxito auténtico en el contexto Latinoamericano de manera que líderes y seguidores reflejen las siguientes carácterísticas:

•Saben lo que quieren. Tienen una visión de destino y por consiguiente pueden decir "siganme yo conozco el camino."

•Su pensamiento esta inflamado de una gran visión, piensan en grande y por consiguiente involucran a otros a realizar esta gran visión. Si la visión no es suficientemente grande, entonces no necesitamos a otros para realizarla.

•Tienen fuerza interna para convertir la idea en acción. Sus convicciónes se convierten en el imán para atraer los recursos necesarios para la emprender la acción.

•Buenos oyentes y enseñables. Cualidad que los pone en el tono correcto para identificarse con los demás y ser efectivos con el diálogo y la negociación.

•Excelentes comunicadores de sus ideas. Requisito importante para compartir el propóposito, la visión y las metas.

•Su entusiasmo produce la mística necesaria para que otros sean inspirados a entusiasmo y asi se acelera el cumplimiento del plan y sus estratégias.

•Estos líderes preveen el cambio, lo inician y lo dirigen a pesar de que la gran mayoría no vé la necesidad de cambiar y mas bien se oponen al cambio.

•Desarrollan un carácter basado en principios y valores que adornan su personalidad y por consiguiente inspiran confianza a sus seguidores.

Una vida o una sociedad éxitosa edifican sus cimientos sobre principios absolutos que transcienden al tiempo, la geografía y la cultura de turno y no sucumben ante las circunstancias ó el desafío de los problemas actuales y futuros. Estos principios deben ser siempre consistentes con las Leyes de Dios, formando las bases de una estructura mental que produzca los siguientes beneficios:

BENEFICIOS PERSONALES

•Éxito permanente en lo personal, familiar, en los negocios y en la sociedad

•Sentido de esperanza por un futuro mejor

•Máxima realización a través de un mayor sentido de propósito y

significado

•Crecimiento e intimidad en las relaciones

•Habilidad para manejar los problemas y la tensión (stress)
•Balance en todas las áreas de la vida

•Estabilidad social basada en normas de comportamiento que valore a las personas y su dignidad

BENEFICIOS EN LOS NEGOCIOS

• Alta productividad a causa de trabajadores más motivados

• Compromiso a metas de equipo y bienestar común

• Las personas comunicándose unas a otras a nivel mas profundo

• Auto-concepto basado en una perspectiva correcta personal y de los demás

• Ver el impacto de los principios y valores en perspectiva

• Viviendo las normas de excelencia de los negocios competitivos mundialmente

BENEFICIOS DE LA COMUNIDAD

• Dirección de liderazgo efectivo para las generaciones futuras

• Disminución de la corrupción debido a la transformación de los líderes

• Ciudadanos que son modelos para que otros lo sigan

• Desarrollo de un sentido de unidad entre líderes

• Retorno de la confianza al prójimo y las instituciones, incluyendo al gobierno

• Proyecto de futuro colectivo, mística y democracia fortalecida

• Un sistema de valores que premie la contribución a la sociedad.

Agradecimientos

A las personas especiales que me han ayudado a lograr el
éxito auténtico:

A mi madre, Maxine,
quien me enseñó a trabajar duro

A mi padre, Bob,
quien es un modelo de dulzura

A mi esposa, Mary,
quien hace mi vida diaria una delicia

A mi hijo, Matt,
quien me ayuda a construir "líneas rectas" en mi vida

A mi hija, Molly,
quien hace que la vida sea divertida

A mi amigo de siempre, Bob Safford,
quien continúa estableciendo la diferencia

A mi mentor de vida interior, Bill Bright,
quien es mi mejor modelo del poder que "energiza la vida interior"

A mi amigo Kevin Jenkins,
quien a diario me ilustra la capacidad de adaptarse a las situaciones
cambiantes

A mis socios Doug Tucker y Greg Dolby,
quienes me dieron una nueva comprensión del concepto de "fidelidad"

Y a mis asociados de todos estos años,
quienes han luchado para ser modelos del "éxito auténtico"

Prefacio

Si usted pudiera obtener cualquier cosa en este mundo, ¿qué pediría? En el transcurso de los siglos, toda clase de mitos y tradiciones han tratado de dar respuesta a esta pregunta. Algunas personas han ido tras el poder, otras han ido tras la fama, otras han perseguido las riquezas, y también muchos han preferido simplemente tener más de donde escoger.

Si yo pudiera obtener cualquier cosa en este mundo, creo que escogería la sabiduría. La sabiduría es en realidad el arte de vivir. Si aprendemos a vivir, si desarrollamos el arte de construir una vida, tendremos todo lo que alguna vez deseamos y necesitamos. Es más, tendremos una vida de gran éxito y de importancia verdadera. Eso es lo que quiero para mí mismo y lo que ardientemente deseo para mi familia, para mis amigos y para aquellos a quienes puedo alcanzar de alguna manera.

En una época en la que la cultura del mundo se está desintegrando en forma acelerada, necesitamos urgentemente aprender a vivir.

De eso se trata este libro. He pasado los últimos años investigando entre los líderes de todo el mundo, qué cosas absolutamente indispensables requieren sus vidas para no solo vivir bien, sino para tener un cierto estilo de vida y una carrera exitosa. Mediante esa investigación, la lectura de cientos de libros y la comunicación con miles de personas alrededor del mundo, he llegado a la conclusión de que existen diez principios universales de organización para vivir y desarrollar una vida. En este libro vuelco las ideas que he refinado, al menos en una forma resumida. Mi meta es crear un libro que le provea la verdad, principios valederos, y que proponga un cambio en las vidas de todos los lectores, sea cual fuere su marco de referencia, su creencia o su trasfondo cultural.

La pasión de mi vida es ayudar a la gente a construir sus vidas...a desarrollar la destreza y el arte de vivir.

He procurado aplicar estos principios en mi propia vida (con diversos niveles de éxito) y comunicarlos a través de todos los medios a mi alcance. En realidad, he tomado el material de este libro y lo he preparado en forma de varios seminarios, cintas para escuchar, manuales de trabajo, videocasetes y programas educacionales, que ya se están utilizando en lugares tan distantes como Rusia.

Espero que usted también haga suyas estas verdades.

Quiero instarle no solo a leer el libro, sino a estudiarlo. Considere solicitar otros materiales de apoyo y lea algunos de los libros de referencia que recomiendo. Mi verdadero deseo es que comience a desarrollar un marco de referencia basado en estos diez principios. Estos le darán una nueva filosofía de vida, sobre la cual pueda edificar una base más sólida. Deseo que esto le lleve al éxito y a la trascendencia, en cada ámbito de su vida.

Creo firmemente que usted y yo estamos aquí para establecer una diferencia, y eso sucederá a medida que logremos organizar nuestras vidas.

Reconocimientos

Deseo agradecerle en especial a mi esposa, Mary, quien ha dedicado su tiempo y energía a la preparación de estos principios. Es mi amiga, mi confidente, mi esposa por treinta y un años, mi directora editorial, mi socia y mi compañera. Este libro, al igual que cualquier otro ámbito o creación de mi vida, no hubiera sido posible sin ella. Ella está íntimamente ligada a cada párrafo y a cada página, y fue mi primera editora.

También deseo darle las gracias a mi hijo Matt y a mi hija Molly por permitir que mi esposa Mary y yo aplicáramos estos principios en sus vidas y por sus comentarios. En el pasado, Matt y yo fuimos co-autores de un libro titulado *Fathers and Sons* [Padres e Hijos]. Ese libro trata lo que hemos hecho para crecer juntos como padre e hijo en el desarrollo de estos principios.

Finalmente, quiero agradecer a los miembros de mi equipo, entre ellos, a Doug Tucker, Greg Dolby y a mi hijo Matt por toda su ayuda en la edición de este libro.

Introducción

*La batalla por el control y el liderazgo del mundo,
siempre se ha librado en forma más eficaz en el ámbito
de las ideas. Una idea, ya sea correcta o incorrecta,
que logra captar las mentes de los jóvenes de una
nación, pronto hallará cabida en cada área de la
sociedad, especialmente ahora en nuestra época de
comunicaciones instantáneas. Las ideas determinan las
consecuencias.*

—El Pacto Norteamericano

Dos señoras mayores estaban sentadas en una terraza, un atardecer de verano. Disfrutaban de la brisa cálida. Los grillos ya estaban despiertos en el campo y su chirriar melodioso se confundía con el suave canto del coro de una iglesia cercana que practicaba para el servicio del domingo. Una de las señoras, embelezada con el canto del coro, comentó con alegría:

—¿No es bello ese sonido?

La otra señora, que se mecía suavemente al ritmo del chirriar de los grillos, le contestó:

—¡Ay, sí! ¡Entiendo que lo hacen al frotarse las patas traseras!

La comunicación puede ser algo peculiar. A menudo nos es difícil saber si realmente nuestras ideas son comprendidas. Por eso, al comenzar este libro lo hago con precaución, porque deseo comunicarle tan fielmente como me sea posible, los hechos esenciales, para que usted se convierta en una persona exitosa, plena y realizada.

Pero antes de ir más allá, deseo establecer una comprensión clara acerca de lo que es y lo que no es el éxito. Si voy a ayudarle a lograr el éxito auténtico, necesito asegurarme que comience con un fundamento firme. Eso tiene que ver con su idea acerca de lo que es el éxito.

Una de mis suposiciones más importantes acerca de la vida, es que todos nos dirigimos hacia lo que personalmente definimos como éxito.

Quizás me diga —¡Deténgase un momento! —Ni siquiera tengo una buena definición acerca de lo que es el éxito.

Usted se está dirigiendo hacia su concepto de éxito pero... ¿será ése el concepto correcto?

¡Sí, la tiene! Todos la tenemos. Quizás usted no pueda expresarlo o escribirlo. Sin embargo, usted y yo siempre estamos tratando de ser exitosos en algo. Ese "algo," sea lo que fuere, impulsa nuestros pensamientos, sentimientos y acciones. Estamos constantemente enfocados en lo que queremos lograr, ya sea que estemos concientes de ello o no.

Su concepto de éxito ha sido desarrollado y condicionado en el transcurso de los años por los medios de comunicación, su formación familiar, sus compañeros de trabajo, sus colegas, y sus distintas experiencias. Luego, el resultado neto, puede ser positivo o negativo. Por lo tanto, las preguntas que debe hacerse son: ¿Qué es lo que estoy tratando de lograr? ¿Cómo sabré si he sido exitoso, una vez que lo haya logrado? Es más, ¿alguna vez podré lograr mi meta o será que todo es sólo un proceso interminable?

¿Cómo define el éxito?

Siempre que presento mis seminarios sobre este tema, pido definiciones del éxito. La mayoría de las veces, me dan las respuestas comunes: "dinero," "posición," "influencia," "escalar los peldaños corporativos," "el que tiene más juguetes (posesiones) gana." Generalmente puedo agrupar las definiciones en cinco áreas básicas: prosperidad, posición, poder, prestigio y placer.

Consideremos ahora estos cinco "elementos del éxito:" La prosperidad. Hoy día el materialismo es un problema grave. Aun así, el poseer bienes y tener dinero no está mal. El problema es que, cuando nos preocupamos por esas cosas de tal manera que terminamos buscando la verdad y nuestra realización en la acumulación de bienes, comenzamos a perder de vista el propósito y el significado de la vida.

En la tira cómica "Cathy," se desarrolla un diálogo interesante entre Cathy y un joven, con referencia a una colección de cosas que "debían tener."

Los dos personajes señalaban cada artículo y comentaban por turnos:

—Ropas de safari, que nunca estarán cerca de una selva.

—Calzado aeróbico, que nunca entrará en un gimnasio.

—Un reloj sumergible para buceo profundo, que nunca se mojará.

—Las llaves de un vehículo para montaña, que nunca saldrá de la ciudad.

—Revistas de arquitectura que no leemos, repletas de fotos con muebles que no nos gustan.

—Programas de estrategias financieras adjuntos a una chequera que está extraviada en alguna parte, y una computadora que nadie sabe utilizar.

—Un afiche artístico de una exposición a la que nunca fuimos, de un artista del cual nunca hemos escuchado hablar.
Finalmente, con una mirada de desconcierto, uno de los personajes dice:

—Ha llegado el materialismo abstracto.

El otro concurre diciendo:

—Hemos pasado por alto las cosas que queremos y necesitamos, para comprar otras cosas que no tienen nada que ver con nuestras vidas.

Esta descripción de nuestra cultura es triste pero real. El materialismo nos está comiendo vivos.
En su edición del 28 de enero de 1960, el diario The Washington Post, imprimió una carta que el escritor John Steinbeck dirigió al político Adlai Stevenson. Steinbeck escribió: "Somos una especie extraña. Podemos aguantar cualquier cosa que Dios y la naturaleza nos manden, excepto la abundancia. Si quisiera destruir a una nación, le daría demasiado, para luego verla de rodillas: infeliz, codiciosa y enferma."
La posición social. Algunos dicen que la posición define el éxito. Ferdinand e Imelda Marcos, de Filipinas tenían una posición prominente en el mundo pero, ¿tuvieron éxito? Todo depende de su definición del éxito.

Tengo un amigo que fue congresista de los Estados Unidos. Este senador veterano fue siempre mi candidato ideal para la presidencia, pero nunca se postuló. Durante una visita a su oficina, pude observar en su cartelera muchas de las cartas con ataques en su contra. Debajo de las cartas había una cita bíblica que decía: "¡Ay de vosotros, cuando todos los hombres hablen bien de vosotros!" (Lucas 6:26).

Este gran hombre tenía la humildad y la sabiduría suficiente como para saber que un cargo de tal responsabilidad, inevitablemente conlleva una cierta cuota de crítica, tanto justa como injusta. Por lo tanto, la posición de por sí, tampoco es una vara con la que podamos medir el éxito.

El poder. ¿Acaso el poder es el secreto del éxito? Hitler tenía mucho poder, pero decir que tuvo éxito, ¡sería como estar de acuerdo con sus acciones!

Piense en las historias que nos deja la bolsa de valores de Wall Street. Existen cientos de hombres exitosos en los negocios, con mucho poder y a la vez con matrimonios fracasados y familias desintegradas. La filosofía común es que para ser exitoso en los negocios, uno tiene que renunciar al éxito en las demás áreas de la vida. No estoy de acuerdo. Una persona verdaderamente exitosa no tiene por qué sacrificar a su familia.

El prestigio. ¿Ser conocido y reconocido? Mucha gente que lo tiene, puede decirle que el prestigio puede ser muy transitorio. La estrella de béisbol Pete Rose fue un hombre de prestigio en un momento dado y un hombre de mala fama poco tiempo después. Ciertamente el prestigio no es garantía del éxito.

En realidad, quienes tienen prestigio, por lo general reciben una cantidad similar o aún mayor de humillación. Piense acerca de lo que los periódicos sensacionalistas le hacen a la "gente linda." ¡Los presentan con el peor enfoque! ¿Será eso el éxito?

El placer. "La norma de la vida es hacer de los negocios un placer, y del placer nuestro único negocio," señala Aaron Burr. Este comentario plasma la inclinación a la búsqueda del placer que impera en nuestros días.

Jon Johnson nos habla acerca de la insidiosa infiltración de esta búsqueda del placer, en cada uno de nuestros pensamientos y acciones. Johnson observa: "Algunas meseras me han preguntado: '¿Qué le place tomar?' Todos hemos visto avisos comerciales tales como 'Hoy te mereces un descanso' (McDonald's); y '¡Ah... qué placer!' (Toyota). Términos tales como sensacional, excitante o alucinante (que se utilizaron hasta el cansancio durante la década del setenta) nos resultan conocidos. Todas estas palabras y expresiones, están directamente relacionadas con la búsqueda de experiencias placenteras en todo el país."

A pesar de estar tan difundido y tan bien documentado hoy día en libros como *Through the Culture of Narcissism* [A través de la cultura del narcisismo], este deseo de placer no es nada nuevo. Es simplemente una forma de hedonismo. El hedonismo, la filosofía de la visión del mundo en la cual la experimentación y la búsqueda del placer, son las metas más altas, ha estado en medio nuestro desde el principio de los tiempos. Aristipo (435–356 A de C.), cuyo lema fue "Comamos, bebamos y gocemos, que mañana moriremos" también encuadra con los buscadores de placer de los años noventa. Aristipo fue uno de los primeros propulsores del hedonismo. Ser hedonista es hacer del placer un dios.

El rabino Harold Kushner nos comparte una ilustración de una mujer en su congregación que se escapó de un mal matrimonio. A los ojos de los demás parecía estar felizmente en control de su vida, muy contenta de su soltería y libertad. Sin embargo en sus entrevistas de consejería personal con el Sr. Kushner, ella le confió: "Sé que la gente me envidia... las fiestas, las vacaciones, estar libre de responsabilidades. Desearía poder hacerles entender cuánto los envidio. Desearía decirles cuán pronto todo se vuelve monótono y repetitivo, a tal punto que uno se encuentra haciendo cosas que en realidad no desea hacer, solamente por no hacer lo mismo una y otra vez; cuánto desearía cambiar todo esto por el sonido de la puerta de un coche que se cierra y el de pasos familiares que suben las escaleras por la noche."[2]

Construir una vida centrada en el placer egocéntrico, simplemente no satisface a largo plazo.

Usted puede ver el problema fácilmente. Las personas "ponen todos los huevos en una sola canasta" buscando la prosperidad, posición, poder, prestigio y placer para encontrar el éxito. Sin embargo, una vez que lo logran, se dan cuenta que no han alcanzado el éxito en las áreas más importantes de sus vidas.

Glenn Bland, en su libro *Success* [Éxito], brinda el mejor ejemplo que conozco sobre la importancia de las prioridades. Describe una reunión realizada en el Hotel Edgewater Beach de Chicago en el año 1923, con los financistas más exitosos del mundo. Estos gigantes financieros literalmente gobernaban el mundo monetario: Charles Schwab, presidente de la siderúrgica más grande de los Estados Unidos; Samuel Insull, presidente de la mayor empresa proveedora de servicios públicos; Howard Hopson, presidente de la mayor empresa proveedora de gas; Arthur Cutten, el conocido especulador del trigo; Richard Whitney, presidente de la bolsa de valores de Nueva York; Albert Fall, Secretario del Interior en el gabinete del presidente Harding; Jesse Livermore, el gran "oso" de Wall Street; Ivan Krueger, cabeza del mayor monopolio del mundo; y Leon Fraser, presidente del Bank of International Settlements.

Estos hombres eran los que "movían y sacudían" el mundo, el tipo de personas que muchos envidian y desean ser. Sin embargo, algo salió mal en las vidas de estas personas, pues 25 años después:

- Charles Schwab fue a la quiebra.

- Samuel Insull murió en el extranjero, sin un centavo y fugitivo de la justicia.

- Howard Hopson se volvió loco.

- Arthur Cutten se declaró insolvente y murió en el extranjero.

- Richard Whitney acababa de salir de la prisión de Sing Sing.

- Albert Fall acababa de ser indultado de ir a prisión y falleció en su casa, en la quiebra.

- Jesse Livermore se suicidó.

- Ivan Krueger se suicidó.

- Leon Fraser se suicidó.[3]

Para ser justos, las cinco "P," prosperidad, posición, poder, prestigio y placer, no siempre dan por resultado la ruina personal. De hecho, son prácticamente neutras, es decir, ni buenas ni malas de por sí. Su uso o abuso determinan el resultado de la vida de una persona. No deseo impedirle el disfrutar las recompensas de su duro trabajo. Solo deseo motivarlo a que usted equilibre esas recompensas para bien, no sólo de los demás, sino del suyo propio.

Durante mi investigación entre cientos de líderes de alto nivel alrededor del mundo, hice la siguiente pregunta: "¿Al final de su vida, cómo sabrá si tuvo éxito?" Sin excepción, nunca escuché a nadie contestar: "Por mi prosperidad, posición, poder, prestigio y placer o cualquier otra área relacionada." En cambio, escuché declaraciones sorprendentes como: "Nunca nadie dijo en su lecho de muerte que hubiera deseado trabajar más." O, "Nunca vi una carroza fúnebre remolcar un camión con sus bienes."

En realidad, estos hombres y mujeres, contestaron de la siguiente manera:

- "¿Qué fue de mis hijos?"

- "¿Habré tenido una vida fructífera y plena en el ámbito personal?"

- "¿Habré influido positivamente en alguna vida?"

- "¿Habré entablado relaciones profundas y trascendentes?"

- "¿Habré amado verdaderamente a mi cónyuge?"

- "¿Realmente marqué la diferencia en la vida de alguien?"

Por otra parte, mucha gente hoy día, es como el hombre del cual escribe Harold Kushner en su libro *When Everything You've Ever Wanted Isn't Enough*, [Cuando todo lo que usted siempre quiso no es suficiente]. Un día Kushner, rabino judío, recibió la visita de un ejecutivo que se encontraba en un estupor depresivo. Como resultado de la gentil instancia de Kushner, el hombre se desahogó. Le contó del funeral al cual había asistido la semana anterior. No era el funeral en sí lo que lo que le angustiaba tanto; por el contrario, fue lo breve del período que transcurrió desde la muerte del hombre, hasta que retiraron la placa con su nombre de la puerta de su oficina y vaciaron su escritorio, "como si nunca hubiera estado allí."

El ejecutivo luego describió una visión que le había venido durante el funeral, "de un pequeño bosque sereno. En el bosque había una plácida laguna y vio como una pequeña piedra había caído en la tranquila laguna. Rápidamente se hundió hasta el fondo. Hubo unas cuantas ondas, pero desaparecieron rápidamente. Como si la piedrecita nunca hubiera caído allí."

Lo que le infundió temor a aquel influyente hombre, fue el sentimiento de que su propia vida se parecía a esa visión: que aun cuando él había viajado mucho, ganado grandes cantidades de dinero, conocido a mucha gente y experimentado muchas cosas, su vida le parecía insignificante y sin sentido "como si nunca hubiese vivido."

¿Y qué de usted? ¿Cuál es su concepto del éxito? ¿Ha desarrollado uno en forma deliberada, o el suyo simplemente surgió mediante la influencia de la cultura a su alrededor? ¿Y es ése el concepto correcto del éxito?

Si no está seguro, deseo sugerirle una nueva forma de ver lo que es el éxito. Es importante que nos alejemos del pensamiento de que el éxito es prosperidad, posición, poder, prestigio y placer y comencemos a construir una definición de éxito que se centre en los valores legítimos: ¿Cuáles son las cosas que en última instancia valen en la vida? ¿Cómo desea usted que la gente le recuerde cuando muera?

Usted determina lo que significa ser exitoso

Hace poco fui una de las tres mil quinientas personas que asistieron al Desayuno Presidencial de Oración, actividad anual que se lleva a cabo en Washington, D.C. En mi mesa estaba un buen amigo personal, presidente de una aerolínea mundial. Sentados junto a nosotros, estaban destacados líderes de negocios de América Latina y el embajador de un país europeo. El presidente de una de las principales empresas petroleras, senadores y jefes de estado estaban en la mesa contigua. En la mesa de enfrente, estaban el presidente Clinton y su esposa, el vicepresidente Gore y su esposa y otros dignatarios.

Estaban allí la flor y nata de los influyentes. Toda esta gente exitosa tenía poder, prosperidad, posición y prestigio de sobra.

De repente entró la oradora invitada. En cuestión de segundos, observé uno de los cambios de perspectiva más extremos que haya presenciado. De inmediato, el verdadero sentido de la palabra éxito se me hizo claro como el agua. A todos los que estábamos en el salón, nos resultó evidente que la persona de más éxito era la oradora.

No era una oradora dinámica. A medida que leyó su mensaje, rara vez levantó la vista. De hecho, casi ni se veía detrás del podium por su baja estatura. Su mensaje fue sin lisonjas ni concesiones y como nunca me lo hubiera imaginado. Habló severamente en contra del aborto. El Presidente y la Primera Dama se remecieron en sus asientos. Los conservadores que se encontraban en el salón vitoreaban en señal de apoyo. Luego arremetió contra el control de la natalidad. Eso les tapó la boca a muchos de los conservadores y a casi todos los demás.

Cuando la oradora concluyó, recibió una prolongada ovación, todos de pie. ¿Por qué? Porque ella personificaba una vida de éxito auténtico. No tenía prosperidad, posición, poder, prestigio y placer, tal como lo conocemos comúnmente. Sin embargo ella tenía el verdadero poder, la verdadera prosperidad, la verdadera posición, el verdadero prestigio, y el verdadero placer.

¿Quién era esta fuente de poder? La Madre Teresa de Calcuta.

No intento sugerir que todos necesitamos convertirnos en pobres, vivir entre los moribundos y en el anonimato para experimentar el éxito auténtico. Sí sugiero que nuestro éxito tiene mucho que ver con valores tales como: el cuidar de los demás, el sacrificio, el carácter y la participación personal, valores que la Madre Teresa personificaba aquel día.

Por lo tanto, veamos qué es el éxito, al preguntarnos lo siguiente:

¿Cómo será recordado usted?

¿Qué epitafio desea que se escriba en su tumba? ¿Qué debería decir su obituario?

Cuando usted lee el nombre Alfredo Nobel, probablemente le viene a la mente el premio Nobel de la Paz. Sin embargo, ese famoso premio ¡es sólo la mitad de la historia de Alfredo Nobel!

Nobel fue un químico sueco que hizo su fortuna al inventar la dinamita y otros poderosos explosivos utilizados como armas. Años después, cuando el hermano de Nobel murió, un periódico accidentalmente imprimió el obituario de Alfredo, en vez del de su hermano. En él, se le describía como un hombre que se había hecho millonario, a costa de facilitar que la gente asesinara a otros en cantidades sin precedentes. Conmovido por esta declaración, Nobel resolvió utilizar su fortuna para reconocer y premiar los logros que benefician a la humanidad. Por lo tanto, creó el Premio Nobel, entre otros.

Alfredo Nobel tuvo una rara oportunidad: evaluarse al final de la vida y aun estar en vida para hacer cambios. ¡Usted también puede tener esa misma oportunidad!

Harold Kushner escribió: "Nuestras almas no tienen hambre de fama, comodidad, riqueza o poder. Esos incentivos crean casi tantos problemas como los que resuelven. Nuestras almas tienen hambre de significado, del sentido de que hemos descubierto la manera de vivir, que hará que nuestras vidas importen, de tal manera que el mundo sea un poco mejor como consecuencia de nuestro paso por él". ¿No es ése el verdadero punto final cuando todo queda dicho y hecho?

Usted fue destinado a ser auténticamente exitoso en todas las áreas vitales de su vida y para marcar una diferencia positiva. En resumen, usted fue destinado a optimizar su vida.

El éxito es la realización interna y progresiva de todo lo que usted fue destinado a ser y hacer.

Construya el éxito en todas las áreas de su vida

Cualquiera que sea el éxito que usted alcance, debe ser un éxito integral, es decir, equilibrado, entero y que esté en armonía con lo que usted es. Creo que si usted es exitoso en su trabajo, pero falla en sus relaciones personales, realmente no ha tenido éxito. Y si logra grandes cosas, pero vive infelizmente para lograrlo, no ha sido exitoso. Solamente una vida anclada en valores verdaderos y duraderos puede ser exitosa.

Piénselo por un momento. Usted es una persona completa. Usted tiene, como parte de su ser, áreas emocionales, físicas, volitivas, espirituales y de relación. Más allá de eso, usted tiene responsabilidades en varias esferas: negocios, familia, comunidad. Cada una de esas áreas tiene sus propias responsabilidades. Todas ellas están interrelacionadas. Usted no puede darse el lujo de ser exitoso en lo financiero y por otro lado fracasar en su matrimonio. No puede alcanzar niveles de excelencia en sus negocios y por otra parte drenarse física y emocionalmente. Usted debe ser un ganador en todas las áreas vitales para obtener el éxito.

Quizás esté pensando: "¡Uno no puede tenerlo todo!" ¡Pero… claro que sí puede! Usted fue destinado a tenerlo todo. La clave es llegar a tenerlo todo de la forma correcta.

Ahora bien, si usted es un gerente, esta idea de éxito integral, puede que lo ponga un poco nervioso. Después de todo, si la gente le prestara atención a sus vidas personales, sus familias, sus preferencias eclesiásticas y sus comunidades, ¿no dañaría eso su base de actuación? ¡No, no y mil veces no!

Primero, tiene que definir su base de actuación, no solo en términos monetarios, sino también en términos humanos. Tiene que entender que una vida bien administrada produce un negocio bien administrado. La gente que es feliz y que está creciendo espiritualmente, es más productiva; las familias saludables estimulan a las empresas para que sean más rentables.

Mi meta es ayudarle a redefinir, aclarar y desarrollar una definición de éxito que esté en armonía con quién es usted en verdad como persona, y que le permita vivir una vida equilibrada, plena y llena de significado.

Conviértase en un campeón para dejar un impacto positivo

Optimize el impacto en su propia vida y en la de los que están a su alrededor, en resumen, sea un campeón para el bien.

Hace unos años atrás, Alexis de Tocqueville, un gran filósofo y estadista francés, hizo el siguiente y perspicaz comentario acerca de los Estados Unidos de Norteamérica: "Estados Unidos es un gran país, porque es bondadoso. Si deja de ser bondadoso, dejará de ser un gran país."

Hoy día Estados Unidos está dejando de ser bondadoso. La grandeza de nuestro país está fracturada debido a la erosión de los valores morales y a que dejamos de lado los principios sobre los cuales fue edificada nuestra sociedad y nuestra cultura.

La sociedad refleja la salud de sus instituciones principales, las cuales reflejan la salud de las familias, las cuales a su vez, reflejan la salud de los individuos. Todos los grupos en una sociedad, desde el gobierno hasta la familia, son en última instancia influenciados por sus líderes. Por lo tanto, la calidad del liderazgo o la carencia del mismo, está a la raíz de nuestros problemas. Necesitamos hombres y mujeres íntegros, motivados por valores éticos, de convicciones profundas y llenos de valor; personas que hayan determinado y desarrollado su cosmovisión cuidadosamente y que se hayan decidido por una perspectiva de la vida, basada en valores comprobados.

Las grandes culturas se destruyen, cuando una gran prosperidad engaña a la gente y caen en la apatía. Tan pronto la gente se acomoda para disfrutar de su buena fortuna, su bendición y prosperidad se convierte en una maldición de pereza e ingratitud. Luego esa actitud se cuela en sus valores éticos y la cultura como un todo, termina por desmoronarse.

¿Por qué sucede esto? Un pasaje en la Biblia nos enseña que la gente se derrumba cuando no tiene liderazgo (Proverbios 11:14). Laurence Cohen, ex-alcalde de la ciudad de Saint Paul, Minnesota (EE.UU.), dijo: "Si el cinismo y la apatía han de ser vencidos, el liderazgo de la nación debe asumir su responsabilidad desde un punto de vista de honestidad e integridad." Derek Bok, ex presidente de la Universidad de Harvard, comentó: "Existe una grave carencia de personas que sean capaces de ofrecer respuestas convincentes o de señalar la dirección a seguir, para la búsqueda de soluciones."

Hoy día, en cada área prioritaria de nuestra cultura, la gente clama por líderes de visión con valor moral, principios y ética, líderes que digan:

"Yo deseo ser diferente y puedo ser diferente." Tales líderes tienen vidas arraigadas profundamente en principios sólidos y motivadas por valores universales. Tienen un gran sentido de dirección debido, a que se anclan con firmeza en ciertos valores absolutos.

Usted probablemente está leyendo este libro porque desea ser ese tipo de persona: un campeón. Desea que su vida tenga significado para ayudar a cambiar el mundo. No solo desea obtener algo del mundo, sino también aportarle algo: establecer una diferencia.

Este libro es la herramienta que usted necesita. Lo escribo porque deseo que usted pueda ser una persona completa, integral, balanceada en cada área. Deseo que usted haga una contribución significativa y que tenga éxito. Deseo que usted se convierta en un defensor de la verdad. Deseo que tenga la capacidad de ayudar a la gente que está a su alrededor a vivir vidas más productivas, llenas de verdadero significado. Confío en que su negocio o empresa será más exitoso como consecuencia de los valores que sustentan su vida. Deseo que su ciudad y su país sean renovados interna y externamente, a medida que usted viva un éxito auténtico, un éxito que esté basado en principios imperecederos.

El éxito depende de lo que usted haga de usted mismo

Un buen gobierno está basado en el dominio propio. Un buen manejo de los negocios está basado en el buen manejo personal. Una buena administración de las instituciones, está basada en la buena administración individual.

Los tres axiomas que presento aquí tienen un tema en común: el éxito está en sus manos.

Ciertamente, el éxito está basado en la forma por la cual usted se maneja. La forma en que usted se administra será tan buena como los principios en los cuales finca su vida.

Por lo tanto, busque la verdad. Con ello me refiero a las verdades universales. La tendencia hoy en día está dirigida a exaltar una opinión relativista, en la cual no hay cabida para los absolutos morales. Este punto de vista es una falacia. ¡Los principios universales absolutos sí existen!

Así como las leyes físicas gobiernan el universo físico, los principios universales gobiernan la existencia humana. Si estas leyes son transgredidas, se producen repercusiones inevitables. Estos principios son verdades imperecederas, universales, absolutas, no negociables. Son tan objetivas como la ley de la gravedad. Puede que no las entendamos o aún no creamos en ellas, pero eso no las invalida. Simplemente son inamovibles; son firmes. Tenemos dos opciones: descubrirlas y adoptarlas por completo y tener el éxito para el cual fuimos destinados; o ignorarlas y fracasar sin siquiera saber por qué.

Permítame ofrecerle el siguiente ejemplo:

Una noche, un enorme navío de guerra, navegaba las aguas costeras durante una violenta tormenta. El oficial de cubierta mantenía una cuidadosa observación, cuando súbitamente divisó una luz que se les acercaba. El oficial se comunicó con el capitán y le informó acerca de la situación. A las órdenes del capitán, el oficial le indicó al luxo-operador que le diera aviso al navío que se les acercaba:

—Estamos en curso de colisión. Maniobre 10 grados hacia babor.

Como esperaba una inmediata confirmación de la orden, el oficial de cubierta se sorprendió al recibir la respuesta de parte del navio:

—Usted maniobre 10 grados a estribor.

—Le sugiero que usted maniobre 10 grados a babor.

—Y yo le sugiero que usted maniobre 10 grados a estribor.

—Señor, transmitió el oficial de cubierta a bordo del navío de guerra— soy un oficial de la Marina de Guerra de los Estados Unidos de Norteamérica. Maniobre 10 grados a babor.

—Señor, yo soy un simple marinero. Usted maniobre 10 grados a estribor.

Para el oficial de cubierta comenzaba a ser evidente que alguien debería hacer algo pronto. La luz se veía cada vez más cerca.

—Señor, —dijo el oficial con firmeza— ¡este es un navío de guerra!

—Señor, —fue la respuesta con la misma firmeza—"¡este es un faro de navegación en las rocas de la costa!"

Lo que deberíamos anhelar más que cualquier otra cosa en la búsqueda del éxito, es la verdad. La verdad es más importante que la suma de prosperidad, posición, poder, prestigio y placer. La verdad, por sí sola, es la fuente de éxito auténtico.

Si usted desea tener éxito en la vida, procure con pasión descubrir la verdad y cómo aplicar correctamente esa verdad en su vida. Esto se llama sabiduría. La palabra sabiduría, en el lenguaje hebreo original, se refería a artesanía. Ser sabio era ser un artesano del vivir, un artífice de la vida.

En resumen, de eso trata este libro.

Conviértase en un artesano de la vida, al aplicar los principios correctos.

Me gustaría compartir con usted un gran secreto personal. En mi diálogo con cientos de líderes en el transcurso de veinticinco años, he sido profundamente influenciado por una líder en particular. Es conocida en todo el mundo y le sirve de consultora a jefes de estado, a presidentes de las empresas más grandes del mundo y a reconocidos profesionales. Ella me ha dado las más concisas definiciones de todo gran éxito, rendimiento óptimo, desarrollo de liderazgo y sistema personal de excelencia que he encontrado. Es más, me ha guiado consistentemente hacia la verdad y los principios. De hecho, es mi fuente básica de sabiduría y experiencia.[6] A lo largo de este libro, me referiré a ella como "Ruth." Por supuesto, Ruth no es una persona real sino mi manera de personificar los principios de luz y de sabiduría, la verdad fundamental y sólida como la roca, que ha sido siempre buscada y apreciada durante siglos.

En una ocasión la interrogué, acerca de los diversos escritores, autoridades y líderes en diversos campos, desde la literatura más famosa, hasta la filosofia de la vida. Ruth me detuvo a mitad de la frase con la siguiente amonestación: "El valor de la sabiduría está muy por encima de los grandes tesoros de la tierra. La sabiduría y el buen juicio habitan juntos, porque la sabiduría sabe dónde descubrir el conocimiento y el entendimiento. La sabiduría da buenos consejos. Es la fortaleza que le permite a los líderes liderar bien y hacer buenas leyes. Si buscas esta sabiduría con todo tu ser, la encontrarás. Ella es la fuente de riquezas inagotables, honor, justicia y vida. Por eso, Ron, adquiere sabiduría. Búscala, cueste lo que cueste."[7]

Eso es precisamente lo que he estado haciendo durante años. Ahora deseo comunicarle algunos de los principios que he aprendido. Se los comunico, no con la actitud de que "yo lo sé todo." De hecho, una de las mayores verdades que he aprendido en este camino, es que buscar la sabiduría exige humildad auténtica. No me creo más especial que nadie. Yo no soy la fuente de la verdad, un gurú, ni un profeta. Por el contrario, soy un buque en el mismo mar que está usted. Sin embargo, he visto el faro costero y sé lo suficiente como para entender que si permito que su luz me guíe, estaré seguro. En la medida que descubro y hago mío este principio, soy exitoso. En la medida que no lo hago, fracaso.

Habiendo dicho esto, le presento tres suposiciones básicas, que abarcan mi plan de ejecución en este libro:

- Suposición No.1: Usted se desplaza siguiendo su definición del éxito.

- Suposición No.2: El éxito auténtico es la optimización de toda su vida e influencia.

- Suposición No.3: Aplicar sabiamente los principios universales, es la clave del éxito auténtico.

Tengo planificado comunicarle esas verdades, primeramente motivándolo a través de historias, ilustraciones, principios y hojas de trabajo que le pondrán a trabajar. No es suficiente que lea el libro. Necesita ponerlo en práctica.

Segundo, le proveeré los métodos para que aplique esas ideas en su vida. Le ayudaré a tomar los principios, añadirles motivación e integrarlos. Este proceso incluye un sistema de veintiún días para cambiar hábitos, el cual trataremos en un capítulo más adelante.

Tercero, le proveeré un mapa, un marco de referencia, un modelo, una forma de ver la vida. Voy a ayudarle a comprender cómo vivir de manera tal, que logremos realizar el trabajo que nos hemos propuesto. Yo llamo a este concepto "Vivir según los principios auténticos de la vida." Es una forma de ver la vida mediante principios de verdad, de los cuales puede depender y con los que puede contar en toda circunstancia.

En mis entrevistas con los referidos líderes en los últimos veinticinco años,[8] una de las preguntas que les he hecho es: "Cuando usted tenga setenta y cinco años y vea su vida retrospectivamente, ¿cómo sabrá que ha tenido éxito?"

Basado en las respuestas que he recibido, por mis evaluaciones y por estudios personales, he logrado identificar diez principios no negociables, que sirven de sistema organizativo en torno al cual usted puede desarrollar esas verdades relacionadas, que deben estar presentes en su vida. Estos diez principios son el marco de referencia para el acróstico OPTIMIZARÉ™, que ha sido preparado como un recurso mnemotécnico para enfocarse en las tareas.

¿Qué significa ser un OPTIMIZADOR? La mejor manera es explicarlo con un acróstico. Cada letra representa una frase, que a su vez nos señala un principio acerca de la vida y que desarrollaremos con más profundidad en este libro.

Éste es el acróstico OPTIMIZARÉ™, el cual es fácil de recordar:

Optaré por iniciar la acción.

Procuraré alcanzar el significado personal.

Trataré de eliminar lo negativo de mi vida.

Internalizaré los principios correctos.

Marcharé firme a ejecutar mi misión.

Integraré toda mi vida para alcanzar el éxito.

Zarparé hacia mi meta, cuidando de los demás.

Arduamente mantendré mi rumbo.

Rigurosamente alinearé mis objetivos.

Energizaré mi vida interior.

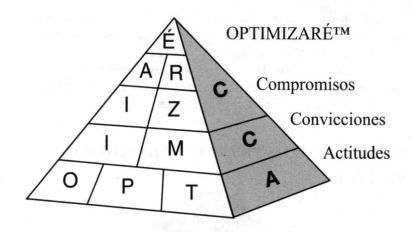

OPTIMIZARÉ™

Compromisos

Convicciones

Actitudes

Con el objeto de lograr que estos principios se entiendan claramente, los he clasificado en tres categorías del éxito auténtico: *Actitudes, Convicciones* y *Compromisos*.

La Sección 1 de este libro, trata los principios fundamentales de la actitud: *"Optaré por iniciar la acción," "Procuraré alcanzar el significado personal,"* y *"Trataré de eliminar lo negativo de mi vida."* La actitud, la forma en que vemos la vida, es esencial y fundamental para todos los demás principios.

La Sección 2 se basa en dos principios de convicción: *"Internalizaré los principios correctos;"* y *"Marcharé firme a ejecutar mi misión."* Estos dos capítulos incluyen el desarrollo de un estilo de vida basado en el carácter y un claro enunciado de propósito, para ayudarle a ser exitoso.

Finalmente, la Sección 3 trata cinco principios que sirven de compromisos prioritarios en nuestras vidas: cómo crear un equilibrio en la vida; cómo ayudar a la gente a cambiar a través de las relaciones correctas; cómo experimentar el óptimo poder personal; el arte de hacer correcciones a mitad del camino; y lo que yo llamo el principio de liderazgo indispensable: persistencia, la habilidad de mantenerse firme frente a las distracciones y oposición de su entorno.

Actitudes. Convicciones. Compromisos. El poder de estas tres categorías surge cuando se alínean y armonizan unas con otras. Algunas personas tienen buenas actitudes, pero les falta el compromiso y la dedicación para perseverar. Otros tienen convicciones sólidas pero sus actitudes negativas sabotean su éxito auténtico. Hay otros que volitivamente son fuertes y pueden proponerse a lograr las cosas, pero fracasan repetidamente debido a que su sistema de convicciones o actitudes están inhibidos. Finalmente, otros pueden estar sólidos en las tres áreas, pero les falta la integración de los diez principios OPTIMIZARÉ™ que propongo. A medida que nuestras actitudes, convicciones y compromisos se armonizan y arraigan en nosotros, el potencial de éxito auténtico crece. Estas características están proporcionalmente relacionadas unas con otras.

Enfóquese en las raíces del correcto vivir, no en el fruto.

Para lograr un éxito auténtico, usted debe enfocarse en las raíces y no en el fruto de su vida. El fruto de su vida incluye la felicidad, las relaciones sólidas, la prosperidad, la influencia, la posición, etc. Las raíces son los principios no-negociables en torno a los cuales usted construye su vida. Son las actitudes, las convicciones y los compromisos básicos que le comunicaré e ilustraré a lo largo de este libro por medio del concepto OPTIMIZARÉ™. El terreno fértil para estas raíces es la sabiduría o sea las verdades universales.

Tal vez usted se ha pasado la vida enfocándose en obtener frutos. Le insto a que se detenga. Haga el compromiso en este momento de emplear el resto de su vida enfocándose en las raíces, esos principios que cuando hayan sido completamente adoptados, le conducirán a un éxito auténtico.

Repase este capítulo en este momento y recuerde el reto que le hago en cuanto a cómo desea usted ser recordado. Imagínese por un momento que está escribiendo las palabras que serán grabadas en la lápida de su tumba. Con esa visión en mente, emprenda la búsqueda. ¡Tengo la confianza de que triunfaremos!

Pasos hacia la acción

1. ¿Cómo define usted el éxito ahora, luego de haber leído este capítulo? (Considere su uso del tiempo, los talentos, la atención y su estilo de vida.)

2. Tome algunos momentos para escribir lo que le gustaría que apareciera en su obituario.

3. Al final de su vida, ¿cómo sabrá que tuvo éxito?

4. Evalúese de acuerdo con los principios OPTIMIZARÉ™ enumerados anteriormente en forma de lema (1 es la puntuación más baja, 10 la más alta):

Optaré por iniciar la acción
Tomo el control de mi vida y marco la diferencia.

1 . . . . 5 10

Procuraré alcanzar el significado personal
Vivo mi vida con un sentido de propósito.

1 . . . . 5 10

Trataré de eliminar lo negativo de mi vida
Acepto los problemas como oportunidades positivas.

1 . . . . 5 10

Internalizaré los principios correctos
Centro mi vida en principios sólidos como la roca.

1 . . . . 5 10

Marcharé firme a ejecutar mi misión
Con devoción acometo mi misión.

1 . . . . 5 10

Integraré toda mi vida para alcanzar el éxito
Mantengo todas las áreas vitales de mi vida en equilibrio.

1 . . . . 5 10

Zarparé hacia mi meta, cuidando de los demás
Coloco a los demás antes que yo y los sirvo con sinceridad.

1 . . . . 5 10

Arduamente mantendré mi rumbo
Nunca, jamás me doy por vencido.

1 . . . . 5 10

Rigurosamente alinearé mis objetivos
Continúo ajustándome a las necesidades.

1 . . . . 5 10

Energizaré mi vida interior
Cultivo mi carácter y mi espíritu.

1 . . . . 5 10

ACTITUDES FUNDAMENTALES

¡Cómo usted se perciba, así será!

Este enunciado establece el poder de la disposición. La siguiente sección de este libro trata tres "actitudes fundamentales" que debe desarrollar, si tiene intenciones de ser exitoso en su vida y en su profesión.

Primero trataremos el tema fundamental de asumir sus responsabilidades en la vida y lograr que las cosas sucedan. En tanto viva como una víctima (aquella persona que no se hace responsable de sus acciones, ni de su vida en general), está destinado al fracaso. Pero si asume la responsabilidad de sus actitudes, convicciones y compromisos, alcanzará el éxito. Usted no puede controlar lo que sucedió en el pasado, ni lo que otros puedan pensar, sentir, decir o hacer. No puede controlar los resultados finales o los frutos de su vida, pero usted sí puede tomar la responsabilidad de plantar y cultivar las raíces (fundamentos) correctas. Este "correcto vivir" en última instancia le dará el fruto del éxito auténtico. Pero usted debe tomar las riendas de su vida y aceptar su responsabilidad sobre ella.

La segunda raíz o fundamento de las actitudes es el principio de alcanzar el significado personal. Su percepción propia determina su conducta. Si usted se ve como alguien que tiene un verdadero propósito y que es de gran valor, actuará de acuerdo con ello. Hablando francamente, las profundas crisis que se presentan en los sectores de bajos recursos en los Estados Unidos y en otras áreas marginales alrededor del mundo, pueden estar directamente relacionadas con la percepción personal. La respuesta no es sacar a la gente de los barrios bajos o ghettos; el verdadero reto es sacarle los ghettos a la gente. El ghetto no es otra cosa que el producto de una imagen personal equivocada, trastornada. Este capítulo nos enseña cómo transformar esa mala imagen personal a través de una afirmación saludable y equilibrada, mediante el afrontar y tratar la realidad de sus puntos débiles.

La tercera raíz o fundamento de las actitudes en esta sección, es aprender a eliminar las actitudes negativas de su vida. En dicho capítulo trataremos el cómo manejar los problemas (no les huya, recíbalos como amigos). Es más, le indico cómo desarrollar las convicciones correctas para las diversas facetas críticas de su vida. Por último, clarifico cómo puede afrontar las dificultades en su vida, desterrando los temores, las dudas y otros inhibidores.

Capítulo 1

Optaré Por Iniciar La Acción

Cómo ser quien marca la diferencia

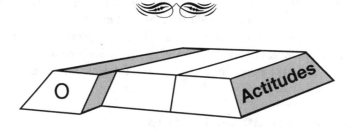

Los mejores años de su vida son aquellos en los cuales usted decide que sus problemas son solamente suyos. Entonces no culpará a su madre, a la ecología o al Presidente. Se dará cuenta que usted controla su propio destino.

—Psicólogo Albert Ellis

Un joven estudiante universitario en su primera práctica de fútbol americano se escurrió entre los miembros de su equipo para correr 80 yardas y anotar un gol. Sus compañeros lo miraron con asombro, sin poder creerlo. Su entrenador le dijo: "Vas a tener un gran futuro aquí." Luego, su novia lo besó con emoción. ¡La vida era la satisfacción total y el futuro parecía luminoso!

Pero nada en la vida de este joven sucedió como se pensó aquel día. Nunca se convirtió en un jugador de fútbol americano de renombre. Su carrera en los negocios es igualmente frustrante. Su matrimonio está deshecho. El dolor de todas estas derrotas es aún mayor porque recordaba aquel día perfecto años atrás, cuando pensó que la vida le sería siempre favorable.[1]

Ese panorama escrito hace más de 50 años por Irwin Shaw en un famoso reportaje, ilustra perfectamente los dilemas del siglo XXI.

Muchos de nosotros empleamos nuestras vidas tratando ya sea de revivir algo que habíamos experimentado en el pasado, o dando traspiés hacia un futuro perfecto pero ilusorio.

Esperar algo que está a la vuelta de la esquina, es meramente reaccionar a la vida. Si usted va a ser quien marca la diferencia, un optimizador, necesita ser firme y proactivo en sus pensamientos y acciones. ¡Usted necesita optar por cumplir sus deberes y no tan solo esperar a que estos lo acorralen! Necesita hacerse responsable de su vida y de su futuro.

Este es el punto de partida para todos los logros: usted debe tener el deseo de controlar las variables que determinan el éxito y el fracaso. Si esta actitud, como fundamento, no está bien anclada en su mente, tal vez hará gala de momentos espectaculares y llamativos a lo largo de su vida, pero nunca desarrollará los patrones para logros sostenidos y para la excelencia. Cuando es sometida a presión, la gente que meramente reacciona a la vida, siempre caerá en el triste juego de "buscar culpables."

Una civilización de víctimas

Hoy día, como nunca antes en la historia, una gran parte del mundo se ha convertido en una civilización de inculpadores y de "víctimas." Le echamos la culpa a nuestro pasado, a nuestros padres, a nuestra sociedad, a nuestra herencia, a nuestras "incapacidades," o a cualquier otra cosa que se nos ocurra como causa de los problemas personales que tenemos.

Recientemente leí en una caricatura que mostraba a un abogado defensor tratando de persuadir al jurado. Él decía: "mi cliente admite que ha asesinado a ocho personas. Pero nosotros probaremos que él fue desprovisto en forma cruel e inhumana de todo recurso de defensa, por haber sido criado y apoyado por un padre devoto y amoroso."

En uno de los libros más profundos y provocativos que he leído en años recientes, *The Nation of Victims* [Nación de víctimas], el autor Charles Sykes analiza y documenta este problema de la mentalidad de víctima.[2] He aquí un resumen de los casos que él utiliza para sustentar su punto de vista:

- Un agente del FBI se apropió indebidamente de dos mil dólares y posteriormente los perdió apostando en los casinos de Atlantic City (New Jersey, EE.UU.). Aun cuando fue despedido, el agente fue contratado de nuevo, una vez que logró convencer a la Corte que su tendencia al juego con el dinero de los demás, era una "enfermedad" y por lo tanto estaba protegido por la ley federal.

- Un joven se roba un carro de un estacionamiento y la policía lo mata cuando trata de escapar. Su familia demandó al propietario del parqueadero, porque éste falló al no tomar las medidas necesarias para prevenir ese tipo de robos.

- Un maniático que admite haberse desnudado en público más de mil veces (y habiendo sido encarcelado más de treinta), fue rechazado en su solicitud de empleo como ayudante en un estacionamiento de vehículos, debido a sus malos antecedentes. Pero él demandó, basado en el argumento que, "él nunca se había desnudado en un estacionamiento" (solamente en bibliotecas públicas y lavanderías automáticas). Los funcionarios laborales de Wisconsin estuvieron de acuerdo. El maniático fue considerado "una víctima" de discriminación laboral ilegal.[3]

Sykes también cuenta la historia de un hombre de Chicago (Illinois, EE.UU.) que se quejaba ante una oficina de la División de los Derechos de las Minorías Raciales de la Fiscalía General de los EE.UU., de que los restaurantes McDonald's violaban las leyes federales de protección de igualdades, porque los asientos de sus restaurantes no eran suficientemente grandes para la descomunal anchura de sus sentaderas. Ofuscado e indignado, el agraviado declaraba:

"Represento a un grupo de minorías que es tan notorio como los negros, los mexicanos, los latinos, los asiáticos, o las mujeres. Su empresa se ha dado a la tarea de discriminar en forma grosera e inapropiada a la gente de constitución gruesa, tanto a los altos como a los de tamaño pesado, y estamos preparados, de ser necesario, para establecer un litigio federal en contra de su compañía, para que se ajusten a los Derechos de Igualdad de las Instalaciones Públicas, según lo establecido en los Reglamentos…

"Tengo una cintura talla 60 y mido 1.95m. de altura, y me es absolutamente imposible recibir servicio en ese restaurante por el tipo de asientos que ustedes han instalado. Es más, muchos de los asientos sencillos tienen un cojín tan pequeño que le es imposible a una persona que tenga sobrepeso colocar las sentaderas.

"Estamos firmes en nuestra exigencia de que McDonald's reconozca la presencia de una minoría de gente gruesa y pesada, que constituye casi el 20% de la población estadounidense y que se tomarán medidas serias para procurar que por lo menos el 20% de los asientos en sus restaurantes sean adecuados... para gente gruesa y pesada.

"Abriremos un compás de espera de 30 días antes de proceder con el litigio, dada la posibilidad de que McDonald's desarrolle un plan adecuado.[4]"

El columnista Mike Royko del periódico Chicago Tribune correctamente señala que la intención del autor de la demanda, de equiparar su status con el de los mexicanos, latinos, asiáticos, negros y mujeres, es inaceptable. Después de todo, el demandante "no nació con 60 pulgadas de cintura, ni con un enorme trasero. Él mismo fue quien se puso así. Esa fue la imagen que él procuró para sí mismo. Sus problemas son su responsabilidad. De hecho, el más liberal de los liberales estará de acuerdo en que [el demandante] de 60 pulgadas de cintura, grueso y pesado no debería ser responsabilidad de Estados Unidos de América, ni de McDonald's."[5]

Aun cuando estas historias nos parecieran ridículas y absurdas, el hecho es que están aumentando por doquier. El fuego está siendo avivado por los periódicos amarillistas y los programas de televisión que alcahuetean a las "víctimas;" por un crecimiento explosivo de las demandas judiciales en nuestra sociedad; por la mano intrusa del gobierno que cada vez con más frecuencia castiga a los ciudadanos al mantener una cultura arcaica de beneficios estatales y por psicólogos extremistas que crean y toleran las deficiencias emotivo-conductuales más inconcebibles.

El problema se hace especialmente destructivo cuando el referido sector categoriza las faltas conductuales como enfermedades. De repente el problema ya no es mío, sino de alguien más. Entonces me uno a un grupo de gente, para juntos apoyarnos en nuestra "enfermedad" y así enaltecer el problema que me destruye: Jugadores de Azar Anónimos, Adictos-a-las-pastillas Anónimos, Sexualistas Anónimos (parientes y amigos de los adictos al sexo), Nicotinados Anónimos, Emociones de Juventud Anónimos, Progenitores Solteros Anónimos, Salud Emocional Anónimos, Deudores Anónimos, Adictos al Trabajo Anónimos, Desórdenes Duales Anónimos, Abusadores Anónimos, Víctimas Anónimas, Familias de los Maniáticos Sexuales Anónimas.[6]

Por favor no me malinterprete. Sé que los grupos de apoyo pueden ser y son muy necesarios, pero el peligro es que en estos grupos la tendencia es de animar a sus participantes a echarle la culpa a los demás y a no tomar la responsabilidad de sus propias vidas.

Si usted desea tener éxito, usted debe hacerse responsable. Debe ser proactivo y tomar las riendas. Esto significa que debe estar preparado para cambiar. Si sus problemas no son suyos, ¿cómo va a cambiar? Pero si son suyos, incluso si ha sido agredido o afectado por una inexplicable fuente externa, usted tiene esperanza. Su esperanza está directamente relacionada al siguiente hecho: usted puede cambiar, si aplica los principios correctos, los principios que aprenderá en este libro. Usted estará en control. Usted puede cambiar, porque usted estará en control de sus actitudes, convicciones y compromisos.

Usted no puede darse el lujo de ser una víctima. No importa cuánto se sienta como una víctima o que disfrute del consuelo de otros, debe tomar la iniciativa y marcar la diferencia con su vida. ¡Ése es su destino!

Sea proactivo, no reactivo

Su decisión de tomar el control de su vida es la semilla para su éxito. Otra forma de decir "tomar el control" es "siendo proactivo." Esta palabra proactivo es una simple combinación de dos palabras familiares: pro, que significa "hacia" y activo, que significa "hacer algo." En otras palabras, no se quede allí sentado o estático, ¡haga algo!

Usted y yo rutinariamente nos metemos en problemas al enfocarnos en cosas sobre las cuales no tenemos control: ¿será esta reunión positiva, estará seguro mi hijo, le gustaré a la gente, lograré el negocio, o seré feliz? Esto es enfocarnos únicamente en el fruto de nuestra vida.

¿Qué tiene de bueno concentrarnos en eso? Nada, absolutamente nada. De hecho, esto es nocivo y a menudo causa preocupación, miedo, manipulación y aun cosas peores.

En cambio, usted necesita enfocarse en aquellas cosas que puede controlar (las raíces): actitudes correctas, convicciones correctas y compromisos correctos. Al hacer esto, usted utiliza su energía emocional de una manera positiva y de hecho saldrá adelante más rápidamente. Esta proactividad marca la diferencia. La gente reactiva se concentra en el fruto (el resultado). La gente proactiva se enfoca en las raíces (los principios).

Piense en la batería de un automóvil. Si usted solamente enciende la radio o las luces, sin prender el motor, la batería se descarga. De igual manera, si usted reacciona a la vida a su alrededor como una víctima, sin encender el motor de la acción, su batería interna, su habilidad para manejar las cosas, su llama de la esperanza, también perderá poder.

Pero si usted enciende el motor de su automóvil, antes de prender la radio y las luces y lo conduce, es decir, se mueve y actúa, la batería recibe carga. De igual manera sucede con la gente proactiva. Si usted toma el control, los desafíos de la vida no le descargarán su batería, sino que le añadirán energía ¡y usted será un faro que ilumina a todo el mundo!

La elección es suya. ¿Se verá usted a sí mismo como una víctima, que

Usted escoge: Víctima o Vencedor.

solamente reacciona, o como un guerrero victorioso que está en control y dirigiéndose hacia el éxito?

Los psicólogos nos dicen que el estrés es una realidad de la naturaleza. El estrés es la tensión que viene a nuestras vidas como parte del proceso de vivir. Podemos responder al estrés de dos formas: como una víctima, que actúa de una forma desvalida (inapropiada), o como un vencedor, que actúa de una forma apropiada. Si respondemos apropiadamente, podemos controlar el estrés e incrementar nuestra capacidad para obtener mayor energía y un resultado positivo.

La sabiduría de Ruth

Recuerdo un día haber hablado con Ruth, acerca de este concepto de "ser la víctima," o sea la gente que no toma la responsabilidad de sus vidas. (Recuerde: Ruth es mi personificación de los principios de la sabiduría en la vida.) Ocurrió cuando estaba en Pittsburgh, hablándole a un grupo de unas setecientas personas acerca de las relaciones en el contexto del matrimonio. Mucho de lo que hablé tenía que ver con la gente que debe tomar responsabilidad por sus roles en las relaciones.

Cuando le pregunté a Ruth, qué problemas básicos le impiden a la gente tomar la responsabilidad en sus vidas, me dio una respuesta fría y fascinante. "Es por la forma en que ellos ven la vida," señaló. "Es la imagen que tienen de sí mismos y de sus vidas."

Le pregunté qué quería decir con "la imagen de la vida." Ella me contestó: "Ron, hoy día la gente ha perdido de vista la importancia de sus vidas. Debes darte cuenta que nosotros somos fundamentalmente mayordomos y no propietarios de nuestras vidas. No quiero decir que nosotros no obtengamos propiedades e inversiones. Quiero decir que no puedes llevarlas contigo. Cuando te mueres, te mueres. Dejas esta vida atrás. Tienes un tiempo en esta tierra en el cual administras tus propiedades, tu tiempo, tus capacidades, tus finanzas, es decir, todas las oportunidades y talentos que tengas. Eso es lo que debes hacer. Se llama simplemente 'mayordomía'."

"La gente ha perdido eso de vista. Como resultado, tienen la tendencia a abstenerse de tomar responsabilidades en sus vidas. Tienden a echarle la culpa a los demás o esperar que otros tomen la iniciativa. Ésa es la razón por la cual fracasan."

Luego ella me contó esta historia: "Una vez tenía un amigo que era un comerciante muy sagaz. Estaba a la búsqueda de un sucesor para que le administrara la compañía de la cual él era propietario. Se concentró en tres personas, todas muy capacitadas, que dirigían diferentes centros administrativos de la empresa.

"Los tres parecían tener los talentos requeridos para ocupar el cargo. Pero mi amigo buscaba alguien que tomara la iniciativa, alguien que tuviera audacia y valor como él, que no fuese inmovilizado por el miedo al fracaso, de tal manera que él o ella no evitaran arriesgarse en un grado razonable.

"Sin que estas tres personas lo supieran, mi amigo diseñó una prueba. A cada uno de los centros de administración de su empresa, le hizo un aporte de capital proporcional al tamaño de cada centro.

"Le dio a Santiago, el administrador del centro más pequeño, diez mil dólares para invertir en la forma que creyera más conveniente. También le dio a Susana cincuenta mil dólares para su centro de producción que era un poco más grande. Finalmente, le dio a Marcos cien mil dólares para que los invirtiera en la forma que creyera más conveniente para su centro de negocios.

"Cada uno de estos administradores sería evaluado según la forma en que invirtieran el dinero en un período de doce meses. Hecho esto, el propietario de la empresa salió de viaje para dejarlos que administraran sus negocios por cuenta propia.

"Doce meses más tarde, regresó y encontró que Marcos había tomado el dinero y lo había invertido en un entrenamiento a fondo en el área de relaciones humanas y otras áreas de conocimientos empresariales, con el propósito de ayudar a su personal a crecer en auto-control y auto-concepto. El resultado fue doble: la producción de este centro se duplicó durante los doce meses y todos los índices señalaban un crecimiento aun más sólido para el futuro.

"Después fue a ver cómo Susana había administrado sus cincuenta mil dólares. Ella también había invertido la mayor parte del dinero en un tipo similar de capacitación, pero con un enfoque en las relaciones de equipo, debido a las necesidades de su grupo en particular. Además, desarrolló una estrategia especial de mercadeo y una nueva línea de productos que sería desarrollada en un futuro cercano. Susana duplicó lo que se le había entregado.

"Luego mi amigo se dirigió a Santiago, a quien se le había entregado la suma más pequeña, diez mil dólares; escasamente pudo lograr que el negocio continuara operando. Hasta cierto punto, puede que esa no haya sido tan mala estrategia. Sin embargo, el centro de Santiago era el que menos ganancia estaba produciendo de los tres centros y tan solo pudo mantener un bajo promedio de ganancias.

"Cuando el dueño le preguntó a Santiago por qué no había puesto su dinero en algo que hubiera favorecido el crecimiento y brindado mayor rentabilidad, respondió que había sentido miedo de que el dueño se disgustara con él por tomar tan grande riesgo, e incluso hasta considerara despedirlo, por si la decisión que hubiera tomado, hubiese sido la incorrecta.

"La conclusión de todo esto fue que a Marcos, quien había invertido los cien mil dólares y creado la mayor productividad, se le entregó una inversión mucho mayor al año siguiente. Y a Susana también, a quien se le habían entregado los cincuenta mil dólares. Hoy día, Marcos y Susana son el Director Ejecutivo y la Gerente General de la compañía.

"Vemos pues, que Marcos y Susana asumieron responsabilidades en sus vidas. Estuvieron dispuestos a confiar en su experiencia. Ellos sabían que podían ser proactivos. No tuvieron miedo como Santiago."[7]

"Optar por iniciar la acción, implica una elección básica entre dos maneras de vivir: el camino correcto y el camino equivocado. Usted debe hacer lo mejor que pueda con lo que tiene. Debe enfocarse en lo que puede cambiar, en vez de enfocarse en lo que no puede cambiar."

Sea disciplinado, no perezoso

Logramos que las cosas empiecen a ocurrir, cuando nos hacemos disciplinados. Nunca lograremos nada en esta vida, sin tener disciplina propia. Richard Shelley Taylor, en su libro *The Disciplined Life* [La Vida Disciplinada], define la autodisciplina de esta forma: "La habilidad de regular la conducta mediante principios y buen juicio, en vez de la impulsividad, los deseos, las presiones o las costumbres sociales." Observamos que la disciplina es la capacidad de controlar conscientemente sus circunstancias. Es la habilidad de controlar su vida, de asignar prioridades.

Enfóquese en las raíces, no en el fruto.

He aquí una pregunta para usted. ¿Existen hábitos en su vida que fueron aceptables cuando usted era un niño, pero que no son aceptables hoy día? ¿Está usted todavía luchando con ceder a sus impulsos?

Cada uno de nosotros lucha con una o más de estas tres áreas: orgullo, sensualismo y codicia. El orgullo es poco saludable cuando es estimulado por la vanagloria propia. El sensualismo es el preocuparse por la satisfacción de lo sensual: comida, comodidad, sexo, ruido, emociones intensas. (Mucha publicidad comercial y los anuncios de hoy día, están dirigidos hacia el sensualismo.) La codicia involucra el deseo de querer más, sólo por tener más o por ser avaros, es decir, desear lo que le pertenece a otros. Esto crea una generación de personas que viven del "plástico." Están totalmente dominadas por sus tarjetas plásticas de crédito y no pueden parar de gastar.

Puedo sentirme identificado con el orgullo, el sensualismo y la codicia. Sin embargo, con lo que más lucho, es con el área de los sentidos. Ya sea que la lucha consista en el no querer hacer ejercicio, querer comer demasiado, o mirar mucho la televisión, todo esto se centra en la gratificación sensorial.

Considere usted su propia vida: ¿Qué es lo que verdaderamente desea? ¿Qué es lo que le hace agua la boca? Para mí son las rosquillas. Me encantan las rosquillas. Había un negocio cerca de mi casa en Filadelfia, llamada La Rosquería. Cuando estaba a menos de un kilómetro de La Rosquería, podía imaginarme una rosquilla recién hecha, con canela y mantequilla escurriendo por los costados. Podía olerla. Podía verla. Y como el perro de Pavlov, el psicólogo, se me hacía agua la boca y me deleitaba pensando solamente en esas rosquillas. Buscaba la gratificación sensual y las palabras de Richard Shelley Taylor me quemaban por dentro: "La autodisciplina es en esencia la capacidad de asignar prioridades."

La palabra disciplina deriva de la palabra griega *gymnatsu*. ¿Y a qué le suena eso? Sí, correcto, a gimnasia.

Para convertirse en una persona que va a iniciar la acción , para ser realmente quien marque la diferencia, usted debe hacerse una persona disciplinada. Necesita colocar un controlador, un gobernador por encima de sus pensamientos y acciones. Usted necesita establecer patrones y normas en su vida.

Quiero contarles una historia real. Hace muchos años caminaba yo en una tienda por departamentos con un amigo cercano. Hablamos un poco, y mientras caminábamos me miró y me escupió en la cara. Así es, me escupió en la cara en medio de la tienda. Tomé mi pañuelo y me limpié la cara. No dije nada, esperando que él me dijera algo. No dijo ni una palabra. Seguimos caminando.

Empezamos nuevamente a hablar. Él por segunda vez me miró, se me acercó a unos 15cm. de la cara y me escupió de nuevo. (Le aseguro que es una historia verídica.) Tratando de ser un verdadero caballero, no dije nada. Me quité mis gafas, las limpié y me sequé la cara, esperando que él dijera algo, pero no lo hizo.

Entonces caminamos un poco más ¿y sabe qué pasó? Mi amigo me miró de nuevo y me escupió, por tercera vez.

¿Sabe qué fue lo que hice? Nada. ¿Sabe por qué? Porque mi amigo era mi bebé de seis meses de edad.

Puede que esté pensando: "¡Qué historia tan tonta! Eso es lo que los bebés hacen todo el tiempo." Sí, pero he aquí mi punto: cuando pensó que yo estaba hablando de un adulto, usted estaba horrorizado porque no espera que los adultos actúen de esa manera. Muchos adultos se han fijado patrones y normas de disciplina y saben que escupirle a alguien en la cara no es aceptable socialmente. Pero cuando le dije que se trataba de un bebé, usted cambió de parecer.

Ahora permítame preguntarle: "¿Cuán a menudo actúa usted como un niño en las diversas áreas de su vida?"

Para optimizar su eficacia personal y profesional, usted necesita desarrollar y cultivar patrones correctos a través de la repetición ardua y constante. ¿Cómo se hace? Debe aprender dos habilidades fundamentales: primero, trabaje duro; segundo, desarrolle hábitos correctos. Así es como usted hace la gimnasia de la disciplina.

1. Trabaje Duro

Si desea tener éxito en la vida, debe trabajar. En realidad, esta ética de trabajo debe reflejarse en cada área de su vida. No existe atajo. John Gardner observa: "Cuando la gente sirve, la vida comienza a tener significado." "Sin trabajo", señala Albert Camus, "la vida se corrompe." Pero con trabajo y esfuerzo arduo, la vida tiene significado y es emocionante.

Gary Player, en su época, ganó más torneos internacionales de golf que cualquier otro golfista. Aun hoy día, está ganando en los torneos de veteranos, y ganando en grande. A lo largo de su carrera, la gente le ha comentado: "Daría cualquier cosa por poder golpear la pelota de golf como usted."

Un día, en un juego particularmente difícil, Player estaba cansado y frustrado, cuando una vez más escuchó el comentario:

—Daría cualquier cosa por pegarle a esa la pelota como usted lo hace.

La acostumbrada diplomacia de Player le falló, cuando le respondió bruscamente al espectador:

—No... no creo que lo haría. Usted dice que daría cualquier cosa por golpear la pelota de golf como yo, como si esto fuera fácil. ¿Sabe usted lo que tiene que hacer para golpear la pelota como yo? Tiene que levantarse diariamente a las cinco de la mañana, ir al campo de golf y practicar con mil pelotas de golf. Las manos comienzan a sangrar. Usted camina hasta los vestidores, se lava la sangre de las manos, se pone una venda, y vuelve para pegarle a otras mil pelotas de golf. ¡Eso es lo que se requiere para pegarle a una pelota de golf como lo hago yo!

Gary Player tiene determinación. Es persistente. No se desanima. La gente que ha logrado algo en la vida, son las personas que se mantienen firmes, no importa cuán difícil se torne la situación. Marcar la diferencia, significa tomar la decisión de perseverar.

Un comentario de Thomas Paine va directo al grano: "aquello que obtenemos muy fácilmente, lo estimamos poco." Si usted verdaderamente valora algo, tiene que trabajar duro por ello. Debe trabajar duro en sus negocios, trabajar duro por su familia, trabajar duro en su ejercicio físico, en su fe y en las amistades. ¡Cada área de su vida requiere esa disciplina!

Una pregunta importante que uno debe hacerse es ¿por qué trabajamos? Elbert Hubbard comentó: "nosotros trabajamos para ser, no para obtener." Su trabajo no debería ser ni la única fuente de satisfacción, ni algo que usted solamente hace por hacer. Su verdadera vocación es su vida y el trabajo es solo una parte de ella. Es una parte importante de ella, pero solamente una parte. Si usted no se apodera de este cuadro mental, no va a tener un éxito auténtico. Usted se agotará o fracasará.

¿Agotamiento o fracaso?

Agotarse es la consecuencia para aquellos que tienen una gran preocupación por el trabajo. Por otro lado, el fracaso es lo que ocurre cuando la gente presta muy poca atención al trabajo. En la segunda categoría es donde se ubica mucha gente de nuestra cultura. Las estadísticas muestran que más del 70% de los trabajadores dicen que podrían ser más productivos y 45% admite que podrían ser el doble de productivos.

Imagínese las implicaciones de eso en nuestra producción interna, sin mencionar las vidas de aquellos que están siendo afectados por la subproducción. Un escritor lo expresa de esta forma: "millones están ociosos, aun teniendo empleo. Algunos tienen grandes carreras profesionales, en tanto que otros simplemente hacen trampa."

Según una encuesta de la organización Lou Harris, 63% de los trabajadores estadounidenses creen que la gente no está trabajando tan duro como lo hacían hace 10 años; el 78% creen que la gente se siente menos orgullosa de su trabajo; un 69% creen que en general el trabajo producido es inferior; el 73% creen que los trabajadores están menos motivados. En su fascinante libro, *Why America Doesn't Work* [Por qué los norteamericanos no trabajan], Jack Eckerd, fundador y presidente de la cadena farmacéutica y de víveres "Eckerd Drugs," y Chuck Colson, quien denunció al presidente Nixon en el caso Watergate y forma parte del Ministerio Cristiano Carcelario, exploran la forma por en la cual los Estados Unidos se ha alejado de una economía ágil, laboriosa, diligente y perseverante, conceptos que se resumen en las palabras "ética de trabajo."

De acuerdo con el escritor Arthur Burns, Estados Unidos fue fundado sobre la base del trabajo de emigrantes judíos muy emprendedores, de cristianos escoceses y de italianos católicos, todos ellos con la convicción de que "su trabajo le importaba a Dios." Ellos vieron sus vidas y sus trabajos como algo mucho más que simplemente estar ocupados y traer a casa los cheques de su salario. En realidad, el trabajo era una dimensión fundamental de su propia existencia. Para estas personas el trabajo era un imperativo moral, era la clave de la "ética," la ética del trabajo.

Según Eckerd y Colson, estas personas veían el trabajo como un don de Dios y trabajaban para Dios, como su meta ulterior. Es más, veían que el trabajo tenía implicaciones sociales significativas. Como decía el líder de la Reforma, Martín Lutero: "El hombre no vive solo para sí mismo (...) sino que vive también para todos los hombres de la tierra." En la misma tónica, un contemporáneo de Lutero en la Reforma, Juan Calvino, exhortaba a los trabajadores a producir más de lo que ellos necesitaban, de tal forma que pudieran ayudar a cubrir las necesidades de otros.

Esta ética del trabajo, que estaba profundamente enraizada en la Reforma Protestante, fue precisamente el cimiento que hizo que los Estados Unidos fuera un gran país en sus primeros años. Sin embargo, a mediados del siglo XIX esta ética comenzó a erosionarse. Como dice Sherwood Wirt: "el 'llamado', la 'vocación' perdió su curso vertical en el incesante operar de la maquinaria y la mugre de los telares ... A medida que el mundo moderno despertó a su capacidad financiera y se sacudió de encima las disciplinas de las normas de vida de los puritanos, descubrió que la doctrina del llamado secular se había vuelto innecesaria ...La vocación se convirtió en una simple 'ocupación'."

Con el advenimiento del siglo XVIII, el Renacimiento entró en pleno apogeo (con el despertar de la era de la razón). La humanidad se convirtió en el centro de todas las cosas y el trabajo pasó de ser una ocupación noble, a una tarea utilitarista: un medio para lograr un fin. El amor a Dios y el cuidar al prójimo, dejaron de ser la esencia del trabajo. El trabajo por sí solo, fue deificado.

La visión del trabajo como mayordomía del tiempo y los talentos	La visión del trabajo cada día más aceptada
El trabajo es parte de un "llamado / vocación"	El trabajo es solo mi ocupación
Un lugar donde se reflejan los valores correctos	Un lugar donde consigo lo que yo deseo
Se enfoca en dar	Se enfoca en obtener (dinero, tiempo libre, grandeza)
Un sitio vital y emocionante para estar	Un sitio para obtener el salario necesario para vivir
Una ocupación que enaltece	Un medio para lograr un fin

Si usted es un gerente, ¿cómo le hacen sentir estos hechos con respecto a la gente que trabaja para usted? ¿Cuánto tiempo puede permanecer siendo competitivo basado en esta nueva realidad? ¡No mucho tiempo! La clave es una visión renovada del trabajo. Esta visión necesita ser desarrollada sobre el concepto inicial: que la vida es un llamado, que estamos aquí para cumplir con nuestra vocación, y que esa vocación consiste en que seamos lo mejor que podamos ser en todos los campos. Estamos destinados a optimizar nuestras vidas, a hacer todo con excelencia. ¡Nuestro destino depende de ello!

Permítame sugerirle algunas formas específicas para replantear su visión del trabajo, como un acto que tenga significado y esencia.

Primero, reconozca la visión que usted tiene respecto del trabajo. ¿Ve usted el trabajo como una actividad que tiene que soportar? O ¿está usted en el otro extremo, un adicto al trabajo?

Segundo, comprométase con usted mismo a ser el mejor en todas las áreas, tanto en lo personal como en lo profesional.

Tercero, enfóquese en usar las cosas y cuidar a la gente, en vez de, usar a la gente y cuidar las cosas. Este enfoque alterará tremendamente la forma en que usted se desenvuelve en la jornada de trabajo. Por ejemplo, los gerentes pueden fácilmente cumplir con todos los objetivos de los negocios y en el proceso, usar a la gente para obtener dichas metas. Pero, ¿qué tal si en cambio, usted se enfoca en cuidar de aquéllos que trabajan con usted y para usted capacitándolos en su vida profesional y personal? Cuanta más gente tenga usted a su alrededor que se esté desarrollando como resultado de su genuino interés por ellos, más eficientes y productivos serán para cumplir las metas. Se logrará mucho más producción y rentabilidad, cuando su enfoque pasa de meramente usar a la gente, a cuidar de ellos.

Cuarto, siga aprendiendo y no se quede quieto. Si usted ve su trabajo como un elemento que está llenando una parte del conjunto de la vocación de su vida, usted estará altamente motivado para ser cada vez mejor y seguir creciendo constantemente. Por lo tanto, usted debe leer libros, escuchar cintas grabadas, ver cintas educativas, desarrollar nuevas destrezas y siempre desarrollar más calidad. Si usted se mantiene en constante desarrollo y crecimiento, rectificando y afinando sus habilidades, será mucho más productivo y estará mucho más satisfecho con su trabajo.

Quinto, busque oportunidades para servir a otros. Si usted permite que su enfoque sea el servir a la gente, no sólo en el área de los negocios, sino también en el área personal, encontrará una satisfacción grande en todas sus actividades. El principio es universal: encontrará satisfacción y significado en su vida, en proporción directa con lo que usted invierta en ella. Usted obtendrá productividad y prosperidad en sus negocios, en proporción directa con lo que usted le dé a sus empleados, clientes, asociados, colegas y accionistas.

En el otro extremo del péndulo, por supuesto, están las personas que viven en lo que hoy día se conoce con el nombre de "carrerismo," es decir una persona que trata de buscar satisfacción total solo en el trabajo, y por lo tanto permite que otros aspectos de su vida se le vayan de las manos. Esta rigidez mental es igual de peligrosa. El trabajo nunca puede proveer una medida completa de valoración, de realización, de éxito o de significado por sí sólo. El trabajo sin felicidad, es un camino seguro a la enfermedad y a la muerte.

Usted recibe al dar.

El trabajo, sin embargo, ocupa la mayor parte de nuestro tiempo. Probablemente del 40% al 75% de las horas en que estamos despiertos, están relacionadas con el trabajo. Alrededor del 30% al 35% de nuestro tiempo, lo utilizamos con la familia y para asuntos personales; y del 5% al 10% en la iglesia o en actividades de tipo religioso. Por consiguiente, necesitamos poner todo en perspectiva antes que podamos lograr el éxito.

Douglas LaBier escribió en *Modern Madness* [La locura moderna]: "El 'carrerismo' se ha convertido en el principal problema ético de nuestro tiempo. En esencia, el 'carrerismo' es una actitud, una orientación de la vida en la cual una persona ve su carrera [o profesión], como la principal razón de vivir, como lo más importante. Una posición extrema pero común, la encontré en el comentario de un hombre que me confesó que su temor a morir se debía principalmente a que ello significaría el fin de su carrera."[8]

Recuerdo a un amigo, un alto ejecutivo, a quien conocí y admiré profundamente. Él empleó gran parte de su vida en la búsqueda de grandeza. Se graduó de una reconocida universidad de postgrado y se dedicó a negocios en gran escala. Tuvo todas las cosas que las personas desean en la vida. Sin embargo, en el proceso de obtener todos sus logros, comenzó a identificar su valor personal en base al éxito en los negocios.

Mientras iba alcanzando todas esas metas, tenía un matrimonio maravilloso, con esposa y tres niños. Era conocido y apreciado por muchas personas. Pero el aumento de su obsesión por el trabajo y su deseo de alcanzar más y más, ahogaron su vida. Esto, juntamente con su interpretación errónea de lo que él creía que aquéllos que le amaban realmente valoraban, abrieron el camino de su destrucción.

Aquel hombre cayó en un período en el que perdió una gran cantidad de dinero debido a ciertas circunstancias, algunas de las cuales se encontraban fuera de su control. En lugar de reenfocar su vida y recuperar algo de equilibrio con el mayor activo que tenía, que era su familia, concentró su atención en el nivel de prestigio y éxito que alguna vez tuvo, el cual pensaba era necesario para ser un buen jefe de hogar.

Aun cuando continuó trabajando en ciertos proyectos, su vida personal llegó a ser autodestructiva. Finalmente se quitó la vida. La excusa que esgrimió para acabar con su vida, fue que la prima del seguro de vida se le vencía al día siguiente. ¡Qué triste! La única cosa de valor que sintió que había dejado, era una póliza de seguro para su esposa y sus hijos.

LaBier comenta: "Un alto ejecutivo se lanzó desde el techo de su edificio una mañana, al darse cuenta que le habían mudado el escritorio. Un químico al que no le aprobaron los fondos para un proyecto de investigación, regresó a su laboratorio una noche, preparó un veneno, se lo tomó y murió donde se sentía 'más a gusto' y más traicionado."[9] Como Aldous Huxley sostuvo: "Se intoxican con su trabajo, para no ver quiénes son en realidad." Cuando el trabajo comienza a ser un dios en nuestras vidas, estamos en problemas. Por favor, no me malinterprete: yo deseo que tenga éxito en su trabajo. Deseo que sea excelente. Que sea mucho más productivo de lo que es ahora. ¡Pero usted no puede permitir que su trabajo se convierta en su dios! No puede permitir que ninguna cosa material se convierta en su dios. Si lo permite, perderá el equilibrio en todas las demás áreas de su vida. Nunca tendrá una influencia de calidad o cantidad en ninguna faceta, si no hay un nivel de equilibrio en su visión con respecto al trabajo y el resto de su vida.

Art Williams, fundador de Primerica Financial Services, declaró: "Usted le gana al 50% de las personas en los Estados Unidos, trabajando duro; al 40%, siendo una persona honesta, íntegra y haciendo valer sus derechos; el 10% restante está metido en una pelea de perros y gatos en el sistema de libre empresa."[10]

A mí se me hace fácil trabajar duro en mis negocios. Pero al final del día me encuentro cansado física y emocionalmente. Lo único que deseo hacer es sentarme en mi butaca favorita, levantar los pies y ver las noticias. Se siente uno tan bien. Viéndolo objetivamente, me lo merezco.

Esa era mi forma de pensar hace algunos años. Sin embargo, un cierto día, me encontraba hablando con mi hijo de 14 años. Al día siguiente, yo debía viajar a Asia por unas dos semanas y sabía que mi tiempo con él era valioso. Deduje que él quería que habláramos. Pero me dijo:

—¿Papá, quieres jugar baloncesto?

Mi respuesta inicial fue:

—No. Entonces insistió:

—Anda Papá, te vas otra vez. ¿No podemos jugar baloncesto?

—Matt, estoy demasiado cansado —le contesté.

Entonces vi su rostro acongojado. Había herido a mi hijo con ese razonamiento, y echado por tierra mis esfuerzos de ayudarle durante el último mes. Había quebrantado su espíritu.

Mientras meditaba al respecto estando allí sentado, tuve que admitir cuánto valoraba a mi hijo. Estaba por salir de la ciudad, por lo tanto, iba a estar lejos de él por un tiempo. Con el objeto de compensarlo por esta ausencia, necesitaba concentrarme en él en ese momento.

—Matt, vamos a jugar —le dije sin que me costara mucho levantarme de mi silla favorita.

Jugamos al baloncesto por unos 45 minutos. Mantuve ese compromiso de mi vida, aunque me costó esfuerzo. ¡Y después hasta me sentí mucho mejor!

2. Desarrolle hábitos adecuados

Aristóteles estaba en lo cierto: "La excelencia no es solo un acto, sino un hábito."

Roger Ringer, en su excelente libro *Million Dollar Habits* [Hábitos del millón de dólares], sustentó su tesis en torno a este concepto del hábito. Uno de sus principales fundamentos es que el éxito no depende de una inteligencia superior, habilidades especiales, educación formal, suerte, etc. Ringer sostiene: "El mundo está lleno de gente inteligente, altamente educada, con habilidades extraordinarias y que experimentan una constante frustración por su falta de éxito. Otros tantos millones de personas consumen sus vidas trabajando duro durante largas horas, solamente para morir en bancarrota." En contraposición a ello, propone: "Es cuestión de entender y aplicar estrictamente hábitos sencillos pero específicos, que siempre conducen hacia el éxito."

Ringer hace esta reveladora declaración: "Recuerde, que la vida es tan solo la suma total de muchos años de éxito; un año exitoso es tan solo la suma total de muchos meses exitosos; un mes exitoso es tan solo la suma total de muchas semanas exitosas; una semana exitosa es tan solo la suma total de muchos días exitosos. Por eso, aplicar hábitos exitosos de día en día, es la vía más segura para salir victorioso a largo plazo."[11]

Si desea ser excelente, debe desarrollar el hábito de ser excelente. Manténganse haciendo lo que está haciendo una y otra y otra vez. Digamos que usted tiene un problema con la lengua: habla mal a espaldas de las personas. Usted tiene que desarrollar el hábito de decir cosas positivas acerca de ellos. Si usted tiene problemas en concluir sus deberes por pereza o tardanza, practique completar las cosas haciéndolas bien, una y otra vez, hasta que desarrolle el hábito de terminarlas bien. Horace

> **Somos lo que hacemos repetidamente.**
> **Aristóteles**

Mann compara los hábitos con una soga: "Trenzamos día a día los hilos de una cuerda, hasta que llega el momento en que no se puede romper."

Fundamentalmente, los hábitos son la combinación de tres cosas:

deseos, conocimientos y habilidades. Deseos: por qué hacemos lo que hacemos. Conocimientos: saber qué debemos hacer. Habilidades: la forma en que lo hacemos. Juntas establecen nuestros hábitos.

Usted debe comenzar con el deseo de ser exitoso. ¿Cuál es el hábito específico que usted desea establecer? Si usted no tiene por donde empezar, pregúntele a su cónyuge. Ella o él probablemente le conocen mejor.

La primera cosa que usted se debe preguntar es ¿por qué quiere desarrollar cierto hábito en particular? Para esto, necesita determinar claramente lo que usted gana o pierde si practica o no ese hábito. Si usted no asocia un malestar fuerte con un mal hábito, lo va a continuar haciendo. Es más, si usted no asocia el practicar un buen hábito con el suficiente placer, no comenzará a practicarlo. Entonces, ¿cómo es que desarrollamos nuestros hábitos? Permítame sugerirle algunas de estas destrezas básicas. Primero, practique la repetición mental. Hábito es hacer algo, aun sin pensar en ello. Por ejemplo, cuando usted se abotona la camisa, ¿lo hace de arriba hacia abajo o de abajo hacia arriba? Yo no tengo ni que pensarlo, porque lo hago como un hábito. Ahora bien, utilice este mismo principio para desarrollar hábitos positivos que hagan su vida más fácil. Imagínese que su mente es como una gran montaña. Las actitudes que usted mantiene, la manera en que usted actúa y responde y los hábitos que usted ha desarrollado, son como el agua que fluye desde esa montaña y que va haciendo pequeños surcos, que eventualmente se convierten en profundas cuencas. Los hábitos son como profundos ríos en su mente. Son acciones que, bajo ciertas circunstancias, usted realiza con bastante naturalidad. Si tiene malos hábitos, necesita desarrollar buenos hábitos, o nuevos cauces de río mediante la repetición mental constante. Luego de algún tiempo, usted verá fluir el agua a través de estos nuevos ríos, en vez de los viejos cauces.

Una de las mejores maneras para desarrollar una repetición mental, es imaginarse la forma en que uno debe comportarse. Véase como un ganador (no como un perdedor) en todo lo que haga. Por ejemplo, digamos que está tratando de desarrollar el hábito de contestarle a las personas de una manera amable. Quiere que sus palabras edifiquen a la gente, no que las destruya.

Sin embargo, recordemos también que algunas personas pueden provocar reacciones en usted que inducirán de su parte un hábito de comunicación verbal destructiva. ¿Cómo se maneja esto? Tome nota cuidadosamente para determinar cuándo es que usted responde de mala manera y luego decida cómo responder de buena manera. Luego imagínese en una situación en la que se sienta provocado y practique la respuesta correcta varias veces, hasta que se haga natural para usted responder de esa manera. Esta repetición establecerá en su mente el nuevo lecho de río positivo que usted desea. En mi caso, la reacción la provoca mi esposa Mary, cuando me interrumpe al estar trabajando en la oficina de mi casa. A veces Mary me consulta sobre algún asunto y es que esto es algo perfectamente aceptable y lo hace de una forma muy gentil; pero cuando estoy trabajando, estoy concentrado y no me gusta que me distraigan. De tal manera que mi tendencia ha sido enfadarme cuando ella me interrumpe. En vez de tratarla de una forma amable y cordial, reacciono de una forma que le digo: "mi tiempo es más importante que el tuyo y me molesta que me estés interrumpiendo." Yo no deseo reaccionar de esa manera; simplemente pienso que es la cosa más fácil y natural de hacer.

Recientemente he estado pensado cómo debo contestarle a Mary. Sé que debería ser amable. Sé que debería concentrarme y enfocarme en ella cuando me necesita. También sé que si estoy ocupado en algo urgente, comprenderá y se marchará, particularmente si se lo comunico de una forma tal que la edifique y que no la ofenda.

He visto una mejoría notable en esta área de mi vida con el simple hecho de repetir las palabras y actitudes apropiadas, hasta que comienzan a ser un hábito. El efecto final es que cuando algo quiere causar esa reacción, mi respuesta generalmente es de bondad y comprensión, en vez de rudeza e impaciencia.

La segunda técnica para desarrollar buenos hábitos es la práctica. Debe entender de antemano que usted va a fallar muchas veces, a medida que desarrolle nuevos hábitos. Sin embargo, si practica un hábito una y otra vez, cayendo, levantándose y tratando de nuevo, luego de un tiempo se convertirá en un hábito de vencedor.

Muchos psicólogos nos recomiendan que practiquemos el hábito de los veintiún días, es decir, si hacemos algo durante 21 días consecutivos, se convertirá en hábito. Añádale a eso la exhortación de William James: "Nunca se dé una tregua, hasta que el nuevo hábito esté bien anclado en su vida. Cada excepción es como dejar caer un rollo de cuerda que usted ha estado enrollando cuidadosamente: en cada descuido, va a perder más vueltas que las que recogió."

La clave está en practicar... practicar... y practicar...

La tercera técnica es desarrollar un mecanismo de confirmación. Supervise su desempeño mediante una gráfica. Escoja el nuevo hábito que desea establecer y elabore una gráfica sencilla. Evalúese durante 21 días y marque cuándo tuvo éxito y cuándo no: anote cuando recaiga en el mal hábito y cuando logra cumplir el buen hábito.

Una de las razones por las cuales muchas de las clínicas dietéticas tienen éxito, es porque han establecido el correspondiente mecanismo de supervisión. Le dicen qué clase de comida debe comer. Le preguntan qué comidas comió de las que ellos sugieren. Este mecanismo desarrolla hábitos positivos.

Conozco a alguien que venció barreras increíbles para tomar el control de su negocio y de su vida profesional. Cultivó una vida con patrones disciplinados: es mi buen amigo Bob Safford. Bob es uno de los directivos más distinguidos y uno de los productores de seguros de Primerica Financial Service (una subsidiaria de la gigantesca Travelers Corporation). Travelers es una empresa con más de 100 años en el mercado, cuyos activos líquidos exceden los 115 mil millones de dólares. Es mucho más grande que compañías como IBM, Exxon o Sears Roebuck.

Una razón importante del crecimiento de Primerica Financial Service, se debe a su enorme grupo de ventas. Desde el comienzo Bob Safford fue una persona clave en la estructuración de esa fuerza de ventas. El grupo específico de Bob en la empresa, produce cerca del 15% o sea, más de 300 millones de dólares del ingreso bruto de Primerica Financial Service. Tiene veinte mil representantes, unos a tiempo completo y otros a medio tiempo. Es evidente que en el aspecto financiero, Bob ha tenido éxito: llegó a ser multimillonario, vive en una hacienda histórica decorada exquisitamente (George Washington durmió allí en una oportunidad), y es propietario de dos aviones que él mismo pilotea. Antes de que asumiese su cargo con Primerica Financial Service, fue el gerente de operaciones de una gran compañía de seguros de mercadeo directo y miembro del directorio de la compañía matriz que cotizaba en la Bolsa de Valores de

Nueva York. Anteriormente, a la corta edad de 27 años, fue cofundador de Alexander Hamilton Insurance Company, una compañía de seguros muy conocida y respetada.

Bob también ha desarrollado una vida personal y familiar muy exitosa. Tuve el privilegio de conocer a su primera esposa, Pat, (quien murió de cáncer) una mujer maravillosa, que, junto con Bob, criaron cuatro hijos muy talentosos y de temple (tres de los cuales trabajan con Bob en sus negocios). También tuve el privilegio de asistir al segundo matrimonio de Bob con su actual esposa, Bárbara. Ambos mantienen una sólida relación y continúan teniendo una influencia maravillosa sobre sus hijos y nietos, al igual que hacia miles de personas que Bob influencia a través de sus negocios.

¿Cómo hizo Bob Safford para llegar adonde está hoy?

Bob se crió en un pequeño apartamento en los altos de un bar. Su madre lo crió sola. Nunca tuvo dinero con qué contar, ni una figura paterna a quien rendirle cuentas. Sus padres se divorciaron cuando era pequeño y él se convirtió en el "padre" de la casa y se hizo cargo de su hermana menor.

Bob era de estatura baja. Solían llamarlo "Pequeñín" y luego, incluso siendo Teniente Coronel en la Infantería de Marina, le decían "plumita mercante" (como menosprecio por su tamaño). Desde niño, comenzó a acumular una gran carga emocional. A mediados del tercer grado de la escuela primaria, ya había estado en ocho escuelas distintas.

Bob vendió periódicos de puerta en puerta para pagarse los estudios superiores. Durante sus años en la universidad, uno de sus recuerdos más vívidos fue el perderse los juegos de las finales de fútbol americano, porque estaba lavando las ventanas de las residencias estudiantiles. Tenía que trabajar todo el día, sólo para poder asistir a clases. Disponía de muy poco dinero. Ponerse ropa nueva era algo raro. Sin embargo, Bob Safford tenía un sueño.

En la adolescencia, Bob se topó con ciertas opiniones que comenzaron a cambiar el curso de su vida. La primera fue del gran motivador Andrew Carnegie: "Todas las riquezas y las cosas materiales que alguien puede adquirir a través del esfuerzo personal, se inician en una imagen mental clara y concisa de aquello que ese alguien anhela." Un segundo axioma fue del industrial Henry Ford: "Compadezco al hombre que solamente desea volverse rico, porque no ganará ni siquiera un centavo. Primero debe ocuparse del servicio que ha de prestar, para hacerse merecedor de las riquezas que busca."

Como respuesta a la sabiduría de Andrew Carnegie, Bob dijo entusiasmado: "Mi meta es ser millonario a los 35 años." Pero el segundo consejo, el de Henry Ford, le resultó más difícil: "Tenía que pensar qué 'servicio' brindaría. No lo supe sino hasta que me crucé con otro consejo de Andrew Carnegie: "La posición que una persona ocupa en el mundo, depende de la cantidad y la calidad del servicio que presta, sumado a la actitud mental con la cual se relaciona con los demás."

"Allí fue donde aprendí que el éxito estaba bajo mi control," comentó Bob. "Porque la cantidad del servicio era el número de entrevistas de negocios que programaba y la cantidad de visitas profesionales que podía hacer. La calidad del servicio era cuán bien podía hacerlas. Además, la actitud mental también estaba bajo mi control."

A partir de ese entonces, Bob consagró su vida a lograr el éxito. Sabía cómo hacerlo y sabía que estaba en sus manos.

Al graduarse de la prestigiosa Universidad de Cornell, Bob se dedicó al mercadeo directo porque ser vendedor era la forma más rápida de ganar dinero, y a la vez podría aprender las mejores técnicas de ventas. Comenzó vendiendo ollas de cocina. Su jefe lo mandó a los sitios más difíciles y Bob desarrolló el hábito de hacer algo incómodo: presentarse y mostrar sus ollas una y otra vez. No le gustaba. No lo quería hacer. Pero se encontró con otra frase que lo tocó: "Haz aquello de lo que tengas más temor y la muerte del temor será cierta". La experiencia viene del hábito. Esa experiencia le dio a Bob la tenacidad y la fortaleza para sobreponerse a las dificultades más terribles con las que se toparía el resto de su vida.

La meta de Bob Safford de hacerse millonario continuó estimulándolo. Sin embargo, con el paso de los años, aprendió a enfocarse más y más en tener su vida en equilibrio. Hoy día, Bob puede rememorar cada buena y mala época y saber que hizo su mejor esfuerzo con lo que tenía. Aun hoy, está optimizando todos sus recursos para seguir teniendo una influencia positiva y experimentar un éxito auténtico.

Sin importar sus circunstancias, el éxito auténtico del resto de su vida, está en proporción directa con que usted adopte o no la actitud de iniciar la acción como lo hizo Bob.

Concluyo con la historia de dos hombres que vivieron sus últimas semanas de vida en circunstancias similares. Uno asumió sus responsabilidades y fue victorioso aun en la muerte. El otro no tomó ninguna responsabilidad en sus últimos días y se vió como una víctima.

Había una vez dos hombres, ambos seriamente enfermos, en la misma habitación de un hospital de renombre. La habitación ara bien pequeña, pero suficientemente para los dos: dos camas, dos mesas de noche, una puerta que daba hacia el pasillo y una sola ventana que daba al exterior.

A uno de los hombres, como parte de su tratamiento, le permitían sentarse en la cama durante una hora por las tardes (por algo que tenía que ver con el drenaje de líquido de los pulmones) y su cama estaba junto a la ventana.

El otro hombre tenía que pasar todo el tiempo acostado de espaldas, y ambos tenían que quedarse callados y quietos. Razón por la cual estaban solos en la pequeña habitación y daban gracias por la paz y la privacidad. Sin la bulla, ni la actividad, ni las miradas curiosas de la sala general.

Desde luego, una de las desventajas de su condición, era que no se les permitían hacer mucho: no podían leer, ni escuchar la radio y por cierto nada de televisión. Tenían que mantenerse en silencio y quietos, los dos solos.

Solían hablar por largas horas acerca de sus esposas, sus hijos, sus hogares, sus trabajos, sus deseos, su niñez, lo que hicieron durante la guerra, dónde habían ido en sus vacaciones, todo ese tipo de cosas. Cada tarde, cuando el hombre de la cama junto a la ventana debía sentarse por una hora, pasaba todo el tiempo describiendo lo que veía afuera. El otro hombre comenzó a anticipar esos valiosos momentos.

Aparentemente, la ventana daba hacia un parque con un lago donde había patos y cisnes, niños que les arrojaban pan y hacían navegar botes a escala, jóvenes parejas que caminaban tomados de la mano a la sombra de los árboles; había flores y claros de grama, juegos de béisbol, gente tomando sol y a lo lejos, detrás de la silueta de los árboles, una linda vista panorámica de la ciudad.

El hombre acostado de espaldas escuchaba todo esto disfrutando cada minuto: supo cómo un niño estuvo a punto de caer al lago, qué lindas eran las muchachas con sus vestidos de verano, un emocionante juego de béisbol, o un niño que jugaba con su cachorro. Llegó un momento en que casi podía ver lo que estaba pasando afuera.

De pronto, una linda tarde en que había una especie de desfile, le vino un pensamiento de repente: ¿Por qué el hombre que estaba junto a la ventana tenía todo el beneficio de ver todo lo que sucedía y él no? ¿Por qué no le daban a él esa oportunidad?

Se sintió avergonzado y trató de no pensar de esa forma, pero cuanto más trataba, con más intensidad deseaba el cambio. ¡Estaba dispuesto a hacer cualquier cosa!

Con el pasar de los días se fue amargando. Él quería estar

junto a la ventana. Se angustiaba, no podía dormir y se puso peor, algo que ninguno de los doctores entendía.

Una noche mientras éste miraba fijamente al techo, de repente el otro paciente se despertó tosiendo. Se estaba ahogando con el líquido que le congestionaba los pulmones. Sus manos buscaban el botón para llamar a la enfermera de urgencia. El otro hombre lo miraba sin moverse.

La tos se escuchaba en la oscuridad una y otra vez... Se ahoga... Se detiene... El sonido de la respiración se apaga... mientras el otro hombre continuaba mirando el techo.

En la mañana, cuando la enfermera de turno vino con el agua para la higiene, se dio cuenta que aquel hombre había muerto. Se llevaron el cuerpo en silencio, sin mucho alboroto.

Tan pronto como le pareció moral y correcto, el hombre preguntó si lo podían mover a la cama junto a la ventana. Lo mudaron, lo acomodaron, lo pusieron bien confortable y lo dejaron a solas para que estuviera callado y quieto.

Tan pronto como las enfermeras se fueron, se incorporó apoyándose en un codo. Trabajosamente y con mucho dolor, se asomó por la ventana. La ventana daba a una pared.[12]

La vida y el éxito son lo que usted quiere que sean. No son lo que otra persona ve, sino lo que usted ve. No están en lo que otra persona ha logrado, sino en lo que logre usted. Ahora deténgase y reexamine la imagen que tiene de usted mismo, antes que sea demasiado tarde.

Pasos hacia la acción

1. ¿Cómo se ve usted, como víctima o como vencedor? ¿Cree que está atascado e indefenso, o que es capaz de tomar las decisiones correctas y tomar el control de sus pensamientos y actitudes? ¿Cómo? Identifique algunos ejemplos.

2. ¿Qué áreas de su vida son las más disciplinadas? ¿En qué áreas le falta disciplina? Escriba un ejemplo de cada una.

3. Identifique un área en la cual puede mejorar trabajando con ahínco. ¿Cómo le gustaría cambiar en esa área?

4. Tal como le señalé en este capítulo, con frecuencia hacemos lo que hacemos como consecuencia del débil desarrollo de nuestros hábitos. ¿Qué malos hábitos le impiden tener un éxito auténtico? Haga una lista. Luego, marque con un círculo el más persistente. ¿Cómo puede cambiar ese hábito utilizando el principio "Tomando el control?"

Capítulo 2

Procuraré Alcanzar
El Significado Personal

Usted será lo que vea en usted

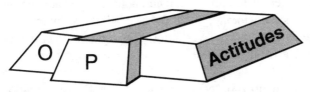

La persona común se va a la tumba, sin haber tocado su música.

—Oliver Wendell Holmes

E ra un buen joven. Sus padres eran honrados, trabajadores, de clase media viviendo en una pequeña ciudad del noroeste de los Estados Unidos. Sin embargo, cuando era apenas un muchacho se enredó en el grupo equivocado. Sus amigos eran tipos malos. El mismo no se tenía amor propio y como resultado de ello, su rendimiento era bastante bajo en casi todas las áreas de su vida. Se metió en problemas con su familia. Sus notas en la escuela primaria eran bajas e insuficientes. No le gustaba su apariencia: era bajito, gordo y a temprana edad lo apodaron "Barriga de Gelatina."

A medida que creció, continuó con más problemas. A los once años comenzó a robar y lo sorprendieron falsificando cheques. Era claro que su vida iba por mal camino. Sus padres y sus maestros ya no sabían qué hacer con él. Tenía un buen hogar y sus padres habían hecho todo lo que podían por él. Pero aun así, a él no le gustaba su vida. Vivía enojado con todo y se aseguraba que todo mundo lo supiera.

Sin embargo, a los trece años, tuvo lo que él describió como una experiencia espiritual. Un joven profesional se tomó el tiempo de inculcarle propósito en su vida y le dio esperanza. El muchacho comenzó a cambiar. Sus notas se incrementaron desde lo insuficiente a lo sobresaliente, en sólo un trimestre. En vez de pelear, como lo había hecho en su primer año de secundaria, fue electo presidente del consejo de estudiantes al segundo año. ¡Le caía bien a la gente! Su actitud cambió radicalmente de la rabia y la frustración a la productividad sostenida. Comenzó a ser un ejemplo en cada área básica de su vida. Bajó de peso. Era como si cada célula de su mente y de su cuerpo hubieran cambiado dramáticamente de un día para otro, como la metamorfosis de un gusano en mariposa. ¡Fue un verdadero milagro!

Ese joven concluyó la escuela secundaria, la universidad, los estudios de maestría y el doctorado, recibiendo honores con cada diploma. Luego de obtener su doctorado, a la corta edad de veintinueve años, fue presidente de una escuela de estudios de postgrado. Ya casi a los cuarenta años, fue presidente del directorio de dos organizaciones con impacto mundial.

¿Qué le ocurrió a ese muchachito? Fue confrontado con una revelación vital: que él tenía un destino personal y propio.

Conozco bien la historia, porque ese niño era yo, Ron Jenson. Crecí en un gran hogar con padres maravillosos. Y sí, tuve problemas cuando fui joven. Sin embargo al tener una profunda experiencia personal y luego darme cuenta que era una persona con significado, cada área de mi vida cambió. Comencé a entender que tenía un destino que cumplir y comencé a luchar por ello.

Eso no tenía nada que ver con mi inteligencia. Lo que encontré fue mi verdadero potencial escondido.

Fui motivado al entender que tenía un destino, que podía encontrar el significado personal de mi vida. Podía marcar la diferencia y podía ayudar a cambiar el mundo. Ese es el segundo principio del cual deseo hablar ahora: cómo puede usted encontrar el significado personal de su vida.

Cuando me veía a mí mismo como un "bueno para nada" reaccionaba lleno de rabia, como si eso fuera todo lo que podía llegar a ser. Pero cuando me di cuenta de mi verdadero potencial, empecé a verme como alguien con significado en la vida, alguien que podía ser diferente, alguien que tenía dones y habilidades únicas, asi como algunas áreas débiles que podían ser cambiadas. Entonces comencé a vivir de esa manera. Usted también puede.

¿Qué influencias forjaron su imagen propia? ¿Un amigo, un trabajo, una experiencia positiva, un fracaso, su padre? Considere la historia de este otro joven:

"Cuando tenía alrededor de diez años, mi padre compró un automóvil marca Ford modelo A del año 1929, con la idea de restaurarlo a su condición original. Alquiló un local enfrente de nuestra casa y allí empleaba las tardes y los fines de semana trabajando en su proyecto. Recuerdo que pasaba horas viendo a papá, ayudándole y pasándole herramientas cuando las necesitaba y sintiendo alegría por estar con mi padre tomando parte de algo que parecía importante. Con el pasar de los meses, se podía sentir cómo aumentaba la emoción en la familia, a medida que cada etapa concluía y el producto final comenzaba a tomar forma.

Una tarde ya se vislumbraba el final de la obra. Papá manejó su 'trofeo' hasta nuestro garaje, luego de recogerlo del taller de pintura. La nueva pintura negra brillaba en contraste con el amarillo de las ruedas y de la línea fina que marcaba la silueta del vehículo. Lo único que faltaba era atornillar el techo de lona blanca.

Con el objeto de permitir que su único hijo jugara un papel importante en el gran final, papá me pidió que sostuviera un destornillador en la ranura de un tornillo, mientras él por la parte interior enroscaba una tuerca con una llave de mano. Una vez que el techo estuviese fijado por ambos lados, el proyecto estaría concluido y al fin tendríamos la libertad de caminar alrededor del carro y admirar la nueva obra maestra de la familia.

—Ten cuidado —dijo Papá—. No quiero que vayas a rayar la pintura nueva.

Cuidadosamente sostuve el destornillador en la ranura, con ambas manos, en tanto que papá comenzó a enroscar la tuerca desde la parte interior del vehículo. De repente, se me resbaló el destornillador y le hice un rayón de 5 centímetros, a la pintura negra de la puerta del carro. (¡Todavía puedo ver la forma exacta de la raya mientras escribo estas líneas!) Instantáneamente el estómago me dio un vuelco. Papá saltó del carro y al ver el daño, comenzó a gritar y a tirar herramientas al piso. Recuerdo haber estado agradecido que mi madre estuviera allí para salvarme.

Ese fue uno de esos momentos traumáticos en la vida, cuando la supervivencia personal se convierte en una prioridad. Estaba turbado hasta lo más profundo. Había entrado al mundo y me había puesto a su disposición con el deseo de hacer un aporte positivo. El mensaje y la respuesta que recibí fue "¡Eres un idiota y un inútil! ¡Mira todo el daño que hiciste! ¡No eres capaz de hacer nada bien!"[1]

Tal vez sus recuerdos no sean tan vívidos como los de este joven pero estoy seguro que usted podrá recordar momentos similares en su vida, cuando su frágil percepción personal fue tocada en forma dramática y quizás marcada en forma permanente. Si sus experiencias han sido malas, es muy probable que los resultados lo sean también. Pero si han sido satisfactorias y positivas, es bien posible que hayan tenido un impacto positivo en su estima propia y le hayan dado un impulso poderoso a su imagen personal.

Hace años, una maestra fue asignada a una clase con estudiantes de bajo rendimiento en la peor zona del barrio Harlem de Nueva York. Un día, por accidente, vio un listado de los coeficientes intelectuales de los estudiantes y se quedó asombrada. ¡Estos chicos eran muy inteligentes! Así que comenzó a tratarlos de esa manera, como seres humanos brillantes, capaces y con un potencial increíble. Creo que usted ya puede deducir cómo termina esta historia. Los jóvenes demostraron que la maestra estaba en lo cierto: todos se graduaron de la escuela secundaria y fueron exitosos en gran manera a lo largo de sus vidas.

Sin embargo, he aquí el detalle: luego se supo que la maestra no había leído los coeficientes intelectuales de los chicos. ¡Los números que leyó eran los de sus casilleros! Sin embargo, como creyó que los números reflejaban sus coeficientes intelectuales y los trató en forma acorde, cambió la forma en que esos jóvenes vivieron sus vidas. Ellos respondieron bien porque les presentaron una imagen de ellos mismos, como gente inteligente que tenía gran potencial.

Si nos vemos a nosotros mismos como gente con significado o si pensamos que otra persona nos considera inteligentes, así vamos a actuar. Si no es así, actuaremos de otra forma. Usted será lo que vea en usted. La clave es su percepción propia.

Considere una encuesta reciente que realizó en Rusia una asociación nacional de psicólogos. Se le pidió a un grupo de muchachas adolescentes que indicaran la ocupación preferida para su futuro. Más del 70% de las jovencitas contestó: la prostitución. Ahora bien, más allá de las

Usted será lo que vea en su propia vida

implicaciones morales, esa estadística revela nítidamente la cuestión que trato de explicar. La prostitución se convierte en la ocupación de preferencia de las jovencitas en Rusia, porque ellas han crecido en un sistema que considera que el cuerpo no es más que una masa de carne que puede ser utilizado pragmáticamente para cualquier fin necesario.

Una persona no tiene alma, debido a que no hay Dios, ni otro poder externo fuera del Estado. Añada a esto la obsesión que tenemos en el hemisferio occidental con el materialismo, la gratificación instantánea y el sexo. No es de extrañarse entonces que escojan la prostitución por ser la forma más rápida y fácil de hacer dinero.

Para alcanzar el significado personal, usted necesita adueñarse de dos verdades: (1) Que usted sí tiene significado; (2) y que tiene que esforzarse y superar sus puntos débiles.

Usted tiene significado

Oliver Wendell Holmes solía decir: "La peor tragedia en los Estados Unidos, no es el enorme desperdicio de recursos naturales, aun cuando eso ya es trágico. La tragedia más grande es el desperdicio de recursos humanos. La persona común se va a la tumba, sin haber tocado su música."

¿Y qué de usted? Si muriese hoy, ¿se iría a la tumba sin haber tocado su música? Los instrumentos de su vida: sus talentos, habilidades, relaciones, los recursos que le han sido dados ¿están comenzando a combinarse en una hermosa melodía o aún están en silencio? Su verdadera persona, ¿está siendo desarrollada o reprimida?

1. Usted es especial

Para reconocer su significado, usted necesita darse cuenta que usted es especial y único. Tal vez sus padres lo han llamado "especial" toda su vida y ahora considera esto como un halago superficial. Sin embargo, es mejor que lo crea, porque es absolutamente cierto. Usted es único, no hay ni habrá otro igual. Independientemente de lo notable o invisible que sea, cuán popular o desconocido sea, cuán adinerado o pobre sea, cualesquiera sean sus antecedentes, usted es especial. Es cierto. Usted no es un objeto, ni un artefacto. Usted existe con el fin de hacer un impacto determinante en su mundo, en su área de influencia.

Usted también es único por su preparación, sus contactos y su personalidad. Por lo tanto, hay muchas cosas en esta vida para las cuales solamente usted está capacitado. ¡Esta es una realidad que usted debe saber y reconocer!

Considere por unos momentos lo importante que es que usted acepte lo especial que es. Más allá de todos los beneficios psicológicos y sociales, debe considerar su impacto en el mundo del trabajo. Muchas de las principales fuerzas económicas de los últimos doce años se están volviendo anticuadas rápidamente. Como dice Peter Drucker: "Es el incremento del conocimiento lo que creará la riqueza. Nuestra meta prioritaria será hacer que el conocimiento sea productivo."[2] Esta declaración implica un nuevo tipo de liderazgo y gerencia en el mundo de los negocios, así como también un nuevo tipo de trabajador.

En el área de liderazgo, Drucker declara: "Veremos la gerencia funcionando como una banda de jazz, en la cual el liderazgo del grupo cambia según los diversos proyectos y es independiente de la jerarquía de cada miembro de la organización." Continuando con su analogía de la música, agrega: "La orquesta sinfónica con solo un 'ejecutivo' y sin intermediarios entre él y los miembros del grupo, será el modelo de la organización basada en la información."[3]

No solo cambiará dramáticamente el tipo de liderazgo, sino que también cambiará el tipo de trabajador. Drucker señala: "Cada trabajador o 'músico' será una persona altamente especializada. Como equipo, trabajarán por una meta común. Cada trabajador puede tocar música individualmente, como el violinista o el flautista, pero solo la orquesta completa puede ejecutar una sinfonía. La organización será armoniosa, porque cada músico coordina su rol con el resto del grupo"[4]

Como podrá darse cuenta por los comentarios de Drucker (los cuales están siendo implementados por muchos consultores de gerencia y educadores hoy día), su habilidad para identificar y poner a trabajar su calidad de persona especial, su individualidad, sus talentos y habilidades, es vital no solo para usted mismo, sino para toda su esfera de influencia hoy y en los tiempos venideros.

2. Marque la diferencia

Para poder apreciar su significado, usted necesita comprender que puede marcar la diferencia.

Conozco a una señora del pueblo de Boring en el estado de Oregon. Estaba muy preocupada con una ordenanza municipal que permitiría que los bares locales ofrecieran espectáculos con bailarinas desnudas. Esta mujer y madre, que por naturaleza era una persona tímida y callada, se sintió en la necesidad de asistir a la reunión en la alcaldía la noche en que se sometió ese asunto a consideración del Concejo Municipal.

Cuando terminó la discusión, la votación de los nueve miembros fue cuatro a favor, cuatro en contra y uno indeciso. La señora se puso de pie y dijo: "No soy una persona elocuente y no sé hablar en público, pero deseo relatarles mi experiencia. Mi hija salió con sus amigas una noche y fueron a tomar algo en uno de esos bares que permiten que las meseras bailen desnudas. Al salir, fue ultrajada por unos hombres. Sus heridas físicas y emocionales han sido devastadoras." Luego se sentó, tan calmadamente como se había puesto de pie.

Finalmente, quien tenía el voto indeciso, una mujer, se puso de pie y se dirigió a los demás miembros del comité: "Señores, ustedes han presentado un caso muy interesante y convincente pero no han dicho nada con respecto al dilema moral que planteó esta ciudadana. Por lo tanto, mi voto es en contra de los espectáculos de danza al desnudo en esta comunidad."

Una persona común y corriente marcó la diferencia. Cualquiera haya sido la causa, esta madre defendió sus convicciones y marcó la diferencia. ¿Qué clase de ambiciones tiene usted? ¿Qué es lo que le impulsa internamente a darse cuenta que puede acometer algo y marcar la diferencia?

3. Cumpla su destino

Una vez que se haya dado cuenta y aceptado que una persona por sí sola puede marcar la diferencia, debe creer que puede cumplir con su destino. Usted fue colocado aquí en la tierra con un propósito. Para llegar a ser quien se supone, para optimizar su vida y cumplir con el propósito que tiene en este planeta, debe cumplir su destino. Esto no es opcional. Si no lo hace, la infelicidad y el sentido de fracaso serán sus únicos compañeros permanentes.

Uno de mis propósitos fundamentales al escribir este libro, es estimular a hombres y mujeres alrededor del mundo, a que comiencen a creer de nuevo en un destino y un propósito personal. He logrado descubrir una buena porción del propósito de mi propia vida. He estado dedicado a cinco carreras diferentes y las he disfrutado todas. Sin embargo, cuanto más pasan los años, con mayor intensidad me dispongo a cumplir mi destino.

De tal manera que he estado luchando con lo que debería y no debería estar haciendo. Esta pugna me llevó a darme cuenta que necesito trabajar en mis cuatro áreas fuertes: conceptualización, creatividad, comunicación y conexión de recursos y personas. Además he visto mi vida como algo integral y he observado que necesito definir y modelar el éxito en mi vida personal, en mis relaciones personales y profesionales y en las varias empresas en las cuales estoy empeñado.

Usted puede comenzar a captar y definir su destino, a medida que crece en su comprensión de dos aspectos primordiales: su inclinación individual (dones, habilidades, destrezas, pasiones, preocupaciones, deseos, etc.) y las necesidades apremiantes en SU mundo. Cuanto mejor comprenda estas dos áreas, con mayor precisión podrá definir su destino y propósito.

Las necesidades apremiantes de su mundo tendrán que ver con quién es usted (su propia necesidad de crecer) y lo que usted hace (lo cual incluye todas las áreas críticas de su vida).

Fundamentalmente, es llegar a ser LA MEJOR VERSIÓN de usted mismo.

Todo esto es parte del cumplimiento de su destino. ¡Y esto es lo que le pido que haga!

Confronte sus debilidades

Para establecer el significado de la vida, también debemos afrontar nuestras debilidades, las cuales, a menudo hemos decidido esconder. Todos tenemos puntos débiles, tales como mal carácter, impaciencia o la tendencia al chisme. Contrariamente a lo que la creencia popular sostiene, negar sus debilidades o esconderlas "bajo la alfombra" no es una forma eficaz de vencerlas. Asimismo, y al contrario de la creencia popular, esas debilidades no son tan difíciles de cambiar. Usted puede incluso beneficiarse de sus debilidades, si sigue estos tres pasos:

1. Admita sus debilidades

Admita sus fallas ante usted mismo, ante otros (en el contexto apropiado) y ante Dios, tal como usted lo concibe. Sólo aprenda a admitirlas. Negarlas complica el problema.

Todos desarrollamos lo que denomino un sentido de madurez tipo "caja." Creemos que si vivimos dentro de una determinada "caja" socialmente correcta, seremos aceptados y podremos ascender en posición o respetabilidad. Todos tenemos ciertos grupos de colegas que establecen los límites de lo que es aceptable y lo que no lo es, en función de vestimenta y conducta. Esas limitaciones nos colocan dentro de una caja. Cuando nos comparamos con la "caja", nuestro enfoque se centra en nuestro estilo de vida externo y no en nuestro crecimiento interior. En consecuencia, dejamos de ocuparnos o aun de estar al tanto de nuestras debilidades.

Recuerdo que en una oportunidad me senté a conversar con un amigo que luchaba con la preocupación.

—¿Cuál es tu preocupación más grande? —le pregunté.

—El dinero —Me contestó

Me quedé mirándole y me reí.

—Debes estar bromeando.

—No. ¿Por qué dices que debo estar bromeando?

—A mi parecer, el dinero no es tu mayor problema.

—Entonces, ¿cuál es mi mayor problema?

—Es la preocupación.

El se puso pálido. Este hombre trabajaba con un grupo de personas que pensaban que preocuparse no era una conducta aceptable. Exclamó casi frenético:

—¿Preocupación? ¡Yo no me preocupo! ¡Estás equivocado! ¡Admite que estás equivocado!

—Todos saben que te preocupas —repliqué—. Tu esposa sabe que te preocupas. Yo sé que te preocupas. Cualquiera que te conozca más de cinco minutos sabe que te preocupas. Tu estómago sabe que te preocupas. Tienes úlcera. ¡Claro que te preocupas! Tienes que saber que eso es normal. Es bien normal que te preocupes. No eres una mala persona porque te preocupes. Lo que sucede es que no te das cuenta que no
tienes por qué preocuparte.

Está bien impacientarse de vez en cuando. Está bien si decimos cosas que no deberíamos de vez en cuando. Yo no me alegro por estar plagado de fallas, pero las reconozco –y usted también debería hacerlo– que todos estamos luchando contra algo y está bien admitirlo. En realidad, el primer principio hacia el crecimiento es decir: "Estoy indefenso. Soy realmente débil y necesito ayuda."

La mayoría de nosotros somos tremendos artistas del engaño. Simulamos ser alguien que no somos y acabamos por pasarnos la vida jugando el juego. Paul Tournier señaló: "Podemos esconder nuestra persona detrás de una barrera protectora. Solamente la dejamos ver a través de los barrotes. Exhibimos solo ciertos aspectos de ella. Los demás aspectos, los tenemos cuidadosamente escondidos."

Hace unos años, el libro llamado *Why Am I Afraid to Tell You Who I Am?* [¿Por qué me atemoriza decirte quién soy?] se puso de moda.[5] El tema de fondo era que la gente tiene miedo de manifestarse, porque ha llegado a la conclusión que a sus amigos y conocidos no les va a gustar lo que van a ver. En esencia, la gente tiene temor que su persona interior, incluídos sus pensamientos, actitudes, conductas personales y vulnerabilidades, sean rechazadas si los demás las conocieran. El autor argumentaba que por ello, la gente utiliza máscaras para ocultar quiénes son en verdad.

Sin embargo, he hallado que la gente responde a la vulnerabilidad de una forma muy diferente. A menudo cuando dicto conferencias, hablo acerca de las debilidades en mi vida. Tengo ilustraciones en abundancia y me siento bien al compartirlas. La reacción nunca es "¡Pero Ron, eres peor de lo que pensé!" En cambio la gente dice: "Gracias. Me conforta saber que hay alguien más que está luchando con lo mismo que me agobia." La gente no me pierde el respeto. Por el contrario, me respetan más porque admito mis defectos, faltas y debilidades. Todos sabemos que tenemos problemas. Es solo que nos da vergüenza reconocerlo.

Permítame hacerle una advertencia. No estoy sugiriendo que debemos expresar los secretos más profundos y oscuros, a gritos. Hacerlo sería poco sabio e imprudente. Sin embargo, compartir apropiadamente las verdaderas necesidades en un pequeño grupo de amigos comprometidos a apoyarnos, puede ser muy beneficioso. Buscar consejo y apoyo es algo positivo.

Es más, tener un espíritu dispuesto a admitir cuando uno falla, llama la atención. No solamente le libera para crecer, sino que también provee una atmósfera que le ayuda a los demás a crecer. Es por ello que hablo con este grado de franqueza. Deseo ayudar a la gente a liberarse de ese enfoque de "actuación" externo y rígido de la vida y el éxito. Deseo que activen su aprecio por el éxito auténtico, como un desarrollo que es estimulado cuando se corrigen los errores y se le hacen ajustes positivos a las debilidades.

Por eso, sea franco. ¡Cuando se equivoque, admítalo!

Una nota importante. A medida que trabaje tratando de organizar y confrontar sus puntos débiles, puede que necesite hacer algún tipo de reconciliación o restitución. Es decir, tal vez haya hecho algo que hay que rectificar, o tal vez haya malogrado una relación que hay que reconstruir o reparar.

Le insto a que rectifique los errores. Si ha tomado algo que no le pertenece, devuélvalo o pague por ello. Si alguna relación se arruinó y en cierta medida fue su responsabilidad, corríjala.

"Pero... pero... pero...", me parece escucharle decir. "Hacerlo me da mucha vergüenza o será como humillarme. He hecho cosas ilegales, como mentirle al gobierno con la declaración de impuestos. Probablemente hasta me multen. ¿Quiere decir que debo confesarle mi mal proceder a alguien que me ha dañado aun más? Me parece muy injusto."

Mi respuesta es "sí", está en lo cierto. Todas esas consecuencias pueden ser ciertas y pueden suceder. Pero aunque usted no puede controlar los resultados, sí puede controlar su conducta y sus decisiones. Estas deben basarse en el hecho de que usted ahora es una persona con significado, que está aprendiendo a manejar sus áreas débiles y que está en búsqueda de la excelencia.

Insisto a través de todo este libro, que nuestro trabajo es concentrarnos en las raíces de nuestras vidas. En otras palabras, nuestra tarea es vivir a la luz de los principios correctos. Los frutos abundarán final y permanentemente, si nos concentramos en las raíces como es debido.

Admitir las debilidades y sobreponerse a ellas, fortalece las raíces de su vida, de la misma manera que un fertilizante fortalece la vida de la planta. El fertilizante tal vez tenga un olor feo y fuerte, pero a medida que lo absorben las raíces en crecimiento, la planta se fortalece. No puedo asegurarle cuáles serán las consecuencias, pero sí puedo garantizarle que su decisión de hacer lo correcto, estimulará un tremendo sentido de integridad personal y le ayudará a liberar su increíble potencial.

Advierta por favor que no estoy hablando de teoría aquí. Recuerdo cuando yo mismo pasé a través de este proceso hace muchos años. Tenía que ver con un dinero que le había malversado a una persona. Una vez que reconocí que yo tenía significado, me inundó la culpa por mis errores.

Sabía que había causado un mal. Y también sabía que cada vez que me encontrara con la persona que había dañado, desearía esconderme porque la culpa me acosaba. Por la actividad de mi conciencia, como una persona especial y con significado, sabía que no lo podía dejar pasar. Sabía que tenía que resolverlo. De tal manera que tratando de hacer una restitución, fui a la persona, le confesé cómo lo había perjudicado, le pedí perdón y le dije que le restituiría el dinero, por la cantidad que sabía que había perdido por mi culpa.

Para mi sorpresa, ¡el hombre se rió! Me dijo cuánto admiraba mi franqueza. Dijo que él había sospechado que algo andaba mal, pero que me tenía aprecio y quería ayudarme, aunque de antemano sabía que yo no había sido totalmente honesto.

Nunca habría llegado a conocer las intenciones de este hombre y habría albergado esa culpa, sin importar cuánto tratara de sublimarla o de negarla por el resto de mi vida. Si no hubiera optado por enmendar el daño, hubiera prolongado mi problema. Es más, una vez que le confesé mi culpa a esa persona y le restituí el dinero, me sentí libre para seguir adelante.

2. Busque oportunidades para crecer

No es suficiente ser sincero y admitir sus debilidades. Debe ocuparse de buscar las áreas en las que debe cambiar. Pida ayuda. Si no es parte de un grupo que le exija y al que le rinda cuentas, busque uno. Busque un grupo de amigos en su trabajo, en su comunidad, en su iglesia o sinagoga, que le ayude a ser más eficaz. Busque gente que lo ayude a crecer, pero que sean francos y lo aprecien lo suficiente, como para exhortarlo como un amigo. Esa es una forma de crecer, de madurar y desarrollarse.

Aprendí que si soy persistente en buscar las áreas débiles de mi vida y utilizarlas como oportunidades para crecer, puedo alertar a mis amigos a estar al tanto de mis debilidades. Por ejemplo, le he dicho a varios buenos amigos, en quienes confío y a quienes respeto: "Estas son las cinco preguntas que ruego que nunca nadie me haga." Estas cinco preguntas representan las cinco áreas más débiles de mi vida. En su caso en particular, las áreas débiles pudieran ser cómo maneja sus finanzas, la fidelidad en su matrimonio, sus luchas con la integridad, dificultades familiares, etc. La quinta pregunta es, "¿Mentiste acerca de las otras cuatro preguntas?"

Les he pedido a mis queridos amigos: "Cada vez que me veas, hazme estas preguntas."

Sé que esta costumbre parece algo muy delicado. Pero sentir la exigencia de amigos en los cuales verdaderamente confía, puede ayudarle tremendamente. Esto es algo que también practico con mi hijo. Hemos notado que no solamente nos une más, sino que se crea un sano nivel de exigencia entre ambos.

Mi punto es que si tomo en serio mi crecimiento personal, no solamente trataré de buscar nuevas oportunidades, sino que crearé situaciones que me ayuden a crecer. El practicar la exigencia de rendir cuentas, es una tremenda herramienta para desarrollar mi carácter.

3. Haga ajustes de contínuo

Usted va a cometer errores. De hecho, va a fallar repetidamente. Sólo recuerde que equivocarse no implica que usted es un fracasado. Un verdadero fracasado es aquella persona que no aprende de sus errores.

Cuando ha cometido un error, admítalo, siga aprendiendo y marche adelante, no se detenga.

El autor Lewis Timberlake cuenta una gran historia acerca de alcanzar el significado en la vida. Aislada en unas colinas, había una pequeña cabaña donde vivían un carpintero y su esposa casi analfabeta. A duras penas podían subsistir con los trabajos de carpintería y cortando madera para leña, sus únicos medios de vida.

Por eso, cuando les nació un hijo, era lógico que el padre le enseñara al niño carpintería y cómo cortar leña también. El joven larguirucho aserró madera para su padre hasta la edad de veintiún años. Pero cortar leña no satisfacía su hambre de

No pretenda ser perfecto, progrese hacia el éxito auténtico.

conocimiento. De tal manera que comenzó a pedir libros prestados y los leía a la luz de las velas durante la noche. Lo que leyó en esos libros sembró en su mente sueños de cosas mejores, otras ocupaciones, otros mundos más allá de su pequeño pueblo en el campo.

A la edad de veintitrés años, se lanzó como candidato por la asamblea legislativa de su estado y perdió. Aun así, continuó leyendo durante su tiempo libre, ya que su sed de conocimiento era inapagable. Su sueño era graduarse de abogado. Luego de muchos años de estudiar por su cuenta, a los veintisiete años aprobó el examen del colegio de abogados. Para entonces, había trabajado en un trasbordador en el río Mississippi, en un aserradero, en una tienda de abarrotes, en una oficina de correos, cosechando en una granja y como encuestador del gobierno. También cumplió con el servicio militar, en su estado natal.

Se asoció con otro abogado, establecieron su propio bufete legal y cayeron en la bancarrota, todo en un período relativamente corto. Empleó los siguientes dieciséis años para pagar las cuentas que había dejado la quiebra. Se enamoró de una joven y bella mujer, que rompió el compromiso de casarse y también su corazón. Ella murió posteriormente.

Por último, a la edad de treinta y tres años, se casó con una joven voluntariosa y temperamental. El matrimonio resultó ser escabroso y volátil. De los cuatro hijos que les nacieron, tres murieron jóvenes.

A la edad de treinta y cinco años, el hombre restableció su bufete legal. Su deseo de servir en un cargo público resultó tan intenso, como su deseo insaciable de conocimiento. Aunque ya había perdido una elección doce años antes, con gran optimismo volvió a postularse como candidato y volvió a perder. A la edad de cuarenta y siete años su partido lo nominó como candidato a la vicepresidencia. Volvió a perder. A los cuarenta y nueve años fue nominado para el Senado de los Estados Unidos y perdió de nuevo.

He aquí un hombre que a la edad de veintidós años tenía menos de un año de escolaridad formal. Un hombre que perdió el amor de su vida, su bufete de abogados y tres de sus hijos. Tuvo un matrimonio complicado y desventurado. Trató de servir en el gobierno varias veces, solo para ser derrotado en repetidas ocasiones. A juzgar por el concepto de fracaso de algunas personas, ciertamente este hombre era un total fracaso.

Sin embargo, a pesar de todos esos problemas, experimentó algunos éxitos. A la edad de veinticinco años, luego de perder una nominación para la legislatura del estado, se recuperó, ganó y fue reelecto tres veces. A la edad de treinta y ocho años, habiendo perdido una nominación para un escaño de congresista tres años antes, fue electo al Congreso por un período. Luego de perder su nominación como vicepresidente y como parlamentario al Senado de los Estados Unidos, fue nominado como candidato presidencial del partido Republicano a la edad de cincuenta y un años y ganó. A los cincuenta y cinco años se volvió a postular y fue reelecto para un segundo período presidencial.

Este hombre se llamaba Abraham Lincoln.

La historia ha sido testigo que Abraham Lincoln no solo emancipó a los esclavos, sino que también se convirtió en un sólido líder del partido que mantuvo su fe en la democracia, la cual contagió a sus conciudadanos y a muchas personas en todo el mundo. Se convirtió en un símbolo internacional de la búsqueda de libertad para la humanidad. Luego de muchos fracasos permaneció inquebrantable, haciendo el intento una y otra vez, hasta llegar a cambiar el curso de la historia.

¿Cómo fue que lo logró? ¿Y por qué muchos como él fracasan, en tanto que tan solo unos pocos triunfan? Creo que una de las razones básicas es que las personas exitosas aprenden a encontrar su significado personal. Todos debemos hacerlo. Por eso venga conmigo a esta búsqueda. Recuerde que usted será lo que vea en usted. Usted es una creación única y por lo tanto tiene significado personal. ¡Ahora vívalo!

Pasos hacia la acción

1. Tómese el tiempo de completar los siguientes enunciados. Trate de escribir tres razonamientos en cada categoría.

A. Soy especial porque:

1 .

2 .

3 .

B. Puedo marcar la diferencia de estas tres formas:

1 .

2 .

3 .

C. Puedo cumplir mi destino o propósito de la siguiente manera:

1 .

2 .

3 .

Por lo tanto, me veo como una persona con significado en la vida.

2. He aquí tres áreas débiles que necesito admitir ante mí mismo, ante otros y ante Dios:

1 .

2 .

3 .

3. He aquí las maneras en que buscaré oportunidades para crecer durante el año:

1 .

2 .

3 .

Coloque las respuestas a las preguntas anteriores en algún lugar visible, para que pueda revisarlas a lo largo de la semana.

Por último, tómese el tiempo esta semana para memorizar el siguiente credo. Repítalo cuatro o cinco veces por día.

Credo OPTIMIZARÉ™

O Tomaré el control de mi vida y marcaré la diferencia.

P Viviré mi vida con un sentido de dignidad.

T Aceptaré los problemas como oportunidades positivas.

I Centraré mi vida en principios universales.

M Con devoción acometeré mi misión.

I Mantendré todas las áreas vitales de mi vida en equilibrio.

Z Colocaré a los demás antes que yo y los serviré con sinceridad.

A Nunca jamás me daré por vencido.

R Continuaré ajustándome a las necesidades.

É Cultivaré mi carácter y mi espíritu.

Capítulo 3

Trataré De Eliminar Lo Negativo De Mi Vida

No diga "por qué," diga "qué más"

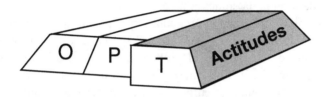

Nuestras dudas son traidoras y nos hacen perder el bien que a menudo pudiéramos alcanzar, por el temor a intentarlo.

—*Shakespeare*

Justificar nuestras acciones pareciera ser un mecanismo de defensa universal de toda la humanidad. Me encanta enterarme de las respuestas absurdas que las personas ofrecen "en nombre de una explicación." A continuación presento las declaraciones verídicas de la gente en sus informes para las compañías de seguros, luego de aparatosos accidentes vehiculares. Consideren estas explicaciones:

• El conductor de enfrente iba por todos lados de la carretera. Tuve que evadirlo varias veces, hasta que finalmente me chocó.

• Me incorporé al tráfico, me volví un instante para ver a mi suegra y salté del terraplén hasta la cuneta.

• Había conducido mi vehículo por cuarenta años, hasta que un día me quedé dormida al volante y hubo un accidente.

• El peatón no supo hacia dónde correr, asi que lo atropellé.

• El poste telefónico se me aproximaba rápidamente. Traté de esquivarlo pero de repente me pegó en la parte delantera del auto.

Lo que nosotros llamamos una explicación racional, es a menudo nuestra decisión de ver las cosas desde una perspectiva falsa, especialmente una perspectiva que nos haga lucir bien, en vez de revelar la fea verdad. En este capítulo, deseo tratar *las perspectivas* y las *actitudes*. Corresponde a la "T" de nuestro acróstico OPTIMIZARÉ™ y lo denomino "trataré de eliminar lo negativo." Cuando enfrentamos los problemas de la vida, la solución no es preguntar por qué nos pasa algo malo. En cambio, deberíamos preguntar ¿qué puedo aprender de esto? ¿Cómo puedo utilizar este reto para crecer? Todo es cuestión de actitud y perspectiva: no enfocarnos en el problema, sino en las lecciones que podemos aprender de él. Los chinos tienen un dicho: "Las crisis crean oportunidades." Necesitamos enfocarnos en nuestras oportunidades.

Pienso en los dos viejos campesinos. Uno era un optimista, el otro un pesimista. Cuando el sol brillaba, el optimista comentaba:

—¿No está precioso el día? ¡Está bello! El sol brilla. Es saludable para nuestras cosechas.

Pero el pesimista respondía:

—El sol está muy caliente. Nos está matando las plantas. Está resecando la tierra.

Cuando llovía, el optimista decía:

—¿No es maravilloso? ¡Justo lo que necesitábamos!

El pesimista respondía:

—No, ¡es mucha lluvia! ¡La cosecha se va a dañar por el lodazal!

Año tras año siguieron en lo mismo. Entonces un día, el optimista compró lo que él consideraba el mejor perro de caza del mundo. Este perro era tan eficiente que parecía que caminaba sobre el agua para recoger los patos que caían en la laguna para traérselos a su dueño en la lancha. Con certeza, el pesimista no le encontraría ninguna falta al fiel animal.

La siguiente vez que los hombres fueron de cacería, el perro saltó del bote para buscar un pato. Con verdadera proeza, el perro "corrió" por el agua, agarró el pato, regresó y lo soltó dentro del bote. El optimista miró al pesimista y le dijo:

—Bueno, ¡¿y qué te parece eso?!

El pesimista contestó:

—¡Ah sí, ya me dí cuenta que el perro no sabe nadar!

¿Acaso no es esa la forma en la que vivimos muchos de nosotros? No podemos verle el lado bueno a nada. Adopte la clave para "eliminar lo negativo" de la vida. No diga por qué, diga qué más. No es por qué está agobiado o enfrentando tiempos difíciles, sino qué más puede aprender durante el proceso, que le ayude a avanzar hacia el éxito auténtico.

La clave para poner este principio en práctica es su perspectiva, es decir, su visión de las cosas. Stephen Covey, uno de los asesores de negocios y educadores modernos más prominentes, nos cuenta una historia interesante sobre cómo su propia perspectiva fue transformada. Una noche mientras viajaba en un tren de una ciudad a otra, se fijó en el padre de unos niños que estaba sentado en una esquina del vagón. Los niños jugaban frente a él. A medida que jugaban, los niños hacían cada vez más ruido y comenzaron a hacerse molestos, pero el padre no hizo nada al respecto.

Le era obvio a Covey y a los demás pasajeros que estaban allí, que la situación estaba fuera de control. Finalmente, exasperado, Covey se levantó, fue hacia el padre de los niños y le dijo:

—Son niños bien activos, ¿no?

El padre se volteó y comentó:

—Sí, creo que sí. Francamente no me había dado cuenta. Justo venimos del hospital donde acaba de morir mi esposa, la madre de estos niños.

En ese momento, la perspectiva de Covey cambió. Había visto las cosas de una manera y en un instante las vió de otra.

Todos tenemos la oportunidad de ver las cosas desde un punto de vista positivo o negativo. Sin embargo, hay pruebas de sobra de que si usted escoge ver las cosas desde el punto de vista negativo, casi seguro, será el perdedor. El escritor Isaac Bashevis Singer, ganador de un premio Nobel de Literatura dijo: "Si usted sigue diciendo que las cosas van a salir mal, tiene muy buenas probabilidades de convertirse en profeta."

Aferrarse a un punto de vista pesimista, no solo lo convertirá en un profeta de desastres, sino que le garantiza que usted está haciendo todo lo posible por desviarse de lo que sería una vida emocionante, productiva y significativa. Martin Seligman, profesor de sicología de la Universidad de Pennsylvania, hace referencia a esto en su libro *Learned Optimism* [Optimismo aprendido][1] El libro es una compilación de décadas de investigaciones acerca de la depresión, su impacto negativo y sentido de desesperanza, que impiden que sus víctimas tomen la iniciativa para mejorar la situación de sus vidas. Seligman señala que los optimistas ven las situaciones desagradables, como si fueran causadas por eventos externos. Por ejemplo, ellos dicen cosas tales como las siguientes: "el perro se comió mi tarea"; "el sol me estorbó para ver la señal de alto," "el piano no estaba bien afinado."

Los pesimistas, quienes tienden a ser más propensos a la desesperanza y la depresión, evalúan las circunstancias de otra manera. Creen que tienen la culpa de todo o por lo menos de la mayoría de las cosas. Se atribuyen menos mérito por los éxitos y más culpas por los errores. Le echan la culpa a sus faltas por las situaciones indeseadas. Hacen declaraciones como: "No soy muy inteligente," "No puedo hacer nada bien," o "Nunca voy a mejorar." Los optimistas tienen un fuerte sentido de control personal, en tanto que los pesimistas tienen un sentido de incapacidad y desesperanza, que generalmente los conduce hacia la depresión. Seligman desarrolló una prueba llamada Encuesta de Estilos Atributivos (EEA) para comparar el pesimismo y el optimismo. En esta prueba, a los encuestados se les pide que inventen una historia explicando la causa de los eventos buenos y malos en una serie de situaciones. Mientras más alto sea el resultado de la prueba EEA, mayor probabilidad hay de que quien tomó la prueba sea pesimista.

Esta prueba se utilizó con los integrantes del equipo de natación de los Estados Unidos, que estaban entrenando para los Juegos Olímpicos de Seúl, en 1980. Luego que los nadadores tomaron la prueba, los entrenadores decidieron hacerles una jugarreta. Durante una práctica comenzaron a añadirle segundos a los tiempos reales de los nadadores. Cuando a los nadadores se les daban los tiempos incorrectos, se les pedía que descansaran y que luego nadaran de nuevo.

Los tiempos cronometrados de aquellos que eran pesimistas aumentaron dos segundos en la segunda ronda. Ellos creyeron en los malos informes. Los optimistas mantuvieron los tiempos originales, y algunos, entre ellos Matt Biondi (quien a la postre se ganó cinco medallas de oro en esos juegos), nadaron más rápido.[2]

Un creciente número de pruebas indica que el pesimismo también tiene una influencia determinante en las enfermedades. Por ejemplo, un estudio de la Universidad de Pennsylvania, investigó las condiciones físicas de un grupo de 120 hombres que habían sufrido un ataque cardíaco. Luego de ocho años, el 80% de los pesimistas había muerto por un segundo ataque al corazón, en tanto que sólo un 33% por ciento de los optimistas había muerto como consecuencia de un segundo ataque.

Sea un pensador crítico, con una actitud positiva.

Como mínimo, el pesimismo puede ser un lastre y como extremo puede incluso causar la muerte. Piense en la productividad que se pierde con los empleados que solo tienen actitudes pesimistas. Sus tareas y responsabilidades se hacen con menor grado de confianza y también muchas de las innovaciones que deberían llevarse a cabo nunca ocurren, a causa de su mal enfoque mental. Es más, el daño que se produce en las relaciones derivadas del pesimismo y de las actitudes negativas, es enorme.

Deseo enfocarme en tres áreas que yo llamo el A.C.E. de las actitudes correctas: la "A" es *Acepte los problemas; no los niegue*. La "C" es *Crea lo mejor*. Y la "E" es *Elimine de su vida lo negativo*. Estas son las herramientas necesarias para el artesano de la vida que trata de eliminar lo negativo de la vida.

Acepte los problemas

No niegue los problemas. Es una sencilla verdad que la vida es difícil. Richard Leider, en su excelente libro *The Power of Purpose* [El poder del propósito], escribió: "El hecho es que la vida o es difícil y llena de satisfacciones o fácil y carente de satisfacciones."[3]

Lo que usted hace con su vida, depende de los retos que decide tomar o dejar pasar. Casa chica, problemas chicos; casa grande, problemas grandes.

A fin de cuentas, es usted quien escoge. ¿Desea una vida llena de satisfacciones y retos, o desea sentarse y aceptar una vida carente de satisfacciones? ¿Desea construir una casa grande o una pequeña? ¿Desea tener significado en su vida o ser insignificante? El significado de su vida estará en proporción a su respuesta a las dificultades.

"La vida es difícil" dice la primera oración del libro *The Road Less Traveled* [El camino menos transitado] de Scott Peck. Él nos recuerda que desde el momento en que aceptamos que la vida está llena de tristezas, pero también de alegrías, el hecho de que la vida es difícil, deja de ser un problema. Comenzamos a aprender de nuestras luchas, cuando descubrimos que "es en el proceso integral de enfrentar y resolver los problemas, donde la vida tiene verdadero sentido." Peck escribe: "los problemas son la línea de demarcación que distingue el éxito del fracaso ... Es sólo como consecuencia de los problemas, que crecemos mental y espiritualmente."[4]

Clyde Reid, en su libro *Celebrate the Temporary* [Celebren lo temporal], escribe: "Uno de los obstáculos más comunes para disfrutar una vida plena, es nuestro deseo de evitar el dolor. Hacemos de todo para escapar del dolor. Nuestra cultura refuerza nuestro deseo de evitar el dolor al asegurarnos que podemos vivir una vida libre de penas. Los anuncios constantemente nos estimulan a que creamos que la vida puede estar libre de dificultades. [Pero] vivir sin dolor es un mito (…) Vivir sin dolor (…) es tener solo media vida, sin la plenitud de la vida. Éste es un hecho, inequívoco, claro, inalterable (…) muchos de nosotros no nos damos cuenta de que el dolor y el gozo van de la mano. Cuando nos bloqueamos al dolor, sin advertirlo, también nos bloqueamos al gozo."[5] Esta es la clase de comprensión profunda que usted debe aceptar para eliminar lo negativo de su vida.

Ahora, permítame darle algunas herramientas para construir la obra que tenemos entre manos:

1. Aprenda de sus errores

No recomiendo que haga lo que se expone en el siguiente poema, titulado "Cuando se sienta abatido:"

Si se siente abatido, cómprese ropa.

Si se siente solo, encienda la radio.

Si se siente desalentado, léase un libro cómico.

Si se siente aburrido, mire televisión.

Si se siente vacío, cómase un helado.

Si se siente inútil, limpie la casa.

Si se siente triste, cuente un chiste.

¿No es maravillosa esta era moderna? Usted no tiene que sufrir nada. Hay un substituto para todo.[6]

El poeta Lois Cheney nos lo dice aquí claramente: "Tenemos la tendencia a esquivar nuestras emociones, evitar las dificultades y sustituirlas por cualquier otra cosa que nos mantenga alejados de nuestros propios sentimientos. Sin embargo, cuando lo hacemos, nos perdemos la dicha de crecer, el gozo de la vida y nunca salimos adelante."

Piense en los tres peores fracasos de su vida. ¿Cuáles son? Quizás fue un matrimonio que se deshizo. Tal vez otro sea haber quedado atrapado en el alcoholismo. Probablemente falló en un trabajo o empresa. Hágase las siguientes preguntas acerca de sus fracasos: ¿Qué aprendió de esos errores? ¿Hacia dónde le condujeron?

Durante ocho años me desempeñé como presidente de una universidad de postgrado. Establecimos una sede en los Estados Unidos, otra en Asia y otra en África. La experiencia fue todo un reto, emocionante, difícil, constructiva. Para mí fue una gran experiencia de aprendizaje. Ya había pasado por las escuelas de postgrado y por el doctorado, había enseñado en el nivel de maestría y había estado activo en la educación superior. Sin embargo, nunca había dirigido una escuela de postgrado, de manera tal que, francamente, estaba muy fuera de mi conocimiento y experiencia.

Gracias a la condescendencia de mi jefe, la paciente comprensión de muchos miembros del profesorado, administradores y estudiantes, al apoyo de una esposa amorosa y de mi familia, y ciertamente, la gracia de Dios, logré pasar por esos años en la organización, sin llegar a destruirla por completo. Pero cometí muchísimos errores en el camino.

Cuando renuncié a ese cargo, me detuve una mañana en mi cafetería preferida y pasé unas tres horas escribiendo todo lo que había aprendido. Todavía guardo esa lista y la reviso con regularidad. Incluye cincuenta y dos cosas que hice mal. *Eso es lo que aprendí.* Fue lo *que había hecho mal* lo que me enseñó *qué* era lo que no debería repetir en el futuro y *cómo* necesitaba cambiar para ser más eficiente.

Mi consejo es que usted también debe aprender de sus errores. Ya sea que sufrió por un error o un fracaso, siempre puede beneficiarse de las palabras de Mary Craig: "La única cura para el sufrimiento es enfrentarse a él, agarrarlo por el cuello y utilizarlo."

Al mirar al pasado, puedo ver claramente cómo necesitaba esas experiencias y fracasos para los logros que estoy obteniendo hoy día. En cierto sentido no fracasé, porque *aprendí*.

2. Escoja el gozo

Tim Hansel, escritor muy elocuente y creativo, y líder altamente disciplinado, rodó por la montaña en una de sus expediciones de alpinismo. Aunque ha estado con un dolor agudo y constante desde ese entonces, escribió un libro muy estimulante e inspirador titulado *You Gotta Keep Dancin'* [Debes seguir bailando]. Hansel comienza uno de sus capítulos con la siguiente cita de Lewis Smede: "Tú y yo fuimos creados para el gozo y si lo perdemos, perderemos la razón de nuestra existencia. Si nuestro gozo, es un gozo honesto, de alguna forma debe estar en conjunción con la tragedia humana. Esta es la prueba de la integridad del gozo. El gozo es compatible con el dolor. Solamente un corazón que sufre, tiene derecho al gozo."[7]

El "gozo honesto" es el tipo de gozo que debemos acoger. No estoy hablando acerca de la felicidad; la felicidad va y viene. El gozo es la emoción sustentadora contínua, que está anclada en la certeza de que podré manejar las cosas que debo manejar, y que estoy progresando en la forma en que debo estar progresando. Es saber que cada cosa va a caer en su sitio. La felicidad es circunstancial; el gozo está con nosotros, aun en la tristeza, en la pena y en la confusión.

Así que, ¿cómo maneja sus errores y problemas? ¿Reacciona ante ellos? ¿Tiene algún tipo de respuesta? ¿Usted mejora o empeora a causa de ellos?

En uno de mis momentos de reflexión con Ruth, logré hacerme de un importante secreto. A medida que conversábamos acerca de cómo una persona debe manejar las luchas y los problemas, ella se sonrió y me dijo:

—Trátalos como si fueran tus amigos.

—¿Qué? —le respondí alarmado.

—Ron, trata tus problemas como si fueran tus amigos. Abrázalos. Acéptalos. Ve en ellos oportunidades, no obstáculos.

Luego me dio una fórmula que cambió mi vida para siempre:

Problemas + gozo = paciencia
Paciencia + tiempo + repetición = Satisfacción completa

—Ron, —comentó Ruth— al final de sus vidas todos desean sentirse plenos y realizados. El problema es que tratamos de hallar esa satisfacción, esa plenitud de la manera incorrecta. La forma en la cual verdaderamente obtenemos la plenitud, es aprendiendo a estar contentos, sin tomar en cuenta las circunstancias. Necesitas tener el mismo gozo si estás saludable o enfermo; aunque tus emociones estén en alta o en baja, aunque la situación por la cual estás pasando sea buena o mala. Esta es la dinámica de una vida más significativa para cualquier persona. En realidad, si tienes necesidad de moverte más de un metro de donde estés para encontrar tu plenitud, algo anda mal.

Entonces ella me explicó su fórmula:

—La manera en que logramos la plenitud, es al responder apropiadamente a los problemas a lo largo de la vida. A medida que decides aceptar esos problemas como amigos, escoger el gozo, creer que las cosas van a salir bien, que existe un propósito especial para cada tribulación, aunque sea solo para hacerte una mejor persona, desarrollarás paciencia. Y a medida que esa paciencia es probada y perseveras a través del tiempo y la repetición, obtendrás la plenitud.

Lo que Ruth dijo me hizo recordar un ejemplo en mi propia vida. En una oportunidad trabajé con unos marinos mercantes que descargaban mercancías en los muelles de la costa oeste de EE.UU. Les pregunté a estos rudos marineros qué se sentía al estar yendo y viniendo a la costa sureste del Asia. Contestaron que de ida era muy fácil, porque aunque enfrentaron tormentas y mar picado, el barco iba cargado y por lo tanto tenía mayor calado en el agua. Pero de regreso, el barco venía vacío y cuando había mal tiempo, el barco era sacudido fuertemente por las olas, porque venía a flor de agua.

Se me ocurrió –y Ruth asintió– que necesitamos permitir que el barco de nuestra vida cale más profundo en el agua. Eso es lo que sucederá cuando respondamos con optimismo, a medida que se nos presenten más y más dificultades. Cuanto más profundamente surquemos las aguas, mayor estabilidad, mayor realización, mayor plenitud y mayor gozo tendremos en nuestras vidas.

3. Asuma riesgos

Para aprender de sus errores y fracasos, primero debe estar dispuesto a fallar. Debe estar dispuesto a asumir riesgos. No se vaya a lo seguro; aprenda a vivir en el borde del precipicio. Si está dispuesto a aceptar las dificultades que vienen con la madurez, debe asumir riesgos. No riesgos tontos, sino riesgos calculados. No debería temerle al fracaso cuando corre un riesgo. Por el contrario, usted debería ver la toma de riesgos, como una oportunidad para ser llevada hasta sus límites y de esta manera crecer.

Uno de los problemas que enfrenta el antiguo mundo comunista hoy día, es que la gente que vivió bajo ese colectivismo mental, nunca fue recompensada. El resultado neto es que la gente dejó de creer, dejó de crecer y dejó de buscar logros, por la falta de estímulo.

Sin embargo, hay atisbos de esperanza. Pienso en mi amigo que dirige Radio Moscú. Es un hombre cuarentón, que junto con su socio y gerente general, inició una nueva estación de radio llamada Radio Abierta.

Ellos acondicionaron la misma estación que se utilizaba para bloquear la Radio Europa Libre, antes de la caída del comunismo en Rusia.

He visitado los estudios varias veces. El edificio está deteriorado y el equipo es viejo, pero aun así, estos dos hombres, que antes pertenecieron al orden establecido, han roto barreras para crear una emisora noticiosa de avanzada.

Tienen carencia de recursos, trabajan día y noche y están tratando de hacer algo que muchas personas en Rusia pensaron que era imposible. Sin embargo, están creciendo, se están desarrollando, su trabajo está comenzando a dar fruto. No han huido de los problemas. Han aprendido a aceptarlos y aún a abrazarlos. Sólo ven oportunidades entre los escombros que quedan hoy, después de setenta años de régimen dictatorial.

Crea siempre lo mejor

Según pensamos, así actuamos. Por lo tanto, debe tomar control de sus patrones de pensamiento, creyendo lo mejor acerca de usted mismo, de la vida, de los problemas, de la gente, del tiempo y de Dios.

La clave para tener la perspectiva correcta hacia cada una de éstas áreas, es utilizar la metodología correcta para apoyar y cultivar esta visión.

1. La visión correcta de usted mismo: afirmación

Cuando desee pensar lo mejor acerca de usted mismo, practique el arte de la afirmación. Afírmese a sí mismo. La manera de hacer esto es aplicar lo que le referí en el capítulo 2 acerca de lograr el significado personal. Por una parte, dice: "tengo significado;" por la otra dice: "tengo debilidades."

Tiene que admitir constantemente estas dos verdades. La una no existe sin la otra. Usted tiene potencial y tiene debilidades que requieren corrección sobre la marcha. Usted se afirma, cuando cree ambos aspectos de su condición humana. Cuando los mantiene frente a usted diariamente y vive a la luz de ellos, sabe que está haciendo todo lo posible.

Existe una bonita historia acerca de un joven que se quedó dormido durante una clase de matemáticas. Se despertó cuando sonó el timbre, miró hacia el pizarrón y copió los dos problemas que estaban allí, suponiendo que eran la tarea para esa semana. Se fue a casa y estuvo trabajando día y noche. No pudo resolver ninguno de los dos problemas pero siguió tratando toda la semana. Finalmente, obtuvo la respuesta de uno de ellos y la trajo a la clase. El profesor se quedó boquiabierto. El problema que el estudiante había resuelto era teóricamente irresoluble. Si el estudiante lo hubiese sabido de antemano, no lo hubiera resuelto. Pero como no se había dicho a sí mismo que no se podía, encontró una forma de hacerlo.

La vida es de la misma forma. Nos han dicho todo el tiempo que no podemos lograrlo, que no podemos hacerlo y el resultado es que hemos dejado de creer en nosotros mismos.

A las pulgas se les entrenan colocándolas en un frasco con tapa. Las pulgas saltan una y otra vez por un tiempo, hasta que finalmente se dicen a sí mismas: "Esto es una tontería. Nos estamos golpeando la cabeza con la tapa. Nos vamos a pasar de listas: no vamos a saltar tan alto y entonces no nos vamos a pegar en la cabeza." Luego, cuando se quita la tapa del frasco, las pulgas, que fácilmente podrían saltar y escaparse, saltan solamente hasta donde la tapa les permitía.

¿Acaso no vivimos así la mayoría de nosotros? A medida que crecemos, nos dicen: "No lo puedes hacer." Dejamos de creer, porque hemos sido condicionados a ajustar nuestra "mira" por debajo de donde debiera estar.

La verdad es que ¡usted puede volar como un águila! ¡Usted puede levantar vuelo y salirse del frasco! Puede alcanzar niveles que ni usted mismo cree que sean posibles, si tan solo comienza a creer lo mejor acerca de usted mismo.

Por lo tanto, afírmese. Elimine todos los conceptos falsos que obstruyen su mente y ¡empiece de nuevo!

2. La visión correcta de la vida: gratitud

Establezca la visión correcta de la vida. Una palabra clave es gratitud. Alguien mencionó que en vez de vivir en el tiempo presente, debemos vivir en el tiempo "agradeciente." Necesitamos vivir nuestra vida al máximo, con un sentido de gratitud.

Frederick Buechner, observa que la manera de vivir la vida al máximo es preguntarnos a diario con qué intensidad la experimentamos. Buechner pregunta: "¿Ha llorado por algo en el último año? ¿Ha pensado seriamente en el hecho que algún día va a morir? ¿Con qué frecuencia escucha a las personas, en vez de estar esperando su turno para hablar? ¿Conoce a alguien por quien, dado el caso en que tuviera un gran problema, se ofrecería usted de voluntario para ayudarlo?"[8]

La cuestión es que vivir la vida en pleno, requiere de agradecimiento. Tener una actitud agradecida.

Debemos vivir con gratitud expresa a Dios, cualquiera sea la manera que usted lo conciba. Debemos decir: "Gracias Dios, por mi vida y mi salud. Gracias por las oportunidades. Y gracias por mis problemas." La forma de desarrollar una perspectiva correcta y creer lo mejor de la vida, es estando constantemente agradecidos.

Alguien ha dicho, "El que se ríe mucho, dura mucho." El buen humor es un recurso poderoso para la vida. Por cierto, una de las historias más conocidas respecto al efecto del buen humor en nuestras vidas, en especial en las enfermedades, es la historia del escritor norteamericano Norman Cousins. En su libro, *Anatomy of an Illness* [Anatomía de una enfermedad], Cousins nos cuenta de su recuperación de una prolongada enfermedad, de la que se curó mediante la risa.[9] Tomó la decisión de sumergirse literalmente en un mar de películas, comedias, programas de televisión, libros y todo aquello que lo hiciera reir. Con el pasar del tiempo, esta rutina le cambió su perspectiva interior, lo cual a su vez modificó su condición física. El dolor disminuyó, comenzó a dormir mejor y su salud en general mejoró notablemente.

Cuando comenté este asunto con Ruth, me dijo que la risa y un corazón alegre, son medicinas poderosas. Este mensaje me lo han reiterado numerosos ejecutivos de alto rango y otros vencedores. Quienes son victoriosos en su vida personal y profesional, han aprendido a trabajar duro y a divertirse en grande. Estas personas casi siempre tienen un gran sentido del humor.

Por favor, tómese un momento para leer algunos de los siguientes comentarios, los cuales he seleccionado a través de mis años de lectura. Observe si su percepción mental cambia a medida que lee. (Mi amigo Tim Hansel, en su libro "Debes seguir bailando," identifica estas extraordinarias historias sobre la risa). He aquí algunos avisos tomados de las carteleras de algunas iglesias:

• Esta tarde habrá una reunión en las alas norte y sur de la iglesia, y los niños serán bautizados en ambos extremos.

• El martes a las 7:00 p.m. hay una invitación a comer helados. Las mujeres que tienen leche, por favor, vengan temprano.

• El miércoles, la Sociedad Literaria de Damas se reunirá con la Sra. Pérez A., quien estará cantando "Pónme en mi camita" acompañada por el Reverendo.

Sabes que no es tu día cuando…

• Al vehículo se le queda pegada la bocina, cuando sigues una procesión fúnebre.

• Llamas a tu servicio de mensajes y te responden que tienes el número equivocado.

• Le hincas los dientes a un jugoso bistec y se te quedan clavados en la carne.

• Te pones los pantalones al revés y te quedan mejor.[10]

No solo necesitamos aprender a reírnos en nuestra vida privada, sino también en el contexto profesional. Probablemente haya escuchado en su oficina la frase: "La competencia nos está matando", "Si no terminamos el proyecto a tiempo, estamos acabados," "Ella se muere porque le den ese ascenso." Estas frases tan comunes, llevan un significado implícito. A partir de 1988, en Japón se han reportado casi dos mil muertes por exceso de trabajo. Los japoneses lo llaman klaroshi.[11]

El hecho es que los tiempos son difíciles. Las empresas están experimentando despidos masivos. Los que quedan, están trabajando horas extra para poder mantenerse al día. El Wall Street Journal informa que los casos de incapacidad laboral, directamente relacionados con el estrés, se han duplicado en los últimos diez años. Un estudio efectuado en 1991 por la empresa Northwestern National Life Insurance de EE.UU., mostró que 46% de los estadounidenses describían sus puestos de trabajo como altamente estresantes, el doble con respecto al estudio de 1985. En 1990, 34% de los trabajadores en los Estados Unidos consideraron la idea de renunciar a sus cargos, por el estrés excesivo; y 14% renunciaron por estrés excesivo."[12]

En su útil libro *Lighten Up: Survival Skills for People under Pressure* [Alégrese: Técnicas de supervivencia para gente que está bajo presión],

C.W. Metcalf, exhorta a los presidentes de empresas y líderes de negocios a que le inyecten buen humor al sitio donde trabajan. Metcalf, identifica el buen humor como "un conjunto de técnicas de supervivencia que alivian la tensión y nos mantienen maleables y flexibles, en vez de que nos volvamos rígidos y frágiles frente a los cambios inexorables." En medio de las situaciones más graves, propone Metcalf, debemos aprender a dar un paso atrás y ajustar nuestra perspectiva por medio del buen humor. La perito psiquiatra Donna Strickland, quien dirige una empresa consultora en Denver, Colorado, lleva a cabo seminarios acerca de la importancia del buen humor en el lugar de trabajo y ha desarrollado una valiosa compilación titulada: A How-To Primer to Stimulate More Humor in the Workplace [Fundamentos para estimular el buen humor en el lugar de trabajo].[13]

Nuestra perspectiva del mundo influye fuertemente en nuestra actitud, por eso nuestra perspectiva tiene que ser positiva, estimulante y emocionante. Una perspectiva adecuada comienza cuando desarrollamos un corazón agradecido por la vida. El buen humor nos ayuda a transitar el camino.

3. La visión correcta de las personas: edificación

La clave para esperar lo mejor de la gente, es estar comprometido a edificar a los demás como un *modus operandi*. Cuando piense en la gente, piense en edificarlos. Cuando esté hablando con una persona o cuando hable de ella con otros, utilice palabras que los edifiquen, no que los ignoren o destruyan.

Un día, un amigo me confrontó mientras almorzábamos. Nos conocíamos de mucho tiempo y en realidad éramos buenos amigos, pero era evidente que ese día él estaba molesto conmigo.

—Tengo un problema contigo —me dijo— un problema con tu integridad. ¡Pienso que eres un ladrón!

—¿Un ladrón? ¿A qué te refieres?

—Todos esos libros que tienes en tu casa tienen la notación decimal Dewey en los lomos. Me parece que cuando renunciaste a tu cargo en la universidad de estudios de postgrado, te apropiaste de una gran cantidad de libros. Te los robaste y los trajiste a tu casa.

Se me cortó la respiración por el asombro y sentí un agudo acceso de rabia. Entonces le dije:

—¿Crees que pudiera haber alguna otra explicación para que esos libros estén catalogados así?

Procedí entonces a explicarle que un estudiante tuvo la gentileza y cortesía de catalogar también "los libros de mi propiedad" cuando se implementó ese sistema en la biblioteca de la universidad. Pero a mi amigo no se le había ocurrido pensar en eso. A él sólo se le ocurrió pensar en lo negativo.

No se cuántas veces yo mismo malinterpreté las cosas, porque no había eliminado de mi vida esta tendencia. Es posible que usted ha hecho lo mismo. Aprendamos a suponer lo mejor, cuando se trate de otra gente. Si tiene alguna duda, ¡pregunte!

Elimine lo negativo

Ahora, debe aprender a: (1) rechazar los temores; (2) arrancar las dudas; y (3) darse cuenta de sus posibilidades.

1. Rechace los temores

En el transcurso de mis años de investigación de programas educativos, he descubierto que aunque puedo ayudar a la gente a aceptar y comprender los problemas, esas mismas personas pueden ser paralizadas por los negativismos que dominan sus vidas.

Zig Ziglar comenta: "El temor es el cuarto oscuro donde se revelan los negativos." Algunas veces nuestros temores son bastante profundos, complicados y arraigados. En otras ocasiones, pueden ser bastante simples.

Un buen amigo ha quedado prácticamente paralizado emocionalmente, al descubrir que cuando niño fue víctima de un increíble maltrato físico. En el transcurso de los años, para lidiar con ello, fue desarrollando tendencias perfeccionistas, esperando que al hacer las cosas bien, no experimentaría más angustia.

Las ramificaciones en su vida son asombrosas. Estupefacto y algunas veces horrorizado, le he escuchado relatar los acontecimientos de un día determinado y la profunda culpa y vergüenza que siente aún por las pequeñeces que ha hecho de manera inapropiada. Es como una nube negra que pende sobre su cabeza y que ha despedazado sus relaciones y le ha robado el gozo de la vida. Es algo penoso.

Aun así, este hombre está aprendiendo a rechazar sus temores. El se está permitiendo recordar e identificar las terribles experiencias de su niñez y de esa forma poder enfrentarlas. Recibe una terapia saludable contra la amargura y la luz brilla de nuevo en su corazón. Está comenzando a ser liberado de sus ataduras y cadenas.

Tal vez usted esté en una situación en la cual necesita enfrentar retos similares. Ciertamente el estímulo de un grupo de apoyo y la sabia opinión de un terapeuta pueden ayudarle. Sin embargo, en última instancia, es usted quien debe asumir la responsabilidad de enfocar sus pensamientos en lo positivo. Recuerde que sus emociones fluyen de su percepción de la vida. Puede aprender a rechazar los temores, confiriéndoles así nuevo significado a sus experiencias.

Permítame contarle acerca de un temor de lo más común, pero no por ello menos intenso.

Cuando estaba en la escuela secundaria, canté como solista frente a un grupo de varios cientos de personas. Estaba que me moría de miedo y mi voz temblaba, pero pensé que lo había hecho bien. Luego me senté y por encima del hombro izquierdo vi a un amigo que corría a sentarse a mi lado. Pensé que se había acercado para animarme, pero su primer comentario fue: "Jenson, ¡perdiste el tono!"

Bueno, eso es lo que yo llamo un amigo. Sin embargo, sus palabras me destruyeron y me provocaron un tremendo temor. Desde ese momento, asocié el canto con una fuerte angustia. Gracias a un consejo sabio, me di cuenta que si quería volver a cantar en público, tenía que anexarle a la experiencia, gozo y placer en vez de temor. Por lo tanto, seguí cantando. Canté como solista en un musical escolar frente a miles de personas. Aunque estaba nervioso, canté. Cuanto más cantaba, más placer le adjuntaba a la experiencia de cantar y mi temor comenzó a desvanecerse.

Otra experiencia que me convenció aun más, fue con mi hija Molly. En un momento dado, mi hija comenzó a tener miedo cuando su mamá o yo no estábamos con ella. Este temor se manifestaba tanto emocional, como físicamente y se acrecentaba en su mente cada vez más, hasta que por último, comenzó a dominarla. Mi esposa y yo comenzamos a pensar en un mecanismo mediante el cual Molly pudiera empezar a cambiar su forma de razonar y de esa manera rechazar ese temor.

Lo primero que hicimos fue ayudar a Molly a identificar ese temor. Le pedí que visualizara lo que ocurría en su mente cuando pensaba que nos íbamos. Cuando ella comenzó a sentir esa emoción, le dije que saltara y gritara: "¡Qué bueno! ¡Los pies no me huelen mal!"

Antes que piense que yo debiera estar en un manicomio, permítame explicarle qué era lo que estaba haciendo. Estaba tratando que Molly cambiara su estado mental, es decir, la forma en que veía las cosas cuando su mamá y yo no estábamos cerca de ella. Una forma de cambiar tal estado mental, es utilizar lo absurdo. ¿Ha notado que algo tan simple como la forma en que usted se para o habla, su mismo tono de voz, puede cambiar su estado mental, es decir, la forma de percibir las cosas, la disposición mental y emocional en la que se encuentra?

Con el objeto de cambiar la disposición mental de Molly, simplemente la ayudamos a desarrollar un "rompe-disposiciones." Ni bien dijo: "¡Qué bueno, los pies no me huelen mal!" comenzó a reírse. En ese momento logró una mejoría en su problema.

El siguiente paso fue lograr que ella comenzara a asociar la tranquilidad en vez del temor, con sus pensamientos sobre nuestra partida. Le pedí a Molly que pensara en las cosas positivas de su vida: la música que le gusta, los colores que la hacen feliz, las fotografías que la emocionan, el estar sentada en su silla favorita. Luego le pedí que cuando pensara que nos estábamos marchando, se concentrara en esas cosas, hasta que comenzara a desarrollar una actitud positiva y placentera en torno a las circunstancias de nuestra partida.

La clave con Molly y con usted, es aprender a manejar sus temores de una manera tangible. Hasta que no aprenda a rechazar sus temores, estará inhibido de lograr todo lo que puede llegar a ser.

2. Arranque las dudas de raíz

Ahora necesita enfrentar sus dudas. Todos tenemos dudas. Nadie está libre de dudas. Gran parte de una vida positiva y dinámica consiste en tomar la decisión de no dudar y en cambio pensar con optimismo aún acerca de las cosas más difíciles.

Podemos aprender mucho del campo de la terapia cognoscitiva. La base de la terapia cognoscitiva es que tenemos problemas emocionales, porque pensamos equivocadamente. La clave para las emociones positivas, agregamos una vez más, es pensar positiva y concisamente, tener la imagen correcta de uno mismo y pensar correctamente. El Dr. David Burns, en su bestseller *Feeling Good* [Sintiéndose bien] explica la influencia de este tipo de pensamiento. Describe que lo que sucede en nuestra mente son distorsiones cognoscitivas (del pensamiento). Una de esas distorsiones es pensar al estilo "todo o nada." En esta disposición mental, una persona ve todo en categorías de "blanco y negro." Si su rendimiento es menor que la perfección, se ve como un fracaso. Otra distorsión, es la generalización excesiva que sucede cuando un simple evento negativo es visto como un patrón de derrotas sin fin. Otra distorsión es eliminar lo positivo. En este caso, uno rechaza las experiencias positivas, al insistir en que ellas no cuentan por alguna razón o duda específica. Una persona con tales distorsiones puede mantener una creencia negativa que se contradice con sus buenas experiencias diarias. Existen muchas distorsiones cognoscitivas. El punto aquí es que la forma de enfrentar sus dudas, es empezar a pensar con exactitud y objetividad acerca de una situación dada. Si usted duda que puede hacer algo, establezca en su mente por qué cree que no lo puede hacer y escriba por qué cree que sí lo puede hacer.[14]

3. Dése cuenta de sus posibilidades

En las Olimpíadas de 1952, un joven húngaro apuntó a través de la mira de su rifle de competencia y le atinó a la diana una y otra vez. No hizo ni un sólo disparo fuera de la diana. Su coordinación perfecta entre ojo y mano, le valieron la medalla de oro de la competencia. Trágicamente, seis meses después perdió el brazo derecho, con el que disparaba. Pero sólo cuatro años después de ese triste accidente, se presentó en los juegos Olímpicos de Melbourne, Australia, donde se ganó su segunda medalla de oro, esta vez compitiendo con el brazo izquierdo. Este muchacho había decidido que sus limitaciones no lo iban a detener. Por el contrario, decidió desarrollar sus posibilidades.

Tim Hansel declara: "Las limitaciones no son necesariamente negativas en sí. Estoy comenzando a creer que pueden darle definición, claridad y libertad a la vida. Estamos llamados a ser libres en las limitaciones, pero no a estar exentos de ellas. El agua sin restricciones es un pantano; debido a que no tiene restricción, también le falta dirección y profundidad."[15]

Si desea profundidad, poder, libertad verdadera y claridad, tiene que aprender a vivir con sus limitaciones y aceptarlas. Para OPTIMIZAR su vida, necesita aprender a eliminar lo negativo y a vivir con la convicción de que puede lograr lo que se proponga. A medida que usted comience a dominar esta destreza, al igual que las otras dos destrezas de actitud (optar por iniciar la acción y procurar alcanzar el significado personal), tendrá el fundamento necesario para moverse hacia los principios de convicción.

Pasos hacia la acción

1. En este momento ¿cuál es el mayor problema de su vida? ¿Cómo lo está enfrentando? Escriba sus sentimientos, pensamientos y acciones previas con respecto a este problema.

2. Escoja el gozo. Escriba cómo responderá a medida que usted encara el problema antes descrito, tratándolo como un amigo, no como un enemigo. Sea específico acerca de qué manera pensará, qué sentirá y cómo actuará. Luego practique este procedimiento varias veces, hasta que se convierta en un hábito.

3. Escoja un área en la cual debe creer y esperar lo mejor (usted mismo, la vida, los problemas, la gente). Ahora, ponga en práctica los métodos que se recomiendan en este capítulo para cambiar su actitud. Nuevamente escriba en detalle de qué manera pensará, qué sentirá y cómo actuará, y practíquelo varias veces, hasta que se conviertan en una parte instintivamente suya.

4. Escoja a una persona que pueda supervisarlo para practicar por un mes los cambios antes mencionados. Puede ser su cónyuge, un amigo u otra persona de confianza. Lo ideal es escoger a alguien que lo anime, pero que le dé una opinión franca de su comportamiento.

Convicciones Fundamentales

En alguna ocasión usted se ha preguntado ¿por qué hace lo que hace? ¿Por qué pierde la paciencia, come comida que no desea comer, gasta su dinero en cosas que no le dan satisfacción y se mete en actividades en las que sólo pierde el tiempo?

Creo que hacemos esas cosas porque nos convertimos en esclavos del mundo que nos rodea: de nuestros antecedentes, de nuestros amigos y asociados, de los medios de comunicación y de otros exponentes de los valores de la cultura. El problema es que quizás esos no sean sus valores personales. Yo diría que la mayoría no lo son.

La única forma de cambiar esta tendencia y de que usted se dirija hacia la optimización de su vida y profesión, es plantar y profundizar las raíces (fundamentos) de sus convicciones. Dos de las principales convicciones que necesita para guiar el rumbo de su vida, ocupan los siguientes dos capítulos: "Internalizaré los principios correctos" y "Marcharé firme a ejecutar mi misión."

"Internalizaré los principios correctos" trata el desarrollo de un sistema de valores propios, basados en principios. Si no desarrolla sus propios valores claramente definidos y arraigados en los principios correctos, continuará siendo dirigido por su entorno.

En este capítulo, le explico cómo identificar e incorporar los valores correctos en y para su vida. Estos valores correctos deben convertirse en el cimiento de su vida. Lo equiparán para dedicarse a la práctica de lo que llamo "el correcto vivir." La plenitud y la satisfacción que experimentará, a medida que comience a alinear su tiempo y sus recursos en torno a sus valores, será una de las empresas más gratas de su vida.

"Marcharé firme a ejecutar mi misión," le ayudará aun más a enmarcar su vida y sus actividades dentro de un sentido de misión deliberado y expreso. En este capítulo, le ofrezco pasos específicos a seguir, a fin de establecer el propósito y la misión. Le ayudo a evaluar sus convicciones acerca de los principales roles que desempeña y de los objetivos específicos que desea lograr en su vida.

Estos dos principios de convicción, le darán el marco de referencia, la exactitud, la confianza y el poder, para alcanzar el éxito auténtico en su vida personal y profesional.

Capítulo 4

Internalizaré Los Principios Correctos

Cómo hacer lo correcto

≈≈≈

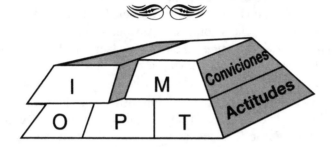

Uno nunca sabe que una línea está torcida, a menos que tenga una línea recta para compararla.

—Sócrates

Roseanne, es una de las comediantes más populares de los Estados Unidos. Su programa de televisión llamado *Roseanne* ha sido visto en todo el mundo. ¿Quién hubiera pensado que el estadio deportivo Jack Murphy de San Diego, California, sería el escenario de la más memorable de las actuaciones de la carrera de Roseanne Barr como comediante? Su actuación vulgar e irreverente (y la gesticulación con la que lo acompañó) al cantar el himno nacional de los Estados Unidos en la apertura de la temporada de baseball de 1990, probablemente será recordada mucho más que sus programas de televisión. A pesar de lo celosos que somos los estadounidenses de nuestra libertad de expresión, la actuación vergonzosa de Roseanne, provocó la ira de la mayoría del pueblo de los Estados Unidos.

¿Por qué fue tan fuerte la reacción? Creo que fue porque la gente finalmente estaba diciendo "¡Ya basta!" Aunque la mayoría de nosotros no tengamos la capacidad de expresar con elocuencia las bases de nuestros valores, todos tenemos un sentido básico de lo que es correcto e incorrecto. Por eso nos sentimos atacados cuando algo amenaza la decencia.

Sin embargo, cuando se trata del diario vivir, de las decisiones que tomamos en el trabajo y el hogar, del ejemplo que le damos a nuestros hijos, es difícil hallar la misma columna vertebral de ética en la sociedad, que debería ser el marco de referencia para nuestras acciones colectivas. Creo que la carencia de una columna vertebral de ética colectiva, es el principal factor responsable de la descomposición moral y ética en nuestra sociedad de hoy.

¿Por qué hoy se discute tanto acerca de los valores? Porque nos estamos alejando de los valores fundamentales con los cuales fue moldeada nuestra nación. El resultado inevitable de esta tendencia se ve con claridad en la historia: Cuando no hay valores, la sociedad se desintegra. Punto.

Uno de los bestsellers sorpresa de los años ochenta fue el libro The *Closing of the American Mind* [El bloqueo de la mente del estadounidense] de Alan Bloom. La tesis de Bloom se revela en el subtítulo del libro: "Cómo la educación superior le falló a la democracia y empobreció las almas de los estudiantes de hoy."[1] Bloom sostiene que la actual declinación de la calidad de la educación, ha sido causada por una sociedad insensible. Denuncia a la educación moderna por enseñar el relativismo en vez de la verdad. Bloom, comenta que los educadores ya no distinguen entre lo correcto y lo incorrecto, no solo por temor a las demandas jurídicas, sino porque ellos tampoco pueden notar la diferencia. Bloom asevera que ven el mundo a través de anteojos empañados.

Ciertamente, nos hemos alejado de los valores que están arraigados en principios universales. Podemos observar esto prácticamente en todos los ámbitos. Las grandes empresas financieras de Wall Street se derrumban con regularidad. Los magnates se juegan el dinero de otros, sus vidas y sus esposas. Los políticos cambian convenientemente de posición con respecto a los asuntos, con tan poco remordimiento, que ni siquiera se sabe si tenían alguna convicción para comenzar. Los líderes religiosos, de quienes pensaríamos que obligadamente adoptarían y nos ofrecerían valores correctos, nos hacen pasar vergüenza con regularidad. Ninguna área de nuestra cultura está libre de las huellas del pensamiento desvalorizado.

El columnista Cal Thomas escribió lo siguiente en un libro acerca de la ética:

"Fue de todo, menos una coincidencia, que justo cinco semanas antes de la crisis del mercado de valores, el Wall Street Journal presentara un artículo en su edición del 8 de septiembre de 1987, intitulado: "'La ética es buena, pero puede convertirse en un impedimento' según lo declararon algunos ejecutivos."

"La historia informaba acerca de una encuesta que efectuó la firma de estudios de mercado McFeely Wackerle Jett. Se le preguntó a 671 gerentes acerca de su posición con respecto a la ética y los negocios. Los gerentes argumentaban que la ética puede impedir una carrera exitosa y que más de la mitad de los ejecutivos que conocen, ignorarían las normas con tal de salir adelante.

"Conozco de prácticas poco éticas en todos los niveles de gerencia," comentó un ejecutivo de cincuenta y cinco años, que fue reseñado en el estudio. En cuanto a la justificación de su actuar sin ética añadió: "Tengo que hacerlo, para sobrevivir."

"Para él, la supervivencia se convirtió en el fin, en vez de la honradez o la verdad. Cuando esta forma de pensamiento se convierte en la norma de una cultura, esa cultura está condenada al fracaso.

"El estudio McFeely también pudo determinar que los veteranos, por lo general piensan que son más honestos que sus contrapartes más jóvenes. Esto es fácilmente entendible, dado el cataclismo sociológico y moral que los hombres y mujeres más jóvenes han experimentado durante los últimos veinticinco años.

"El estudio asimismo acota la declaración del vicepresidente de una empresa del medio-oeste norteamericano, de cincuenta y nueve años de edad: "A los administradores de empresas y abogados jóvenes, les enseñan el oportunismo, la astucia y las malas costumbres. La justicia y la equidad, por otra parte, no reciben igual dedicación o importancia."[2]

Una de las mejores fuentes que documentan este declinar en la cultura norteamericana, es un estudio que se completó en 1991, titulado: "El Día que los Estados Unidos dijo la Verdad—lo que la gente realmente piensa acerca de todo lo que en realidad importa." Los autores James Patterson, presidente de la empresa J. Walter Thompson Co. y Peter Kim, director de servicios investigativos y conducta del consumidor, documentan los problemas que los norteamericanos tienen con la ética, en "el estudio de mayor escala y profundidad que se haya hecho, acerca de lo que los norteamericanos realmente piensan."[3]

Los autores señalan: "Los norteamericanos están diseñándose sus propias reglas y leyes... Nosotros escogemos cuáles de las leyes de Dios vamos a creer. No existe ningún tipo de consenso moral en este país, como lo hubo en los años cincuenta y sesenta."

Su estudio indica que aun cuando el 90 por ciento de los encuestados dicen que creen en Dios, solamente el 20 por ciento visitó alguna vez a un sacerdote, a un pastor o a un rabino, acerca de algún problema personal. Casi uno de cada tres de los casados que contestaron, no estaban seguros si aún amaban a sus esposas; muchos admitieron tener relaciones extramaritales rutinarias; seis de cada diez creían que un "arreglo" pre-nupcial era una buena idea. Sólo uno de cada tres, señaló el "amor" como la razón principal de su matrimonio. Casi el 50 por ciento de los encuestados indicaron que no existe ninguna razón por la cual deban casarse.

Algo así como el 72 por ciento, no conocen a sus vecinos de la calle donde viven, y siete de cada diez, dijeron que en realidad no existe ningún héroe norteamericano. Un abrumador 60 por ciento, indicó que han sido víctimas de delitos graves, y uno de cada siete portan un arma o llevan una o dos armas en sus vehículos.

Otros hallazgos "interesantes" fueron:

• El trece por ciento de la población cree en los Diez Mandamientos de la Biblia.

• Nueve de cada diez norteamericanos miente con regularidad.

• La quinta parte de los niños del país, han perdido la virginidad antes de los trece años de edad.

• Por 10 millones de dólares, el siete por ciento de la población mataría a cualquiera.

• Un tercio de los portadores del virus del SIDA, no se lo han hecho saber a sus cónyuges o a su compañero(a) sexual.[4]

El propósito de este capítulo, es establecer los principios correctos en nuestros corazones y mentes, de tal manera que influyan en nuestro proceso de toma de decisiones. Esto es parte del cuarto principio del acróstico OPTIMIZARÉ™—internalizaré los principios correctos. En este capítulo deseo enseñarle cómo identificar y adoptar valores absolutos en su vida y negocio, mismos que le darán estabilidad, fortaleza, y consecuentemente éxito y significado. Con el objeto de ayudarle a identificar y construir sobre valores absolutos, le daré otro acróstico que le ayudará a enfocar su pensamiento en el tema de la moralidad y la ética:

V erifique sus valores personales.

A rticule su propia matriz ética y filosófica para la vida.

L ogre aprender las perspectivas correctas de los asuntos.

O rdene sus valores con las acciones correctas.

R evise y evalúe su crecimiento.

A lcance a los demás con estas verdades (los principios).

Verifique sus valores personales

Usted necesita determinar qué valores están dirigiendo su vida. Es importante desde un inicio, el distinguir entre principios y valores. Básicamente, un valor es su percepción de hacia dónde y cómo se dirige usted en su vida. Sus valores pueden cambiar, no así sus principios. Sus principios son el absoluto. Estos siempre son verdaderos e independientes de la situación. Sus valores pueden cambiar, a medida que su comprensión de los absolutos aumenta.[5]

El asunto es que todos somos motivados por los valores. Un pandillero es dirigido por sus respectivos valores. También lo es un asesino, un sacerdote y el politico. El punto es: ¿Están los valores de esas personas basados en los principios universales y correctos o no? Los principios universales producen las raíces del auténtico éxito. Los valores falsos, que no están basados en los principios universales, en última instancia, llevan al fracaso.

¿Qué es entonces lo que usted valora? Cuando les hago esta pregunta a las personas que asisten a mis seminarios, por lo general tratan de expresar lo que ellos piensan que deberían valorar. ¡Pero esa no es la pregunta que estoy haciendo! Yo le estoy preguntando lo que usted valora hoy día, ahora. ¿Qué valores reflejan su actual estilo de vida? ¡Por favor sea sincero! Una evaluación sincera a estas alturas es esencial; de lo contrario, usted vivirá en una negación al no querer identificar la raíz verdadera de las áreas de su vida que pueden requerir cambio.

Usted es un ejemplo para otros, le guste o no. Decimos con mucha soltura, "Haz como te digo, pero no hagas lo que hago." Eso es falta de integridad.

Evalúe lo que el columnista Jack Griffin escribe en su artículo titulado, "*Está bien hijo. Todo el mundo lo hace:*"

Cuando Juancito tenía 6 años de edad, él estaba con su papá, cuando los detuvo la policía por exceso de velocidad. El padre, le entregó al policía un billete de veinte dólares de soborno, junto con la licencia de conducir. "Está bien hijo," le dijo su padre, al tiempo que arrancaban. "Todos lo hacen."

Cuando tenía 8 años de edad, él estaba presente en un consejo de familia que presidía el tío Jorge, acerca de las mejores modalidades para hacerle recortes ilegales a la declaración de impuestos. "Está bien sobrino," le dijo su tío. "Todos lo hacen."

Cuando tenía 12, se le quebraron los anteojos cuando iba al colegio.

Su tía Francisca convenció a los de la empresa de seguros que se los habían robado y cobraron setenta y cinco dólares. "Está bien sobrino," le dijo, "todo el mundo lo hace."

A los 19, se le acercó un compañero de clase, que les ofreció las respuestas de unos exámenes por cincuenta dólares. El amigo le dijo, "Saldrá bien chico, todos lo hacen."

Pero esta vez a Juancito lo sorprendieron y lo mandaron a su casa, después de expulsarlo del colegio. "¿Cómo nos puedes hacer esto a tu madre y a mí?" le dijo su padre. "A ti nadie te enseñó eso aquí en la casa." Su tía y el tío también estaban malamente impresionados.

¡Si hay algo que les disgusta a los adultos, es un chico tramposo![6]

No podemos esperar que nuestros hijos hagan lo que les decimos, como si lo que les enseñamos no les dice mucho. El famoso estadista Winston Churchill lo dijo muy bien:

"Si no tenemos la ética o los principios morales que nos den sustancia y autoridad, si estamos vacíos en las cosas que nos importan, entonces no podremos ser los modelos que deseamos. El cambio comienza con nuestro propio sistema de valores. Y si los valores de nuestra sociedad están declinando, es culpa nuestra."

> **Difícilmente puede esperarse que una bolsa de papel vacía, se sostenga sola.**

Efectúe una auditoría de sus valores morales al contestar las siguientes preguntas:

1. ¿Cómo invierte usted su tiempo libre?

2. ¿En qué gasta usted su dinero?

3. ¿Quiénes son sus héroes?

4. Cuándo usted se encuentra solo, ¿en qué piensa mayormente?

Sus respuestas le demostrarán cuáles son sus valores. Sea honesto y anote lo que usted es y hace actualmente, no lo que usted piensa que debería ser y hacer. Eso vendrá luego.

Por favor practique el siguiente ejercicio:

Hágase una honesta auditoría personal, durante toda una semana. En esa semana, anote cómo invierte usted su tiempo, cómo gasta usted su dinero extra, a quién admira y acerca de qué o quién piensa más.

Mantenga un registro diario y deténgase varias veces durante el día para anotar sus observaciones.

Luego, al final de la semana, revise y considere las cosas que usted realmente valoró durante esa primera semana. Luego pregúntese si esos son los valores que usted busca y aprecia. ¿Está usted utilizando su tiempo, gastando su dinero, enfocándose en sus sueños y desarrollando los roles de modelaje, de la manera que usted desea hacerlo?

Articule su propia matriz ética y filosofica para la vida

¿Qué es realmente importante para usted? Algunas personas piensan que lo ético es hacer siempre "lo que se desea y salir adelante." Tómese el tiempo ahora para identificar las cosas que no son "negociables" para usted. Aquellos principios que usted no violaría, sin importar las consecuencias. Incluya aquellos principios que tienen que ver con su trabajo, su vida personal, su familia, sus finanzas, su espiritualidad, etc.

¿Cuál es su filosofía personal o código de ética? ¿Cuál es la filosofía de su familia? ¿Cuál es su filosofía de trabajo?

Le sugiero que usted comience su evaluación con los diez principios OPTIMIZARÉ™, que se establecieron anteriormente en el libro. La clave es excavar hasta sus raíces, para encontrar la base de roca sólida que es la verdad. Permita que esa fuente provea el marco de referencia para sus valores.

Si usted no define esta filosofía, su entorno continuará empujándolo de un lado a otro. Usted debe identificar y promover los valores por los que usted desea vivir y ser conocido, valores basados en principios universales. O usted puede aspirar a pasarse el resto de su vida, como un esclavo de los valores de otras personas, de sus propias incapacidades, de las presiones culturales y de los antivalores que producen malos hábitos. La decisión es suya.

Logre aprender la perspectiva correcta de los asuntos

El sólo descubrir lo que motiva sus acciones, no es el propósito de este ejercicio. Todos necesitamos buscar contínuamente la verdad; necesitamos tomar ciertas decisiones acerca de lo que es correcto e incorrecto. Existen absolutos universalmente aceptados como los principios de leyes naturales que gobiernan el universo y cómo la gente debe vivir.

En su libro *El Poder de la Gerencia Ética*, Ken Blanchard y Norman Vincent Peale simplifican esta búsqueda de la verdad, con tres preguntas para hacerse uno mismo, en tiempos de toma de decisiones. Yo le he añadido una cuarta de mi propia inspiración:

1. ¿Lo que hago es legal? (¿Estaré violando alguna ley civil o norma de la empresa?)

2. ¿Es ecuánime? (¿Es justo para todos los relacionados, tanto a corto como a largo plazo?)

3. ¿Cómo me hará sentir personalmente? (¿Me hará sentir orgulloso? ¿Me sentiría bien, si mi decisión fuera publicada en los periódicos, o si mi familia supiera acerca de ello?)[7]

4. ¿Es correcto? (Tengo alguna inquietud interna, al considerar la decisión respecto a lo que entiendo como correcto o incorrecto?)

> **El filósofo griego Sócrates dijo: Nunca se sabe si una línea está torcida, a menos que se le ponga una línea recta al lado.**

En los últimos años, se han hecho importantes esfuerzos dirigidos hacia el establecimiento de los valores universales. Este esfuerzo incluye la publicación de trabajos tales como: *¿Por qué en los Estados Unidos no se trabaja* (Colson y Eckerd), *El Libro de las Virtudes* (Bill Benett), *Capitalismo Compasivo* (Rich DeVos), *El Liderazgo es un Arte* (Max DePree), *El Poder de la Gerencia Ética* (Blanchard & Peale), *El Ejecutivo Ético* (Donald Siebert), *Liderazgo Centrado en Principios* (Stephen Covey) y *Doy mi Palabra* (Randy Pennington & Marc Bockmon). Todos estos trabajos son muy útiles en darle a usted herramientas específicas para el desarrollo de la base de sus principios.

El filósofo griego Sócrates dijo: Nunca se sabe si una línea está torcida, a menos que se le ponga una línea recta al lado.

Estoy especialmente fascinado con el último libro que menciono: "*Doy mi Palabra.*" Los autores elevan el juramento de los niños exploradores, los Boy Scouts, como un modelo para manejar un negocio, así como cualquier otra empresa (familia, vida personal, comunidad). Imagínese usted mismo haciendo sus negocios en torno al concepto de este juramento.[8]

Otra fuente, a menudo olvidada de principios universales, son los Diez Mandamientos bíblicos. Considere lo que el comentarista de la cadena televisora norteamericana ABC, Ted Koppel, dijo a los graduandos de la Universidad Duke, de Carolina del Norte, en 1987:

"Nos hemos querido convencer a nosotros mismos, que los eslóganes nos van a salvar. "Inyéctese droga si quiere, pero utilice una jeringa limpia." "Disfrute del sexo, con quien quiera y donde quiera, pero use un preservativo."

Doy mi palabra de que haré mi mejor esfuerzo:

1. Haré mi labor ante Dios y mi país, y obedeceré la ley Scout

2. Ayudaré a los demás en todo momento;

3. Me mantendré físicamente fuerte, mentalmente despierto y moralmente recto.

"No. La respuesta es no. No...no porque no es la onda...o porque es lo astuto...o porque tal vez vaya a dar a la cárcel o termine en una sala para enfermos de SIDA– sino, No,...porque está mal. Porque hemos empleado cinco mil años como una raza de seres humanos racionales, tratando de arrastrarnos y levantarnos, para salir de la inmundicia y fango prehistórico, en búsqueda de la verdad...y encontrar los fundamentos morales de la vida.

"En vez de la Verdad, hemos descubierto ciertos hechos; los fundamentos morales los hemos sustituido por la ambigüedad moral...Nuestra sociedad encuentra que la Verdad es muy fuerte para ser digerida sin ser diluida. En su forma más pura, la Verdad no es la diplomática palmadita en el hombro; es un reproche ensordecedor.

"Lo que Moisés trajo del monte Sinaí no fueron las Diez Sugerencias...sino los Diez Mandamientos. Son...y no que fueron.

"El poder intrínseco de los Diez Mandamientos, es que ellos codifican en muy pocas palabras, la conducta humana deseable. No sólo para aquel entonces...o para hoy...sino por la eternidad. Los idiomas evolucionan, el poder cambia de nación a nación...el hombre borra una frontera tras otra; pero aun así nosotros y nuestra conducta....y los Mandamientos que la rigen...permanecen siendo los mismos.

"...Deseo advertirle, como alguien que diariamente se debate en esa dualidad, que ponga su mira más allá de lo que está a su alcance. Existe una cierta majestuosidad en el concepto del poder invisible, que no puede ser medido, ni pesado. Existe una armonía y paz interior que puede encontrarse al guiarse uno por una brújula moral, que señala siempre en la misma dirección, sin tomar en cuenta ni la moda, ni la tendencia del momento.[9]

"La pregunta que surge ahora es: ¿Estamos nosotros en capacidad de introducir la verdad en nuestras vidas? Permítame sugerirle varias cosas que usted puede hacer:"

1. Lea las obras maestras

Existe un movimiento que ha estado tomando fuerza durante muchos años, llamado "El Movimiento de las Obras Maestras." Este grupo, exhorta a las personas a leer la literatura clásica, con el objeto de entender mejor los principios subyacentes para guiar nuestras vidas. Las sugerencias van dirigidas a leer obras que van desde Shakespeare y Cervantes hasta Goethe y la Biblia. El movimiento genera un tremendo despertar en la conciencia de la gente, con respecto a las raíces de las grandes civilizaciones, en las cuales están fundadas y edificadas las grandes naciones, entre ellas los Estados Unidos.

Por supuesto, existen actualmente muchos libros que son de edificación personal, incluidos los que se sugirieron anteriormente. No descarte el amplio repertorio de cintas para escuchar y de vídeo, en las cuales se pueden encontrar grandes obras.[10] Sin embargo, sea cauteloso de adquirir conocimientos, que luego no se utilizan en su vida diaria, o en lo que yo llamo sabiduría.

El concepto integral de sabiduría, está resumido en la metáfora del artesano. Una persona sabia, es aquella que ha aprendido el arte de vivir la vida; el o ella se han convertidos en unos artistas del vivir. De tal manera que al leer, trate de aplicar el material que le presento. Tengo como costumbre, el leer con un bolígrafo a la mano. Tomo notas, discuto con el autor, hago preguntas, e identifico los principios OPTIMIZARÉ™ que estén siendo evaluados. Luego archivo mis apuntes bajo el principio OPTIMIZARÉ™ correspondiente, por ejemplo: 1 significa Optaré por iniciar la acción; 2 es Procuraré alcanzar el Significado Personal, y así sucesivamente. Esto me permite organizar mis pensamientos y a la vez afianzar mi base de principios. Cuando termino de leer el libro, los conceptos claves, las citas importantes y cualquier otro pensamiento de valor, lo transfiero a una tarjeta de cartulina de 10 x 15cm, o a un archivo de mi computadora.

2. Adquiera sabiduría a través de grupos de estudio

Bien sea que estudien un libro, o manejen otros asuntos, hacerlo en un grupo puede ser muy beneficioso a su proceso de crecimiento.

Un líder me relató una anécdota acerca de su grupo de estudio. El grupo en particular estaba leyendo un libro llamado *"En Sus Pasos,"* cuyo autor es Charles Sheldon. El libro está basado en un supuesto grupo de personas que diariamente y en sus vidas particulares, se hacen la siguiente pregunta: "¿Qué haría Jesucristo en este caso?" Un día, uno de los miembros del grupo se encontraba en un hotel, ayudando a su esposa a empacar las maletas, cuando se dio cuenta que había tomado accidentalmente unos ganchos del hotel para colgar la ropa, junto con los vestidos de su esposa. Su reciente lectura había plasmado en su mente la pregunta: "¿Se llevaría Jesús estos ganchos?" Su conclusión fue que no.

Este hombre estaba desarrollando y estableciendo los principios correctos para su vida. Esta fue una importante lección para el grupo. Antes de ignorar o desechar un asunto tan aparentemente insignificante, recuerde que nuestro carácter y nuestro perfil ético, son desarrollados en base a nuestras pequeñas decisiones. Son los "pequeños puntitos negros, los que finalmente pudren la fruta."

3. Aprenda de las lecciones que da la vida

Pienso que estamos en capacidad de adquirir una gran sabiduría, con tan solo escuchar lo que sucede a nuestro alrededor. Tales lecciones pueden surgir a través del comentario de un amigo, del mensaje de un orador, cometiendo un error y aprendiendo de él, o aún encarando cierta resistencia. Si podemos aprender de la vida, con tan solo aguzar nuestros oídos espirituales, estaremos en la posibilidad de avanzar en el crecimiento y desarrollo personal. He aprendido muchas de mis mejores lecciones, con solo estar pendiente de las oportunidades que se me presentan para crecer diariamente. Todos tenemos oportunidades diarias de crecer, de aprender la perspectiva correcta de las cosas, con tan solo buscarlas.

Ordene los valor con las acciones correctas

Ahora está usted listo para poner sus valores en acción. Una cosa es el desarrollar una matriz ética de principios universales (la verdad) y otra muy diferente el trabajar con ella en su vida diaria. Permítame ofrecerle una estrategia para lograr esto. Divida su vida en tres áreas básicas: lo personal, la familia y los negocios.

Ahora bien, voy a seleccionar para usted un principio OPTIMIZARÉ™ que usted puede utilizar y aplicar en cada una de esas áreas. El principio es: "Zarparé hacia mi meta, cuidando de los demás," el cual presento con mayor profundidad en el capítulo 7. Esto es lo que yo llamo "el liderazgo del siervo." Es un mensaje que exhorta a desarrollar a las demás personas, de todas las formas posibles.

A mediados de la década de los setenta, John Greenleaf, antiguo director de gerencia de investigación de la empresa telefónica AT & T, escribió el libro *El Liderazgo de Servicio*, que se convirtió en un libro de colección. Según Greenleaf lo describe en su libro, el concepto del líder-siervo, se enfoca en nuestra responsabilidad de edificar a los demás, y no solamente a nosotros mismos, por nuestros derechos y merecimientos, al estar en una posición de liderazgo. Este es el tipo de liderazgo que dice: "Estoy aquí para cuidar de la gente y ayudarla a ser exitosa."

Para lograr vivir mediante este principio, usted tiene que labrar este principio del líder siervo en su mente. Usted puede lograrlo al escribir una cita popular o enunciado dinámico acerca del liderazgo de servicio. A mí me gusta este : "Un líder siervo, es aquel que se alegra al lograr que los demás sean más exitosos que él."

Coloque estas palabras en una cartulina de 10 x 15cm y manténgala frente a su vista durante el día. Medite acerca de ella, durante unas cuatro o más veces. Piense en ella. Mastíquela. Digiérala. Concéntrese en la ficha, tan pronto como se despierte en la mañana. Tómese un momento a la hora del almuerzo, para meditar en ella. Reflexione acerca de ella durante la cena, y luego justo antes de irse a dormir. Programe su mente con ese pensamiento.

Luego, piense acerca de las maneras en las cuales usted puede aplicar este principio. Pregúntese cómo puede usted ser un líder siervo en su vida personal. ¿Con quién tiene usted contacto regularmente? Tal vez sea en una estación de gasolina, una mesera en un restaurante, o gente a la cual usted llama por teléfono. ¿Cómo puede usted ser una fuente de inspiración para esas personas?

Un día llegué a mi restaurante preferido, para tomar el café de la mañana. La mesera que había estado atendiéndome por meses, estaba de un humor pesado. Su servicio a la verdad fue pésimo, su actitud mala, y su tono de voz muy grosero. Algo la estaba molestando, y yo no me sentí bien por la forma en que me trató. Pero ya había decidido practicar este concepto del líder siervo . De tal manera que, en vez de reaccionar, le dejé una propina de un dólar, por un café que me costó cincuenta centavos. Ella no sabía ni qué decir. A partir de ese día, su rostro se alegraba, cuando yo entraba al lugar.

Piense en todas las situaciones que se le presentarán en sus actividades diarias y planifique su "plan" como líder siervo antes que estas sucedan. Usted está expuesto a que le atienda un mesero o una mesera con mala cara, una que otra vez. ¿Qué piensa hacer usted al respecto?

En el campo de su familia, su liderazgo de siervo puede que signifique tomarse el tiempo para estar con sus hijos, tal vez tener encuentros programados con regularidad. Estas citas tienen que ser programadas, bien pensadas y realizadas. En el campo de los negocios, su liderazgo de siervo puede ser medido por la forma en la cual usted ayuda a sus empleados a desarrollarse, o por aquellos sobre los cuales tiene usted responsabilidad. Recomiendo el libro de Ken Blanchard, *El Liderazgo y el Gerente en un Minuto*,[12] que puede ayudarle a dominar el arte del liderazgo situacional. Este modelo de líder-siervo, permite que usted pueda sincronizarse con las necesidades de las personas y al mismo tiempo, ayudarles a salir adelante, buscando el éxito en cada caso.

Finalmente, ponga en práctica el principio del liderazgo de siervo, planificando en su agenda semanal, las actividades específicas que usted haya programado para desarrollar un liderazgo de siervo en su vida personal, en la familia y en sus negocios. Haga que estos valores sean tangibles, proponga situaciones específicas en las que usted pueda aplicar el liderazgo de siervo a un subordinado, servidor o trabajador suyo. Establezca citas con sus hijos. Usted puede planificar las actividades específicas, las palabras que dirá, los "memos" que enviará, y el tiempo para cuidar de aquellas personas cuya responsabilidad le ha sido encomendada.

Por encima de todo, pase de la teoría a la práctica. Póngale pies al concepto (¡para que se mueva y avance!)

Revise y evalúe su crecimiento

Para llegar a ser una persona verdaderamente centrada en la ética, invierta un momento para evaluar sus esfuerzos diarios. Mantenga un diario de su crecimiento durante una semana, tomándose el tiempo al final de cada día, para hacerse las siguientes preguntas relacionadas con los valores que usted se ha establecido.

• ¿Incluí en mi agenda diaria los principios y mi nueva filosofía?

• ¿Mantuve mi horario tal como lo planifiqué?

• ¿Cómo utilicé mi tiempo libre?

• ¿Cómo gasté mi dinero?

• ¿En qué pensamientos entretuve mi mente?

• ¿Se compaginaron mis valores internos con mis acciones?

Establezca un grupo de apoyo y soporte, cuyos miembros le pregunten con regularidad acerca de lo que está haciendo. Una de las razones por las cuales las organizaciones norteamericanas Weight Watchers (Cuida Kilos) y Jenny Craig son tan efectivas para bajar de peso, es el nivel de responsabilidad mutua que los entrenadores y asesores requieren. Ya sea que su motivación sea ser más humilde o ser alentado por los logros alcanzados, la influencia de la exigencia y el apoyo al rendirle cuentas a otros es muy efectiva.

Alcance a los demás con estas verdades

Existen formas correctas y formas equivocadas de compartir lo que usted está aprendiendo. Comencemos con la forma incorrecta.

Hace algunos años, asistí a un curso de entrenamiento de ventas. Luego de tomarlo, pensé que ya lo sabía todo, en lo que se refiere a cómo relacionarse con la gente en un foro abierto.

Una noche asistí a un desfile de carrozas, y me di cuenta que había un joven caminando a lo largo de la calle, a la cabeza del desfile, distribuyéndole cosas a la gente. No pude darme cuenta de lo que entregaba, pero sí me di cuenta que prácticamente le estaba forzando las cosas a la gente, sin siquiera hablarles.

Siendo yo un flamante vendedor, empecé a sentirme incómodo por la forma en que el muchacho estaba haciendo las cosas. Después de todo, me acababan de enseñar que para ser eficiente en las ventas, hay que comunicarse. Usted tiene que hablarle a la gente y lograr una respuesta. De tal manera que, como lo estaba haciendo mal –pensé–, y producto de la nobleza de mi corazón y la rectitud de mis convicciones, debía compartir esas verdades con el chico.

Me acerqué al joven, lo tomé por el hombro, le di la vuelta, lo miré directamente a los ojos, y le dije:

—Disculpe, amigo. Entiendo que usted desee entregarle algo a la gente, pero si realmente quiere hacerlo bien, tiene que hablarle a la gente. ¿Por qué no le habla a la gente? ¡Sea más inteligente, más adecuado y más eficaz!

¿Saben lo que me dijo?

—Eh… Eh… Eh —¡Solo balbuceaba! ¡No podía hablar! ¡Era mudo!

Hubiera deseado que la tierra "me tragara." Me sentí avergonzado.

Yo había demostrado una increíble audacia al hablar, antes de tener toda la información y aquella torpeza, como una serpiente, se me devolvió para morderme. Esa fue una importante lección que aprendí en mi vida.

No sea pretencioso, ofensivo ni acosador. No trate de imponerle las verdades a la gente. Sea amigable, un verdadero siervo, sitúese al nivel de las necesidades de los demás y observe cómo responden.

Ahora veamos la forma correcta de comunicarse, que usted ha aprendido.

Creo firmemente que deberíamos estar compartiendo estos valores en nuestra sociedad. Creo que deberíamos ser campeones de los valores y de los principios correctos. Podemos hacerlo al ser formadores y reformadores en nuestra manera de comunicarnos.

Ser formadores significa tratar de afirmar la verdad en la vida de las personas, al hablar y modelar los principios correctos.

Por ejemplo, he colocado los diez principios OPTIMIZARÉ™ en mi tarjeta de presentación de negocios, como un esfuerzo por poner esos valores a la vista de la gente. No es raro que la gente me pida varias tarjetas, a fin de dárselas a sus amigos. Coloco estos principios en mi tarjeta, porque sé que vivir por principios absolutos da resultado y deseo ayudar a la gente a que sus vidas funcionen bien. De la misma manera, a medida que usted adquiera sabiduría, usted necesita compartirla con otros, de un modo que no sea ofensivo, sino positivo.

La segunda forma en la que usted puede edificar estas cualidades en la gente, es al ser un reformador.

La mayoría de nosotros, enfrentamos el conflicto de una de dos maneras extremas: un extremo es pelear y el otro extremo es huir (escapar). Pelear, es contestarle a la otra persona con violencia verbal y a veces hasta física. El huir, es alejarse, reprimir o ignorar el problema.

La forma correcta de manejar un conflicto en una relación o en una desavenencia, es a través de la comunicación positiva, efectiva y gentil. Esta forma de manejar un conflicto o dificultad, no es ni pelear, ni huir. En realidad, es buscar resolver la situación enfrentando el problema directamente, de una manera agradable y sin antagonismos. Sea que usted esté tratando de establecer un principio en la vida de un niño, un compañero de trabajo o hacia nuestra sociedad en general, siempre existe una manera de comunicarse correctamente.

Permítame sugerirle algunos pasos que usted puede tomar, para comunicarse adecuadamente:

Primero, comuníquese *personalmente*. Una creciente tendencia de la gente de hoy día, es el querer ventilar las cosas públicamente. Esto ocurre a menudo, debido a que nos sentimos inseguros al enfrentar a los individuos de manera personal. Sea afirmativo y directo en su interacción personal.

Segundo, comuníquese *positivamente*. De nada sirve decirle a alguien, "Aquí tengo una lista de veinticinco cosas que estás haciendo mal, y solo quiero tratar con una de ellas en este momento." En vez de eso, diga, "Hay muchas cosas de tu vida que yo quisiera tener en la mía, pero déjame mencionarte algo en lo que creo que debes seguir trabajando."

Tercero, comuníquese de *manera práctica*. No hay nada peor que el identificar un problema genérico en la vida de una persona y no darle los detalles específicos. Una vez, después de haberme dirigido a un grupo grande de personas, un caballero se me acercó y me dijo, "Dr. Jenson, no me gusta nada de usted." Le respondí diciendo, "lo comprendo, usted no es el único. ¿Qué es lo que no le gusta de mí?" Meditó por un largo rato y entonces me dijo, "Es su personalidad." "¿Podría ser más específico?," le pregunté. Meditó un rato más y me dijo, "No, es toda su personalidad." Yo le dije, "muchas gracias, me siento muy animado. La única solución que me queda es el suicidio."

Ese tipo de valoración genérica no es de mucha ayuda. Lo que sí es de mucha ayuda, es mencionar detalles específicos.

Finalmente, comuníquese *pacientemente*. A menudos nos molestamos cuando otras personas nos tocan áreas problemáticas. Esto es verdad en mí. Ha sido muy frustrante ver que he desarrollado un patrón de hábito con la impaciencia y la ira. Con el tiempo, he aprendido a moderar este patrón, y estoy esforzándome siempre para disminuirlo. Pero tengo que trabajar en ello todo el tiempo porque la impaciencia y la ira aplastan el espíritu de las demás personas. Si no trabajara continuamente en ser más paciente, perdería credibilidad e impacto. Tenemos que aprender a ser pacientes cuando nos comunicamos.

Ya sea que se comunique a través de actividades *formativas o reformativas*, usted debe apuntar a convertirse en un campeón del propagar valores positivos. Conviértase en un líder-siervo. No se incluya dentro de la mayoría de personas temerosas de hablar la verdad, ya sea porque no han llegado a sus propias conclusiones o tienen miedo a las consecuencias. No deje un legado de relatividad y dudas tras usted. Deje un legado de valores, de verdad y de justicia. La decisión es suya.

Una vez usted se haya comprometido a construir una base de principios universales en su vida y a fortalecer las raíces de estos principios fundados en la verdad, entonces estará listo para avanzar al siguiente principio de las convicciones: Marcharé firme a ejecutar mi misión.

Pasos hacia la acción

Ejercicio de clarificación de valores

1. ¿Dónde invierte (o pasa) su tiempo libre?

2. ¿Cómo invierte (o gasta) su dinero extra?

3. ¿Quiénes son sus héroes?

4. Cuando se encuentra a solas, ¿en qué es lo que más piensa?

5. ¿Qué le dicen estas respuestas acerca de sus valores? ¿Son esos los mismos valores que creía que regían su vida?

Desarrollo de principios

1. ¿Cuáles son los principios bajo los cuales desea formar el plan para su vida? Comience a escribirlos. Colóquelos en un lugar visible delante de usted y comience a aplicarlos en su vida, como código de conducta y principios de organización.

2. Busque por lo menos una persona con la cual pueda formar un grupo de apoyo, que le pueda ayudar a aplicar sus valores y a estar en armonía con sus convicciones.

Capítulo 5

Marcharé Firme A Ejecutar Mi Misión

Cómo trascender del éxito al significado

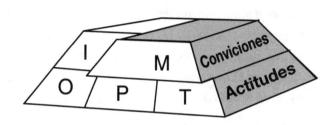

Este es el verdadero gozo ...El haber dado todo en la vida antes de ser echado "al montón de los trastos viejos." El ser una "fuerza" en la naturaleza, en vez de un débil y egoísta cúmulo de achaques.

—George Bernard Shaw

Todos tenemos normas en nuestras vidas. Adoptamos ciertos valores, a través de procesos cognoscitivos (del pensamiento); otros valores los recibimos de nuestros padres o tutores; aún otros, los desarrollamos quién sabe de dónde. Basta con decir que todos vivimos dentro de marcadores, ciertos principios que configuran un patrón, a través del cual vemos y hacemos las cosas.

El quinto principio en el modelo OPTIMIZARÉ™, *Marcharé firme a ejecutar mi misión*, trata con esta área, y con el establecer señales en el camino de nuestra vida. Este capítulo trata acerca de enfocarse en el presente, no evitando el pasado, ni ignorando el futuro, sino a través del enfoque de sus energías hacia esa parte de su vida sobre la cual usted tiene control. Esta es una oportunidad única para cambiar su vida, al establecer un marco de referencia para el éxito. La misma oportunidad que le fue dada a Alfred Nobel, de la cual hablamos en el capítulo 1, ¡es ahora suya!

¿Qué es lo que quiere decir exactamente "marchar a la misión?"

Significa vivir con un sentido de destino, de dirección, de emoción, de entusiasmo y propósito. Significa conocer que usted está viviendo su vida de una manera trascendente.

¿Marcha usted a una misión?

He adaptado algunas preguntas del libro de Richard Leider *El poder del Propósito* para ayudarle a evaluar ésta área de la misión y el propósito en su propia vida.[1] Por favor, contéstelas marcando la respuesta correspondiente:

1. ¿Tiene usted una imagen clara de hacia dónde se dirige?   Sí   No
2. ¿Ha trazado usted metas para su vida?   Sí   No
3. ¿Está usted satisfecho con las metas que se ha trazado en su vida?   Sí   No
4. ¿Tiene usted un método de control para verificar su progreso?   Sí   No
5. ¿ Tiene usted valores claros y precisos en su mente?   Sí   No
6. ¿Ha puesto por escrito los valores que para usted son importantes?   Sí   No

El poder de una misión

El tener como propósito una misión que cumplir, sirve para darle *sentido y significado* a nuestras vidas. Mi amigo David Rae, otrora presidente de Apple Computers en Canadá, a menudo dice que si una persona tiene un "por qué" vivir, seguramente puede vencer cualquier "¿cómo?" En otras palabras, si alguien tiene un sentido de propósito para su vida, esa persona puede soportar todos los problemas que se le presenten, al tratar de alcanzar sus metas.

David Rae condujo un estudio entre sus amigos en la organización "Jóvenes Ejecutivos" y llegó a la conclusión de que la mayoría de los presidentes de empresas, le tienen menos temor a la muerte, que al temor de no lograr hacer una contribución importante en su medio. Harold Kushner dice: "Yo creo que no es el morir lo que la gente teme. Es algo más. Algo más intranquilizador y más trágico que morir, es lo que nos atemoriza. Tenemos temor de nunca haber vivido. De llegar al fin de nuestros días, con el sentimiento de que, en realidad nunca vivimos. El pesar de nunca haber descubierto cuál era el propósito de nuestra vida."

A sesenta estudiantes de una universidad norteamericana, se les preguntó por qué habían intentado suicidarse. Alrededor del 85 por ciento indicó que sus vidas carecían de sentido. Aun más notorio, sin embargo, fue que el 93 por ciento de esos estudiantes que sufrían de una aparente carencia de sentido y de propósito para sus vidas, eran *socialmente activos*, con buenos rendimientos académicos y con buenas relaciones en sus familias.[2] Sin embargo, aún a pesar de todas esas cosas positivas, sentían que sus vidas carecían de significado.

Viktor Frankl dijo: "Hoy día, la gente tiene los recursos y los medios de vida, pero no tienen un propósito por el cual vivir."[3] A medida que usted desarrolla una misión en la vida, establece también un *punto de anclaje*, algo que lo afirma y que le provee estabilidad. Este anclaje, le ayuda a ver las cosas con mayor claridad, lo cual a su vez se transforma en una mayor fuerza interior.

Para ayudarle a adquirir anclaje y estabilidad, le sugiero que desarrolle una declaración de misión para su vida. Una declaración de misión le servirá como un faro, guiándole por el resto de su vida en la dirección correcta. Lo que sea que usted haga de ese punto en adelante, estará fundado en esos principios y valores que usted considera indispensables. A medida que usted desarrolla su declaración de misión y comienza a creerla, crecerá no solo en significado y propósito, sino que también en su sentido de firmeza y estabilidad.

Un sentido de misión para la vida, también nos ayuda a desarrollar una *mayor motivación*. Fíjese que una misión, sirve como una *fuente de motivación para iniciar y continuar* un proyecto. Muy a menudo hoy día, la gente se ve atrapada dando vueltas en círculos una y otra vez, presa de sus hábitos, incapaces de motivarse a sí mismos, para iniciar o acometer algo.

· John Fobre, en una ocasión analizó lo que él denominó: "orugas procesionales." Estas orugas (gusanos) están genéticamente programadas de tal forma que, si usted junta la cabeza de una, a la parte trasera o cola de otra, la segunda oruga seguirá indefinidamente a la primera. Fobre hizo esto con un grupo de orugas, colocándolas una detrás de la otra, hasta formar un círculo. Las orugas estuvieron siete días siguiéndose unas a otras, hasta que finalmente murieron de hambre y cansancio. Simplemente no sabían cómo romper su inútil ciclo de actividad.

La misión nos rescata del interminable ciclo de existencia vegetativa. Crea una motivación para que podamos seguir adelante, con propósito y dirección. Nos da un sentido de destino. Nos ofrece una razón para levantarnos de la cama cada mañana. Necesitamos vivir con un espíritu acorde con el reto de George Bernard Shaw: "Este es el verdadero gozo en la vida. El ser utilizado para un propósito que usted reconozca como poderoso. El haberlo dado todo, antes de ser lanzado al 'montón de los trastos viejos'. El ser una "fuerza" en la naturaleza, en vez de ser un pequeño manojo febril y egoísta, lleno de achaques y dolencias, quejándose de que el mundo no se ha volcado hacia usted para hacerle feliz."[4]

Más allá del significado, del buen cimiento y la motivación, el sentido de misión también provee impulso, presteza y velocidad. Alguien observó cierta vez: "Un buen enfoque produce rapidez y sentido de urgencia." Tener una misión le ayuda a mantener el enfoque.

El tener una misión, también nos ayuda a producir "reflexión cognoscitiva," es decir, el establecer metas que le obliguen a alcanzar más allá de lo que usted normalmente trataría. Más allá de las implicaciones morales de la época colonial, la reflexión cognoscitiva es lo que Hernán Cortés, el conquistador, llevó a cabo en las costas de Veracruz, México, lugar donde atracó con setecientos hombres con la intención de conquistar el territorio. Al tiempo que los hombres en la playa observaban las tierras que iban a conquistar, una columna de humo se elevó por encima de sus cabezas. Dándose la vuelta, se dieron cuenta que los once barcos en los que habían llegado, ardían en llamas. Cortés les dijo, "Señores, que no cunda el pánico, no se preocupen. Yo le prendí fuego a los barcos. Así que tenemos dos opciones: o conquistamos México o morimos intentándolo." Ese acto, creó disidencia cognoscitiva. Esos hombres decidieron que más les valía alcanzar su objetivo, porque de lo contrario, se verían en aprietos.

> **Tener una misión le ayuda a mantener el enfoque.**

Ahora pues, vamos a dedicar tiempo a elaborar una declaración de misión para nuestras vidas. Primero, debemos darle un vistazo a cuatro aspectos de importancia, que requieren ser incluídos, cuando nos referimos a la misión: propósito, visión, roles y objetivos.

Propósito: ¿para qué existo?

¿Por qué razón existe usted? ¿Para qué está usted aquí? ¿Cuál es su propósito para vivir? Desarrolle una oración, de dos o tres frases, que constituya un enunciado de propósito para su vida. Su enunciado de propósito, puede ser aplicable a una persona, una familia, un negocio, una comunidad, una nación, o cualquier organización de la cual usted forme parte.

Por favor diríjase a la sección de "Pasos hacia la Acción" al final del capítulo, para obtener ayuda adicional para responder esta pregunta. Contestarla puede llevarle treinta minutos o hasta dos horas, dependiendo de la profundidad con la cual usted desee responder. Tal vez el reiterarle mi definición de éxito puede ayudar al comienzo del proceso: el éxito es la internalización progresiva de todo lo que usted fue destinado a ser y hacer.

Con este concepto en mente, procure redactar su propia definición de éxito. Esto le ayudará en términos de definir un propósito.

Visión: y si existo, ¿qué?

El éxito es la internalización progresiva de *todo* lo que usted fue destinado a ser y hacer.

¿De qué forma visualiza usted el mundo siendo diferente, por razón de que usted existe? Hágase estas preguntas:

1. ¿Cómo deseo ser diferente?

2. ¿Cómo deseo que mi familia sea diferente?

3. ¿Cómo deseo que mi negocio o empresa sea diferente?

4. ¿Cómo deseo que mis relaciones sean diferentes?

5. ¿Cómo deseo que mi comunidad sea diferente?

6. ¿Cómo deseo que el mundo sea diferente?

A muchas personas se les hace más fácil contestar éstas preguntas, si ven su vida desde el punto de vista de una edad avanzada.

Imagínese usted mismo sentado en una mecedora, durante una fresca tarde. Usted tiene noventa años de edad y ha vivido la vida más positiva y productiva que se pueda imaginar. Ahora bien, ¿Cómo luce su vida? ¿Qué tiene de trascendente su vida en lo personal, matrimonial, familiar, profesional, financiero, en sus amistades, etc.? Escriba este panorama ideal de su vida.

El crearse una imagen visual, le ayudará a desarrollar un enunciado de misión. Nuevamente, al final del capítulo le he provisto algunas preguntas que le ayudarán con este emocionante enfoque de su futuro. Recuerde: este proceso de visualización es más poderoso como motivación, que su enunciado de propósito. Usted debe visualizar cómo su vida va a impactar a otros, si espera tener una motivación adecuada a largo plazo. Este "cuaderno" de apuntes mentales, le dará el poder para realizar su visión.

Roles: ¿dónde puedo cumplir mi misión?

Muy a menudo enfocamos nuestra misión solamente en el área de los negocios. Muchos de mis amigos ejecutivos, se ponen demasiado tímidos y escrupulosos a la hora de desarrollar ese mismo tipo de enfoque y el plan de misión para sus vidas personales.

Esta dificultad hace que me coloque en una actitud de ataque. Les hago saber lo absurdo que sería el establecer un negocio, con solo estipular el propósito y la visión y luego decir, "Esta bien, ahora vayan y háganlo." Ningún líder diría, ni haría eso. El o ella se desplazarían hacia una estrategia específica en cada área vital para desarrollar: producción, mercadeo, finanzas, administración, ventas, etc. Cada área tendría metas propias, junto con las estrategias específicas para alcanzarlas.

De la misma manera, todos tenemos áreas específicas en nuestras vidas personales que requieren atención, si es que esperamos tener un éxito verdadero. Pero tenemos que identificar esas áreas y desarrollar metas y estrategias específicas para cada una de ellas.

Tómese el tiempo para escribir los diversos roles o funciones que usted desempeña en su vida, especialmente en lo concerniente a responsabilidades. De igual manera que en su negocio, usted tiene un rol en su familia que es específico y vital. Tal vez usted sea la única fuente de ingreso o es una madre o padre soltero, sin ingresos adicionales. Tal vez usted sea el que estimula o el que disciplina. De igual forma, usted ejerce un papel como líder espiritual.

Yo visualizo mis roles, en torno a las siguientes áreas:

1. *Fe.* Comienzo con mi rol con relación a Dios, porque pienso que la fe es vital. ¿Cómo desarrollo mi relación de fe?

2. *Condición física.* ¿Qué tan bien está mi condición mental, emocional, espiritual, física y profesional? Mi condición en general es importante, debido a que la condición juega un papel vital en cada área de mi vida.

3. *Familia*. Mi familia es de máxima prioridad. Ejecuto papeles tanto de esposo como de padre. Pero a la vez, también soy hijo y hermano. Necesito relacionarme bien con toda mi familia.

4. *Amistades*. Mis amistades incluyen relaciones cercanas, relaciones como vecino y relaciones profesionales.

5. *Finanzas*. Esta área tiene que ver con mi presupuesto personal o familiar, con impuestos, propiedades, planificación de ahorros, plan de jubilación. Garantiza que me mantendré centrado en las necesidades de mi familia a corto y largo plazo.

6. *Empresa* (o carrera profesional). Esta categoría incluye todos los aspectos de mi trabajo. Puede que tenga muchos roles, como líder, gerente, subordinado, compañero, maestro, guía, etc.

7. *Recreación*. Esto incluye pasatiempos, aficiones, paseos y otras actividades, mediante las cuales usted puedo descansar y renovarme.

Metas: ¿dónde y cómo cumplo con mi misión?

Para cada rol que usted desempeña, debe tener metas específicas, lógicas. Al final de la vida, ¿qué le hubiera gustado alcanzar en cada área? ¿Qué le gustaría ver reflejado en sus hijos al final de su vida? ¿Qué legado le gustaría dejar? ¿Qué valores, rasgos de carácter, áreas de trabajo y servicio, o lecciones espirituales desea usted enseñarle a sus hijos?

Una vez que usted haya escrito estas metas precisas, desarrolle más metas específicas, para corto plazo, que abarquen el año en curso. Por ejemplo, si una de sus metas es que sus hijos se conviertan en verdaderos líderes siervos, es decir, que tengan un corazón compasivo hacia los demás, entonces, ¿qué debe hacer usted este año para ayudarles a desarrollar ese rasgo?

Ahora proceda a enfocar ese objetivo no a un año, sino para una semana. ¿Qué puede usted incluir en su programación de esta semana para ayudar a sus hijos alcanzar esa meta en la vida ?

Es hasta que usted haya desarrollado este proceso cuádruple: propósito, visión, roles y metas, que tendrá los parámetros para el enunciado de misión.

Ahora proceda a combinar y condensar esos elementos en un párrafo corto o en una frase dinámica que englobe la esencia de cada uno. Este resumen, junto con los cuatro elementos constitutivos, pueden ser afinados en el transcurso de su vida.

La redacción del enunciado de su misión, es crítico para aprovechar las demás enseñanzas de este libro. Es de vital importancia que usted concientemente se tome el tiempo para considerar lo que le he sugerido y que se comprometa a cumplir con esos objetivos que ha puesto por escrito.[5]

Aprenda a marchar hacia su misión

Una vez que usted haya expresado su misión, ¿cómo empieza a "marchar" hacia ella? Cuatro habilidades básicas le ayudarán a pulir su destreza en ésta área. Estas habilidades son: ver su propósito con claridad, desearlo fervientemente, aplicarse a ello de todo corazón y hacerle un fiel seguimiento.

Analicemos estas cuatro habilidades:

1. Vea su propósito con claridad

Usted necesita conocer hacia dónde se dirige. Usted no puede ganar una carrera, a menos que sepa cuál es el punto de llegada o meta.

Si usted desea ver su propósito con claridad, entonces debe cumplir ciertos principios. Primero, su propósito necesita ser algo muy específico. Debe ser específico y bien definido mediante su declaración de misión y a través del planteamiento de metas. Escriba sus metas y hágalas tangibles. Hágalas específicas. Hágalas alcanzables. Hágalas de tal forma que le inspiren. Luego anote esas metas y objetivos en su agenda.

Al ser proactivo y tomar control de su vida, usted necesita tener un sentido especial de propósito. ¡Échele mano a su destino! Cuando se levante por la mañana, diga: "¡Estoy aquí por esta razón!" y repítase su propósito y declaración de visión.

Segundo, usted debe tener un sentido personal de propósito. ¿Se ha preguntado usted en alguna ocasión por qué hace usted lo que hace?

Esto me lleva a recordar a un hombre que llegó a su casa con un jugoso pedazo de carne para un asado. Su esposa le preguntó por qué no lo había cortado en dos trozos. Él, a su vez le preguntó:

—¿Por qué lo debo hacer?
Ella pensó por un momento y le dijo:
—Bueno no sé, yo siempre lo corto en dos.
—Pero ¿por qué? Dijo el hombre. Y ella le contestó de nuevo:
—No sé. Siempre lo hice así. Así lo hacía mi mamá.

Entonces él llamó a su suegra y le preguntó por qué ella siempre cortaba el pedazo de carne para asado en dos trozos. Ella le contestó:
—No lo sé, siempre lo hice así, como lo hacía mamá.
Intrigado, él llamó por teléfono a la abuela de su esposa y le preguntó por qué siempre cortaba la carne en dos trozos. Ella con humildad le dijo:
—Porque la parrilla donde cocinaba era muy pequeña.

A menudo vivimos de esa manera, es decir, no sabiendo por qué hacemos las cosas que hacemos, ni de la forma que las hacemos. ¿Por qué gasta usted su dinero de la forma que lo hace?

¿Por qué dispone su tiempo libre de esa manera? ¿Qué lo lleva a vestirse como lo hace? Muy a menudo, esas razones nada tienen que ver con la misión para su vida. En cambio, a menudo hacemos las cosas de una cierta manera por lo que nuestros padres, amigos o asociados esperan de nosotros.

Un tercer punto es el hacer que su propósito sea prioritario. Su misión necesita ser el factor de unidad en torno al cual usted organiza el resto de su vida. Usted debe estar dispuesto a pagar el precio por ello. Martin Luther King Jr., líder de las igualdades raciales, en una ocasión comentó: "Si un hombre no descubre la razón de algo, algo por qué morir, entonces no está preparado para vivir."

2. Desee su propósito con intensidad

Este segundo principio tiene que ver con su motivación interna y constante. ¿Cuán profundo es el deseo de cumplir su misión?

Sócrates un día caminaba a la orilla del mar, cuando un joven le preguntó:

—Sócrates, ¿puedo ser su discípulo?

Sócrates no le contestó; simplemente comenzó a caminar hacia el agua. El joven lo siguió, preguntándole de nuevo:

—"Sócrates, por favor déjeme ser su discípulo.

Pero Sócrates mantuvo su boca cerrada y continuó caminando más profundo en el agua. El joven aún le seguía, implorando: "Sócrates..." En ese momento Sócrates se dio la vuelta, tomó al joven por los cabellos, lo hundió en el agua, y lo mantuvo allí hasta que supo que ya no aguantaba.

El joven salió medio ahogado, desesperado buscando aire. Sócrates lo miró y le dijo:

—Joven, cuando usted desee la verdad, con la misma intensidad que hoy ha buscado el aire, ese día usted puede ser mi discípulo.

¿Qué tan desesperadamente desea usted algo? Después que usted haya puesto por escrito su visión, propósito, roles, metas y principios por los cuales guiarse, piense acerca de ello todo el tiempo. Léalos una y otra vez. Practíquelos en su mente. Pida a Dios para que se lleven a cabo. Hable acerca de ello. Hable con otras personas acerca de su visión. Déjeles saber lo que usted tiene planificado hacer. Permita que otros le exijan y le pidan cuentas.

Recuerde que la vida es corta. Luche por lo que realmente usted desea alcanzar. Desarrolle un profundo sentido de lo preciosa que es la vida, pero al mismo tiempo de lo rápido que transcurre. ¡Viva a la luz de esa realidad!

3. Dedíquese a su propósito, de todo corazón

Comprométase a seguir adelante. Existe una diferencia entre participar y comprometerse, como nos lo recuerda la historia del cerdo y la gallina. Ambos animales caminaban un día uno junto al otro, cuando pasaron frente a una iglesia. El título del sermón en el letrero al frente de la iglesia decía:

"¿Cómo podemos alimentar a las multitudes que sufren hambre en el mundo?" La gallina se volteó y le dijo al cerdo: "¡Ya sé! Podemos alimentarlos con huevos y tocino." El cerdo le dijo a la gallina: "Para ti, eso es participar. Para mí es un compromiso total." El cerdo tenía que sacrificar su vida para ofrecer el tocino, en tanto que la gallina sólo tenía que poner los huevos. No me refiero a que meramente participe cuando hablamos de sus deseos; hablo de un compromiso total.

W.H. Murray escribió:

Hasta que uno no se compromete, siempre hay titubeos; la opción de echarse para atrás siempre nos hace inefectivos. En el momento en el que uno se compromete definitivamente, entonces, la providencia comienza a operar. Todo tipo de cosas comienzan a suceder en torno a uno, que de lo contrario no hubiesen sucedido. Todo un torrente de eventos se genera a favor de uno; todo tipo de circunstancias que no se hubieran pensado. Aparecen nuevas posibilidades y recursos materiales, que nadie hubiera soñado.[6]

He aprendido a tener profundo respeto por uno de los versos de Goethe, que dice: "Lo que sea que usted puede hacer o sueña que puede hacer, comiéncelo." ¡La audacia conlleva carácter, poder y sinergia implícita!

Primero debe comprometerse. Si usted va a acometer su propósito de todo corazón, con entusiasmo y de lleno, usted tiene que comprometerse consigo mismo a actuar.

4. Procure su propósito fielmente

En resumen, *no se dé por vencido.* Apéguese a su propósito, aunque las cosas estén al derecho o al revés. Booker T. Washington dijo, "Usted puede medir la trascendencia de un logro, por la cantidad de obstáculos que tiene que vencer para alcanzar sus objetivos."

Un padre conversaba con su hijo, indicándole por qué no debía abandonar la escuela, según al hijo se le había ocurrido pensar. "Hijo, no te des por vencido," le dijo el padre. "Piensa en todos los grandes líderes de la historia que nunca se dieron por vencido. Simón Bolívar no se rindió. Albert Einstein no se dio por vencido. La Madre Teresa fue incansable. Pedro Pérez…"

"¿Quién? Le dijo el hijo. ¿Quién es Pedro Pérez, papá?"

"¿Ves? No te acuerdas de él. ¡Él se dió por vencido! le constestó el padre."[11]

¿Qué tan bien se está desempeñando usted en este momento en la aplicación del principio *marcharé firme a ejecutar mi misión*? Una vez que usted haya establecido el compromiso de marchar hacia su misión, usted habrá profundizado las *raíces de sus convicciones,* Entonces será cuando estará en libertad de comenzar a cumplir con los *compromisos correctos.*

Pasos hacia la acción

Propósito

1. ¿Usted cree tener un destino trascendente?

2. ¿Cuáles son sus dones, habilidades y destrezas, que le confirman este sentido de destino?

3. ¿Qué fuentes o actividades le brindan el sentido de satisfacción más profundo? ¿Logra usted ver cómo encajan en su destino?

4. ¿Cuál es su deseo más profundo? ¿El pensar en lograr qué cosa le hace feliz?

5. ¿Está usted trabajando o laborando con miras a alcanzar el deseo que usted describió en la pregunta anterior?

   Realmente mi propósito en la vida es...

Visión

1. ¿Qué es lo que le induce a golpear la mesa con el puño?

2. ¿Qué le causaría sollozar, si tuviera que dejarlo de hacer el resto de su vida?

3. ¿De qué forma diferente se vería el mundo, si usted lograra que su visión se hiciera una realidad? (Incluya las implicaciones que esto tendría en su vida, en su profesión o negocio, en su familia, y en la sociedad en general.)

Roles

1. ¿Cuáles considera usted que son los principales roles, funciones o actuaciones para su vida?

2. Déle un vistazo a las siguientes siete áreas. Especifique las actividades precisas o áreas de interés bajo cada una de las áreas que usted necesita alcanzar, a fin de incluirlas en la visión de sus más íntimos y profundos deseos:

   Fe

   Condición física

   Familia

   Amistades

   Finanzas

   Empresa o carrera professional

   Recreación

Metas

1. Para cada uno de los roles mencionados anteriormente, escriba por lo menos una cosa (y no más de cuatro) que usted debe acometer ahora, si espera alcanzar su meta. Por ejemplo, bajo el área de familia, puede escribir "Debo ayudar a mis hijos a desarrollar un concepto positivo de sí mismos." o "Debo enseñarles habilidades básicas para la vida."

Nota: En todas las cosas, haga un compromiso conciente y positivo. ¡No falle!

2. Elabore una agenda semanal de las cosas que debe hacer ahora para alcanzar sus deseos más íntimos. Vaya colocando esas cosas, una por una en su programación semanal. Esto es lo que usted tiene que hacer para establecer su misión. Para obtener materiales y recursos adicionales en estas áreas, busque en internet a:

   Future Achievement International
   www.futureachievement.com

Compromisos fundamentales

Sección
3

Esta sección final se refiere a los compromisos fundamentales que usted debe hacer y llevar a cabo diariamente, si es que va a ser auténticamente exitoso. Al acoger y practicar estos principios, usted mantendrá una vida dinámica y optimizada.

Estos cinco principios comienzan con "Integraré toda mi vida para alcanzar el éxito." Este principio de "equilibrio" le muestra cómo mantener un balance dinámico en todas las áreas de su vida, tanto en su familia, como en su trabajo. Es más, le ofrece técnicas para balancear sus actitudes de estructura y espontaneidad, así como sus metas en cuanto a resultados y relaciones interpersonales.

El segundo principio de compromiso es "Zarparé hacia mi meta, cuidando de los demás." El punto central de este principio es aprender a amar a la gente y usar las cosas y no viceversa. Este principio relacional es violado constantemente, pero sin embargo, usted no puede continuar ignorándolo y tener la expectativa de ser auténticamente exitoso. Este capítulo le exhorta a desarrollar relaciones dinámicas, utilizando las habilidades que crean la unidad del espíritu en la relación. A medida que usted aprende a enfocarse en honrar a la gente, le serán dadas cinco herramientas específicas, con sus correspondientes técnicas, para aplicar esta unidad.

Si practica estos principios consistentemente y las habilidades de artesano que conllevan, usted será auténticamente exitoso en el desarrollo de personas y en todas sus relaciones.

"Arduamente mantendré mi rumbo" es el tercer principio de compromiso. La tendencia que tenemos cuando hemos aprendido alguna verdad nueva, es el tratar por un tiempo y luego abandonarla, debido al descorazonamiento, al fastidio, la frustración, o simplemente, a la falta de voluntad. En este capítulo, le proveo las herramientas del artesano, que facilitarán que se apegue a esa verdad. A medida que usted se comprometa a practicar estas habilidades diariamente, encontrará una motivación renovada y un fortalecimiento para seguir adelante. De hecho, usted estará tan energizado con esta nueva forma de ver el cambio y los retos, que comenzará a ver un crecimiento notable en su vida personal y profesional. El resultado será una mayor integridad y una poderosa influencia.

El cuarto principio de compromiso es "Rigurosamente alinearé mis objetivos." Este nos ofrece detalles acerca de cómo ir desde un punto A hasta un punto B, de la mejor forma posible. Aquí explico que la vida no es un sendero recto y lindo, sino un camino crítico. Es decir, nos presenta la necesidad de hacer ajustes diarios. Si usted espera ser verdaderamente exitoso en su hogar y en su trabajo, debe estar haciendo ajustes contínuamente. Este capítulo, le ofrece los instrumentos para hacer precisamente eso.

A medida que usted comienza a utilizar dichos instrumentos, descubrirá que su vida es una especie de tejido multicolor de experiencias y retos y no de constantes puntos muertos y frustraciones.

El principio "Energizaré mi vida interior" es su "raíz" principal o fundamento clave. Sin energía en su vida, no podrá alcanzar el éxito. Puede que logre pasar por la vida, pero no habrá un éxito auténtico. El hecho es que, sin ayuda, nadie es capaz de hacer todo lo que propongo en este libro. La ayuda que usted necesita, está basada en el desarrollo de su carácter interior y en cultivar su espíritu.

Muy a menudo, la gente separa lo material de lo espiritual en sus vidas. Eso sencillamente no da resultado. Usted es una persona completa, mente, emociones, cuerpo y alma. Todos estos componentes del ser humano, deben encajar y funcionar sincronizados para que su vida funcione como un todo. En este capítulo, le doy las técnicas artesanales para fortalecer su espíritu y profundizar su vida espiritual. También se le explica en este capítulo, cómo convertirse en una persona basada en el carácter y no en los logros. Esta forma de vivir, de adentro hacia afuera, está diseñada para cambiar su acercamiento hacia la vida, proveerle paz interior, poder e impacto en todas las áreas.

Capítulo 6

Integraré Toda Mi Vida Para Alcanzar El Éxito

Cómo tenerlo todo

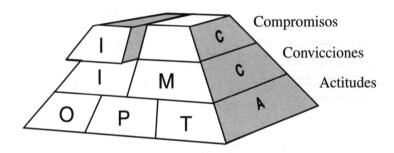

Compromisos

Convicciones

Actitudes

Si tuviese que vivir mi vida de nuevo, me atrevería a cometer más errores. Me relajaría. Haría más travesuras. Me tomaría menos en serio....Comería más helados y menos frijoles. Tal vez podría tener más problemas reales, pero menos problemas imaginarios. Fíjese, soy una de esas personas que siempre vivió la vida seria y sanamente, hora tras hora, día tras día. He sido una de esas personas que nunca viajó a ninguna parte sin un termómetro clínico, una bolsa de agua caliente, un impermeable y un paracaídas. Si tuviese que hacerlo de nuevo, viajaría con menos carga.[1]
—Anciana de 85 años en las colinas de Kentucky

Piense en el significado de esas palabras. ¿No es este el final de muchas vidas? ¿Qué diría usted si tuviese que concluir esta frase: "Si pudiera vivir mi vida nuevamente, ...?" Ahora es el momento de formularse tal pregunta, a fin de que pueda empezar a vivir la vida de manera más equilibrada y borrar cualquier "hubiera deseado que ..."

¿Cómo le gustaría vivir su vida? ¿Qué tipo de influencia e impacto le gustaría tener? ¿Qué áreas son importantes para usted? ¿Cómo puede usted integrar todas las áreas de su vida en un todo productivo y útil?

Harold Kushner escribió: "¿Acerca de qué se trata la vida? No es acerca de escribir grandes libros, amasar una gran fortuna, alcanzar el poder. Es acerca del amar y ser amado. Es acerca de disfrutar su comida y sentarse al sol, en vez de almorzar corriendo y regresar apuradamente a la oficina. Es para saborear la belleza de los momentos que no perduran, los atardeceres, las hojas que cambian de color en el otoño, los escasos momentos de comunicación real. Es acerca de apreciarlos, en vez de perderlos por estar tan ocupados. Esos momentos no van a esperarnos hasta que tengamos tiempo para ellos."[2]

Lo que impide que la mayoría de las personas disfruten la vida al máximo, es por lo general la preocupación con uno o dos aspectos de la vida diaria. Es por eso que deseo que usted mire al éxito dentro de una amplia gama de áreas, no solo de una o dos. Usted no puede considerarse una persona exitosa, aun cuando su empresa esté creciendo, si su familia está fracasando. El éxito debe ser balanceado. Debe ser puesto en una perspectiva correcta.

En este capítulo acerca de integrar todas las áreas de la vida (o "tenerlo todo"), enfocaré el tema del equilibrio en tres áreas básicas: sus prioridades, sus actitudes y sus metas. Confío que usted comenzará a ver por qué estos principios OPTIMIZARÉ™ son tan importantes. Seguidamente, le sugeriré algunos pasos prácticos que le pueden llevar al equilibrio en las tres áreas.

En cierta época, las personas que alcanzaban el éxito en todas las áreas importantes de su vida, eran consideradas maduras y bien equilibradas. Hoy día la norma parece colocar una carrera exitosa (o alguna otra meta externa) por encima de la familia y la integridad personal. Trágicamente, la idea de equilibrio está reservada para la parte más pública de nuestras vidas: ¿Luzco bien? ¿Doy apariencia de ser exitoso? ¿Me veo inteligente?

Mi respuesta a esta actitud es: tonterías. ¡Tonterías! Existe un principio de vida que afirma que "Sólo en la medida en que somos capaces de manejar nuestras vidas personales y nuestras familias, podemos manejar con éxito el ámbito público." El separar lo personal de lo profesional, no solo es peligroso, sino mortal, tanto para las personas como para la sociedad.

¿Cómo perdimos el equilibrio?

Linda y Richard Eyre, en su libro *Equilibrio de la Vida*, escribieron, "Con la industrialización vino la urbanización. La gente comenzó a vivir más cerca una de la otra y a compararse en más formas con más personas. Los medios de comunicación social y la publicidad aparecieron para que nuestros deseos superasen nuestras necesidades. Escoger una pequeña área o actividad y tratar de saber más acerca de ella y hacerlo mejor que todos los demás, se convirtió en el sendero más predecible de las nuevas y revalorizadas metas hacia la prominencia y la prosperidad."

"La estrechez mental requerida, fue mala para el equilibrio. Más interés, más tiempo y más esfuerzo fueron dedicados al trabajo y no a la familia o al desarrollo personal; mayor importancia le fue otorgada a la estructura social y menos importancia a la espontaneidad; mayor atención le fue dada a los logros y menos a las relaciones."[3]

Los esposos Eyre señalan adicionalmente, que nos hemos desplazado de la era industrial a la era de la información. Las máquinas son más sofisticadas. El acceso a la información y la tecnología han crecido dramáticamente. "Teóricamente," acotan, "tenemos más tiempo libre, mayor libertad, mayor riqueza y comodidades y por ende más oportunidad para expandirnos. Disponemos de tiempo para atender nuestras prioridades personales y equilibrar nuestras vidas."

Aun así, actualmente la especialización se hace más estrecha. La competitividad y el materialismo se combinan para requerirnos el ser "orientados al trabajo, estar altamente estructurados, y hacerlo en 'forma rápida' ¡solo para mantenernos al día!"[4]

Todo esto ha creado una tensión increíble dentro de nosotros. Somos inducidos a seguir adelante en forma frenética hacia el activismo. Se pierde el equilibrio y nos sentimos fuera de control.

Resultados del desequilibrio

Vemos el lado malo del desequilibrio en nuestra cultura actual, que va desde un agotamiento extremo, por una parte, hasta una falta de pasión por la vida, en la otra.

Como un autor ha dicho, el *agotamiento* (quemarse, extenuarse) se dá cuando "un trabajo, es un trabajo, sólo un trabajo, y únicamente un trabajo." Christina Maslach, una de las primeras investigadoras acerca de este problema, indica que el agotamiento es un "síndrome de cansancio emocional, despersonalización y logros personales reducidos, que ocurre entre los que ejecutan trabajos de servicio."[5]

Uno de mis personajes históricos favoritos es el Rey Salomón. Fue el líder de Israel en una época en que la nación florecía. Tenía en sus manos todo el prosperidad, posición, poder, prestigio y placer que pudiera desearse. Aun así, se enredó tanto en esas cosas, que su vida personal se le escapó completamente. Escuche su conclusión, luego de toda esa experiencia:

Aborrecí, por tanto, la vida, porque la obra que se hace debajo del sol me era fastidiosa; por cuanto todo es vanidad y aflicción de espíritu. Así mismo aborrecí todo el trabajo que había hecho debajo del sol y que habré de dejar a otro que vendrá después de mí (...) Volvió, por tanto, a desesperanzarse mi corazón acerca de todo el trabajo en que me afané, y en que había ocupado debajo del sol mi sabiduría ¡Que el hombre trabaje con sabiduría, y con ciencia y con rectitud, y que haya de dar su hacienda a hombre que nunca trabajó en ello! También esto es vanidad y mal grande Porque ¿qué obiente tiene el hombre de todo su trabajo y de la fatiga de su corazón, con que se afana debajo del sol? Porque todos sus días no son sino dolores, y sus trabajos molestias; pues ni aun de noche su corazón no reposa. Esto también es vanidad.[6]

Salomón experimentó un agotamiento emocional y mental. Como escribió Christina Maslach: "Agotamiento, el quemarse, la expresión misma evoca la imagen de una llama que se extingue; de una cáscara seca y vacía; de carbones que se apagan y de cenizas frías, grises... que en alguna oportunidad estuvieron encendidas por su participación con otras personas emocionadas, llenas de energía, dedicadas, dispuestas a brindarse generosamente a los demás...(las víctimas del agotamiento) dieron...y dieron y dieron, hasta que finalmente no quedó nada más para dar. La cafetera estaba vacía, la batería agotada, el circuito sobrecargado. Se habían extenuado."[7]

¿Está usted experimentando el agotamiento? Haga la siguiente evaluación:

1. Con más y más frecuencia, encuentro que apenas puedo
   esperar que llegue la hora para salir del trabajo.   Sí No

2. Siento que no estoy haciendo nada bien en el trabajo.   Sí No

3. Estoy más irritable de lo que solía estar.   Sí   No

4. Estoy pensando más a menudo en cambiar de empleo.   Sí   No

5. Últimamente me he vuelto cínico y negativo.   Sí   No

6. Tengo más dolores de cabeza (o dolores de espalda, u otros
   síntomas físicos).   Sí   No

7. A menudo me siento desanimado y pienso
   "¿A quién le importo?"   Sí   No

8. Estoy bebiendo licor o estoy tomando tranquilizantes, solo
   para aliviar el estrés diario.   Sí   No

9. Mi nivel de energía no es el que solía ser. Me siento cansado
   todo el tiempo.   Sí   No [8]

Ya sea que esté experimentando un intenso agotamiento, o solo mostrando los primeros síntomas, mi solución siempre apuntará a que busque el mejor equilibrio. La manera de tratar con el agotamiento, es estableciendo un estilo de vida más saludable, más integral.

El extremo opuesto del agotamiento, es lo más común. Esta es la persona que existe pero que no vive. La vida de este tipo de persona carece de pasión. Esta persona podrá tener momentos emocionantes de tiempo en tiempo, pero no saborea o disfruta la vida.

¿Y qué de usted? ¿Está su vida en equilibrio o desequilibrada? ¿Está usted optimizando todas las áreas críticas de su vida, o solamente una o dos? ¿Es usted un atleta de un solo evento, o podría competir en el decatlón de la vida?

Se requiere de trabajo constante para integrar la vida y permanecer balanceado. Si usted no hace correcciones a mitad de carrera, las urgencias del momento le dictarán la pauta. Luego se hace imposible desarrollarse en todas las áreas de su vida. Entonces el éxito y la trascendencia personal, se ven gravemente amenazados.

A continuación, se incluyen algunas técnicas para ayudarle en las tres áreas principales: prioridades, actitudes, y metas.

Equilibre las prioridades:
Relaciones profesionales y relaciones básicas

Profesional   Personal

Equilibrio
de las prioridades

El área que más a menudo trata con el equilibrio, es el de las prioridades. La mayoría de nosotros sabemos que es una tarea difícil el equilibrar el trabajo con otras áreas de nuestras vidas. Si usted va a equilibrar las relaciones de negocios con otras relaciones básicas, usted necesita tomar pasos específicos:

1. Gobierne sus impulsos

El punto de arranque para equilibrar sus prioridades, es hacerse cargo de sus impulsos internos. Usted puede gobernar sus impulsos, solo siendo disciplinado. Considere esta penetrante confesión de la indisciplinada vida del gran dramaturgo Oscar Wilde:

> Los dioses me han dado prácticamente todo. Pero me he dejado llevar por prolongados episodios de insensibilidad y facilismo sensual. Cansado de estar en las alturas del sensualismo, deliberadamente me fui a las profundidades en busca de nuevas sensaciones. Lo que era para mí paradoja en la esfera del pensamiento, la perversidad lo fue en la esfera de la pasión. Le perdí cuidado a la vida de los demás. Tomé el placer donde me provocó y lo seguí. Olvidé que cada acción del día, hace o deshace el carácter y que por tanto, lo que uno

hace en lo secreto de la recámara, habrá de ser gritado desde la terraza de las casas. Dejé de ser señor de mi vida. Ya no era yo el capitán de mi alma y no lo sabía. Permití que el placer me dominara. Terminé en horrible desgracia.[9]

Este hombre tuvo un tremendo impacto en su campo, pero al haberle dado lugar a impulsos inapropiados, finalmente fracasó en otras áreas más críticas.

Sea precavido de cualquier tipo de impulso, incluso la motivación llevada al extremo. Tenga cuidado de no hacer su trabajo únicamente con el propósito de recibir la aprobación de otros, o de llenar una necesidad insatisfecha en su vida. El trabajo no nos fue dado para satisfacer todas nuestras necesidades; simplemente no es así.

Gordon MacDonald, escritor, y conferencista, utiliza estas cualidades para identificar una persona motivada al extremo:

1. Una persona compulsiva, es a menudo satisfecha sólo por sus logros.

2. Una persona compulsiva se preocupa por las apariencias de los logros.

3. Una persona compulsiva por lo general, se encuentra atrapada en el afán descontrolado de engrandecerse.

4. Una persona compulsiva tiende a tener sólo un interés pequeño por la integridad.

5. Una persona compulsiva, a menudo posee habilidades personales limitadas o sin desarrollar.

6. Una persona compulsiva tiende a ser altamente competitiva.

7. Una persona compulsiva, posee a menudo una fuerza de ira volcánica, que puede estallar en el instante que percibe oposición o deslealtad.

8. Una persona compulsiva está, por lo general, anormalmente ocupada. [10]

Viva con un sentido de urgencia, pero no se convierta en una persona compulsiva. Gobierne sus impulsos.

2. Reordene sus prioridades

La segunda habilidad requerida para balancear las prioridades, es colocar sus prioridades en el orden apropiado. El Rabino Harold Kushner, nos recuerda nuestra necesidad de colocar lo primordial, de primero:

Pregúntele a una persona común qué le es más importante, el hacer dinero o dedicarse devotamente a la familia. Prácticamente todos responderán sin titubeos que la familia. Pero observemos si esta persona común vive realmente como dice. Veamos dónde invierte su tiempo y su energía y se demostrará que realmente no vive conforme a lo que cree. Se ha dejado persuadir de que si sale más temprano para el trabajo en la mañana y regresa más cansada en la noche, está comprobando cuán dedicada está a su familia, al extenuarse procurando todas las cosas que la publicidad comercial le ha convencido que necesitan.

Pregunte a cualquier persona qué es lo más importante para ella, la aprobación de los extraños o el afecto de las personas cercanas a ella y esta ni siquiera entenderá por qué le hace usted semejante pregunta. Es obvio que nada podría significar más para ella que su familia o sus amigos más cercanos. Aun así muchos de nosotros hemos avergonzado a nuestros hijos o castigamos la espontaneidad de ellos, por temor a lo que los vecinos o extraños podrían pensar. ¿Cuantas veces hemos vertido nuestra ira sobre aquellos más cercanos a nosotros, solo porque tuvimos un mal día en el trabajo o alguien hizo algo que nos molestó? ¿Y cuántos de nosotros nos hemos irritado con nuestros familiares por la dieta que hacemos para lucir más atractivos ante aquellas personas que ni nos conocen lo suficiente, como para ver por debajo de las apariencias? [11]

Las preguntas de Kushner subrayan la confusión existente sobre las prioridades. Podemos aferrarnos vehementemente a la teoría de las prioridades, pero si no las vivimos, nos estamos engañando a nosotros mismos.

El mejor paradigma de asignación de prioridades que hemos hallado, está en el Nuevo Testamento, en las palabras de Jesús de Nazaret. En el episodio en el cual estoy pensando, Jesús era entrevistado por un grupo de líderes religiosos. Eran expertos en la ley del Antiguo Testamento y habían invertido tiempo estudiando y clasificando alrededor de seiscientas leyes. Estos hombres querían tenderle un trampa a Jesús, quien había ganado seguidores a expensas de ellos. Entonces le hicieron esta pregunta: "¿Cuál es el principal mandamiento?" Luego se prepararon para tener un acalorado debate.

Jesús les respondió simplemente, "Ama al Señor tu Dios con todo tu corazón, mente, alma y fuerzas, y a tu prójimo como a tí mismo."[12] Eso es. Él dijo que todo lo que necesitamos es amar a Dios con todo nuestro ser y a nuestro prójimo como a nosotros mismos y venceremos.

En esta simple afirmación hallamos la clave de la asignación de prioridades para toda nuestra vida. Usted puede visualizar esta asignación de prioridades, en función de tres círculos concéntricos. El círculo externo representa a otros en su vida; el círculo del medio lo representa a usted mismo; y el círculo central representa a Dios, o sea el centro espiritual de su vida.

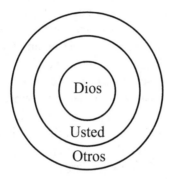

Las prioridades que Jesucristo estableció han sido respetadas a través de la historia. Operan al llevarnos a quitar los ojos de nosotros mismos. Siempre que nos colocamos como lo más importante en la vida, acarreamos sufrimiento a muchas personas, al cónyuge, hijos, clientes, vecinos, padres, amigos.

Cualquiera sea su percepción de Dios, El debe ser el centro de su vida para brindarle el equilibrio saludable que usted necesita.

No se coloque a sí mismo en el centro, pues terminará decepcionado. Usted no es Dios. Usted no es tan bueno como cree. Nadie lo es. Entonces ponga a Dios en el centro de su vida.

¿Cómo amamos a Dios? Hablaré sobre el tema más adelante, cuando trate sobre cómo energizar la vida interna.

Ama al Señor tu Dios con todo tu corazón, tu mente, tu alma y tus fuerzas.

Pero por ahora, déjeme decirle que existen dos maneras básicas de amar a Dios: En primer lugar, usted debe cultivar una relación con Dios como usted lo entiende. Segundo, debe aprender a hacer lo que Dios quiere que haga.

Usted puede cultivar su relación personal con Dios, de la misma manera en que usted cultiva una relación con otra persona: usted busca conocer a esa persona, trata con ella escuchando, respondiendo, dependiendo y comunicándose. De la misma manera, usted puede responder y obedecer a Dios al entenderle y al reconocer los principios que Él establece como absolutos. Una vez que usted identifique esos principios, viva a la luz de ellos.

En segundo lugar, usted necesita amarse a sí mismo. "Ama a tu prójimo como a tí mismo." Esto no quiere decir un amor egoísta, narcisista, del tipo que se enfoca solo en sus propias preocupaciones e intereses. Esto significa, mas bien, cuidar de uno mismo. Usted debe desarrollarse mental, emocional, física y espiritualmente, a fin de que sea integralmente saludable y pueda funcionar en un nivel óptimo.

Muchas personas se pasan solo cuidando a otros, o permiten que por su trabajo, sus propias vidas se atrofien. Esto conduce a la anulación de su impacto en los demás. Debemos estar bien internamente, a fin de vencer.

Piense en la metáfora que nos propone una sierra. Si va a aserrar un bosque, es mejor parar periódicamente y afilar la sierra antes de volver a trabajar. La interrupción para afilar la sierra podrá parecer un retraso, pero sin ello, la sierra perderá su filo y perderá su eficacia.

Finalmente, ame a los demás. ¿Dónde hallamos a los demás? Son las personas alrededor nuestro, en el trabajo, en la casa, en el vecindario, en la ferretería, en las canchas de tenis, en nuestras iglesias, sinagogas o templos y en las carreteras. Cada día y todo el tiempo, debemos amar a Dios, amarnos a nosotros mismos y amar a los demás.

¿Cómo aprendemos a balancear nuestro amor por Dios, por nosotros mismos y por los demás? Lo hacemos aplicando los siguientes principios:

1. Dése cuenta que no consiste en amar a Dios y no a nosotros mismos. No podemos amar a Dios sin amarnos a nosotros mismos. No puede amar a su familia, sin amar a otras personas. Necesita amar a Dios, a sí mismo y a los demás todo el tiempo.
2. Exprese el amor a Dios, a usted mismo y a los demás, constantemente.
3. Dése cuenta que el equilibrio no es estático. Es dinámico.[13]

Piense en función de una canica y un tazón.

Equilibrio estático   Equilibrio dinámico

Muchas personas piensan que la vida debería ser como una canica en el fondo de un tazón. Este es un equilibrio estático, sin movimiento, sin esfuerzo ninguno. Está allí reposando inerte.

El problema es que el tazón está en la posición incorrecta. Al tomar el tazón y darle vuelta ponemos la canica por afuera del tazón vuelto hacia abajo. Puede quedar quieta, pero puede también rodar en cualquier dirección. ¡Esta es la perspectiva correcta del equilibrio en la vida!

Experimentamos presiones en forma constante. ¿Qué cuentas hay que pagar esta semana? ¿A qué clientes evito? ¿Quién necesita verme antes del fin de semana? ¿Debemos salir a cenar con o sin los niños? ¿A que suegros nos toca visitar estas navidades? ¿Debo concluir este informe o estar a tiempo para la cena?

¿Cómo manejamos esta tensión constante? En primer lugar, usted debe aceptar esa realidad de que la vida es dinámica y no estática. Si la canica empieza a rodar hacia abajo en una dirección, usted necesita hacer ajustes para mantenerla arriba.

La mejor manera de evitar que la canica "se ruede", es responder en forma consistente y persistente estas dos preguntas, en el contexto de sus propósitos y prioridades ya establecidas:

1. ¿Cuál es la mayor necesidad en mi vida ahora mismo?
2. ¿En qué he sido negligente? ¿Qué he dejado de lado?

Si usted regresa a su casa una noche y encuentra a sus hijos en una necesidad urgente, debe encarar eso en forma prioritaria. O, si usted va a su trabajo y encuentra una necesidad en el área administrativa, debe ayudar y cambiar su programa de actividad. O tal vez se dé cuenta que no ha hablado a su madre en un mes; usted necesita cerrar la puerta de su oficina o estudio y tomar el teléfono.

Déle un serio vistazo a las principales áreas de su vida: fe, salud, familia, amigos, finanzas, empleo y diversión. Pregúntese, "¿Cuál es la verdadera necesidad en cada área? ¿En qué estoy siendo negligente?" Continúe haciendo cambios dinámicos, orientados al equilibrio, expresando constantemente su misión en la vida como el ancla. Esto se llama crear equilibrio, o reordenar las prioridades basándose en valores. El equilibrio produce una vida constantemente integrada.

3. Reajuste su programa

El tercer ingrediente para equilibrar la empresa, la familia y otras relaciones básicas es *dejar que sus prioridades determinen su programa*. Revise su programa y manténgalo al día, a fin de que refleje sus prioridades ya reordenadas. Usted puede hacerlo temprano en la mañana, tarde en la noche, o en cualquier momento durante el día. ¡Existen innumerables agendas modernas para que usted las personalice con su programa! Stephen Covey en su libro *Lo primero es lo primero*, ofrece uno de los mejores paradigmas que se han visto para un ajuste apropiado de programa. Su solución radica en evitar la "tiranía de lo urgente"[14], lo cual consiste en programar nuestras prioridades, en vez de prioritizar nuestra agenda. Esto se puede hacer en forma sencilla.

Al inicio de cada semana, haga una lista de actividades a realizarse, utilizando su visión, propósito, roles y metas en la vida (las áreas que enfocamos en el último capítulo). En una semana típica, usted tiene actividades para todas las áreas vitales de su vida: profesional, personal y familiar. Le sugiero que empiece con sus roles principales, aquellos que ha identificado en el capítulo anterior, "Marcharé firme a ejecutar mi misión."

Empezando con estos roles, identifique las actividades bajo cada uno. Luego planifique actividades específicas para la semana. Si su semana es como la mía, promediará entre quince a veinticinco actividades distintas. Estas pueden variar entre tiempo para pensar, reflexionar y orar, o tener una cita con uno de sus hijos, hasta las múltiples actividades en su empleo. Una vez hecha la lista de todas las actividades de la semana, póngalas en orden de importancia del uno hasta el número final de las actividades que usted citó. Anótelas por prioridad, formulando las dos preguntas mencionadas anteriormente: ¿Cuál es mi mayor necesidad actual? ¿Y, en qué he sido descuidado? Estas preguntas le llevarán a mirar las prioridades de su vida en forma integral y no solo en una o dos áreas.

Ahora mismo, las culturas están experimentando un período de achicamiento. Las grandes compañías se hacen más pequeñas. De manera visible, los ejecutivos de empresas están tratando de obtener más y más de unos pocos empleados. El efecto final es que las personas son presionadas a dedicar más tiempo en sus trabajos.

Este problema puede intensificarse en su vida, si usted tiene tendencia a trabajar en exceso. "Los verdaderos adictos al trabajo son típicamente personas para quienes el trabajo es una obsesión compulsiva. No pueden cambiar del trabajo al descanso o la recreación, sin sentir ansiedad o culpa. A menudo perjudican sus organizaciones a corto y largo plazo." afirma Jody Johnson del Maryland Consultant Group en Timonium, Maryland.[15] Aun cuando sea presionado por familia y amigos a tomarse unas vacaciones, el adicto al trabajo llevará tareas consigo de una forma u otra, libros para leer, llamadas telefónicas por hacer, planes que completar. En este caso, el trabajo podría convertirse en el centro de su vida, en un dios, porque el egocentrismo del adicto está inextricablemente atado a los logros en el empleo.

Si usted es un patrono o empleador, debe atender esta malsana adicción al trabajo y ser un vocero del equilibrio personal y profesional. De no hacerlo, usted no solo será negligente en el cuidado de su gente, sino que también le hará daño a la empresa.

En un artículo intitulado "Esa lealtad," Michael H. y Timothy S. Mescons, señalan que con los crecientes recortes, reingeniería y búsqueda del "tamaño correcto de una empresa," existe también una creciente preocupación sobre la lealtad de los empleados. A pesar de que la encuesta Gallup halló que el 87% de las personas entre 18 y 29 años de edad, se sentían estimulados en sus puestos y tenían un fuerte sentido de lealtad hacia sus empleadores,[16] las reglas del juego han cambiado dramáticamente.

Para combatirlo, existe un creciente movimiento entre los líderes empresariales para redirigir los esfuerzos corporativos, a manera de formar una fuerza laboral sólida, estable y leal, a lograrse mediante el desarrollo personal y familiar del trabajador. He aquí algunos ejemplos de esta positiva y reciente tendencia:

La planta de Leixlip en Irlanda está en máxima producción de un chip para computadoras Pentium. La empresa ha alcanzado éxito en aunar la fuerza y la confrontación constructiva, así como una extensa capacitación en la Universidad Intel. Este entrenamiento se ha enfocado en ayudar a las personas a desarrollarse profesional y personalmente. Se especializa en optimizar a las personas en sus vidas personales y profesionales.[17]

La Corporación WearGuard, la empresa de mercadeo directo de ropas para trabajo pesado más grande de la nación, cuenta con más de 1000 empleados. El vicepresidente de recursos humanos y servicios para el empleado, afirma: "Creemos que obtenemos mejor rendimiento laboral de los empleados que no están preocupados por los problemas de su casa." Una de las cosas que distingue a esta compañía es la "gama de servicios, políticas y programas" para las familias. Por ejemplo, la compañía ofrece un programa en días de mal clima, para niños en edad escolar y guardería diaria para más de 100 niños. Durante las vacaciones escolares, la compañía ofrece programas en sitios apropiados para niños mayores; durante las vacaciones de verano, ofrece el Campamento Draugreaw (es WearGuard deletreado al revés). Para la salud y preparación física de sus empleados, WearGuard ofrece un club de gimnasia con equipos modernos y una variedad de programas de condicionamiento físico. El director ejecutivo Bruce Humphrey apunta a "una atmósfera donde las personas se sientan más cómodas," y habla sobre cómo estos servicios conducen a una mayor productividad, creatividad, a una disposición a asumir riesgos y a una mayor lealtad hacia la empresa.

Inversiones Putman ofrece a sus 2000 empleados en Boston y Quincy, Massachusetts, servicios de guardería infantil de emergencia a US $15, diarios por familia, reembolsos por adopción, un programa de vacaciones escolares, horario flexible, intercambio de tareas, telecomunicación, recursos y consejería referida, descuentos en centros de gimnasia cercanos, programas de auto-gestión y más. De acuerdo con Phyllis Swersky, presidente de Work/Family Directions, una firma consultora con base en Boston, "Es solo cuestión de tiempo, que la mayoría de las empresas se vuelvan más amigables para con la familia. Esto es en parte porque los especialistas pueden ahora medir con mayor precisión el rendimiento del dólar en los programas para la familia." Los estudios de la firma consultora, han demostrado que en promedio, por cada dólar gastado en tales programas, los empleadores obtienen una ganancia de seis dólares en una mayor producción del empleado, en la motivación adicional, en ahorro de tiempo, retención de personal, menores costos en la atención médica y un reducido ausentismo.[18]

Mescons cita una investigación que identifica seis claves para cimentar la lealtad del empleado:

1. Edificar una fuerza laboral educada.

2. Mejorar la calidad del ambiente de trabajo.

3. Proveer comunicaciones abiertas.

4. Hacer un impacto positivo en la vida personal y familiar.

5. Ser mentor de habilidades.

6. Promover los equipos de trabajo.[19]

Note que todos estos puntos se refieren a desarrollar personas saludables. Un creciente número de ejecutivos y empresas, están enfatizando el equilibrio personal y profesional, porque entienden el beneficio de tener trabajadores saludables. Debido a la motivación interna de los empleados, los ejecutivos de empresas han visto una mayor armonía en las relaciones, mejor calidad del trabajo y una disminución en las enfermedades relacionadas al estrés por parte de los empleados. El resultado final es una notable mejoría financiera.

Roy Roberts, 55 años de edad, vicepresidente de la General Motors Corporation y gerente general de la división de camiones de la GMC, afirma, "La vida es como hacer malabarismos con bolas de cristal y de goma; el éxito depende en saber cuál es cuál. Mis bolas de cristal son mi religión, mi fe y mi trabajo en este país. Cualquier otra cosa es una bola de goma. Usted puede dejarla caer, esperar una semana o un mes, mientras queda rebotando. La vida es cuestión de opciones. La vida es también asunto de equilibrio."[20]

Gary Wilber, ex-Director Ejecutivo de Drug Emporium, Inc., una cadena farmacéutica de descuento con base en Columbus, Ohio y fundada por su padre, renunció a su posición después de haber sido diagnosticado con cáncer en los huesos. "Lo que finalmente vi, es que nunca disfruté lo que hice," afirmó el Sr. Wilber. "Existen probablemente muchas personas como yo, que empiezan haciendo algo y acaban atrapados en una ocupación." Lo que ocurre es que usted se encuentra veinte años más

> **La vida es como hacer malabarismos con bolas de cristal y de goma; el éxito depende de saber cuál es cuál.**

tarde y afortunadamente algo ocurre y usted se pregunta, "¿Por qué?"[21] Él urge a los graduados a avanzar despacio y a tener las varias áreas de sus vidas bajo control y con un buen enfoque.

Ahora permítame ir a la segunda área de equilibrio, equilibrar las actitudes.

Equilibre las actitudes: estructura y espontaneidad

Estructura   Espontaneidad

Equilibrio
de las actitudes

La estructura y la espontaneidad son las tensiones naturales que enfrentan nuestras actitudes. Muchas personas llevan vidas sumamente estructuradas. Viven como si la administración exitosa del tiempo consistiera en exprimir un beneficio máximo de cada minuto del día. Nuestras metas escritas nos encierran en una estructura que no nos deja libres. La estructura, por supuesto, es importante y necesaria. Pero cuando se convierte en el fin y no en el medio, evita la espontaneidad que nos permite disfrutar de las oportunidades de la vida.

Su meta debe ser la de desarrollar algún grado de equilibrio entre la estructura y la espontaneidad. Por ejemplo, si está tan ocupado "en que el trabajo se haga" que no puede ayudar a su hijo en su necesidad del momento, no solo perderá la oportunidad, sino también al hijo. Toda vez que la estructura de su trabajo (o vida) impida que usted ame o cuide espontáneamente a otra persona, algo está fuera de balance. Las personas son más importantes que los objetos y programas.

Richard Eyre afirmó:

Llevé a mi hijo menor a escalar en una rara ocasión. Sabía que era importante el estar juntos y él estaba muy contento. Había una planicie que si la alcanzábamos, podíamos lograr un buen lugar para acampar.

La primera parte de la excursión fue grandiosa. Hablamos. Disfrutamos el estar juntos. Pero no avanzábamos rápido en el ascenso. Empecé a presionarlo para caminar más rápido. Me molestó nuestro ritmo lento. Finalmente me encontré llevando su mochila y casi arrastrándole.

Llegamos a la planicie justo a tiempo para montar un campamento antes de oscurecer. Mi hijo se quedó dormido antes de hacer la fogata. Cuando las llamas se intensificaron, pude ver lágrimas en sus mejillas.

Me di cuenta que siempre existen dos metas. Una es llegar. La otra es disfrutar el viaje. El énfasis excesivo en una de ellas puede arruinar a la otra.[22]

Permítame ofrecerle algunas maneras de equilibrar sus actitudes. Le sugiero estos tres pasos específicos: (1) ajustar las metas y flexibilizar los planes; (2) pensar en función del proceso, no solo del producto; y (3) tratar las interrupciones como huéspedes (responda, no reaccione).

1. Ajuste las metas y flexibilice los planes

Las metas son como faros en nuestra vida. Nos muestran una dirección. Soy un gran creyente en el activador reticular, esto es, la porción del cerebro que puede responder al poder de las metas. Cuando usted fija metas específicas, su mente empieza a trabajar para alcanzar tales metas. Uno de los grandes factores motivadores en las vidas de los deportistas y de otras personas de alto rendimiento, es que son capaces de ver con claridad en sus mentes, el logro triunfal de sus metas, aún antes de empezar a perseguirlas.

Una de las maneras que usted puede aprender a equilibrar la estructura y la espontaneidad en su vida, es fijando metas específicas. Podría ser incongruente el ligar la estructura y la espontaneidad. Pero el hecho es que usted necesita ajustar sus metas, para dejar tiempo a la espontaneidad. Por ejemplo, una meta simple de reunirse semanalmente con su equipo, está mejor enfocada, cuando se expresa así, "Me reuniré con mi equipo ejecutivo cada miércoles a las nueve de la mañana." Con ese tipo de estructura en su sitio, usted puede ver dónde reside su oportunidad de flexibilidad.

2. Piense en función del proceso, no solo del producto

Una segunda manera de equilibrar sus actitudes, es pensar en términos del proceso antes que en el producto. Yo creo que el éxito es una jornada, una realización e internalización progresiva de todo lo que yo puedo ser y hacer. Eso significa que estoy creciendo intelectual y progresivamente en mi carácter y conducta. De hecho, el éxito se asegura en los pequeños momentos del día. Son los pequeños pensamientos, los pequeños hábitos, los pequeños actos, los que determinan nuestro éxito. El éxito no es solo el resultado final, sino también el proceso para alcanzarlo. El nivel de éxito en el resultado final de nuestras vidas, estará en proporción directa al grado de éxito que tuvimos en el proceso.

Aprendí temprano el concepto de "aprovechar las oportunidades a mi alrededor" años atrás, mientras cursaba mis estudios de post-grado. Utilizaba el tiempo de viaje mejorando mi vocabulario para una de mis clases de idioma, todo esto mientras trataba de reducir el tiempo de viaje manejando tan rápido como podía, haciendo sonar la bocina en cualquier momento de irritación. En resumen, estaba estudiando, viajando rápido y acercándome a mi destino lo más rápidamente posible. Fue allí que empecé a entender, a través del aporte de Ruth, que la vida no consiste solo en *chronos*, la palabra griega que señala el concepto lineal del tiempo; sino consiste también en *kairos*, vivir el momento, tiempo de calidad, momentos a ser experimentados y disfrutados. La vida es más sobre calidad que cantidad.

Así que puse de lado mi trabajo de aprendizaje detrás del volante, dejé de correr y apretar la bocina, de ser rudo y desagradable con las personas alrededor de mí. En vez de eso, escuché cintas y empecé a pensar, meditar y orar, para edificar mi espíritu. Mi intención fue crear dentro de mí una persona equilibrada, con el beneficio agregado de estar más alerta al tomar los exámenes, escribir mis trabajos prácticos y escuchar las clases. Pronto fui más amable, más paciente y más sensible, porque empecé a entender que el éxito es vivir un proceso y no correr constantemente para obtener un resultado o producto.

3. Trate las interrupciones como huéspedes

El paso final para equilibrar sus actitudes de estructura y espontaneidad, es aprender a tratar las interrupciones como huéspedes. Cubrí ya este tema en el capítulo "Trataré de Eliminar lo Negativo de mi Vida," pero ahora quiero enfocarlo desde una perspectiva diferente.

Uno de los mayores fracasos que veo en muchos ejecutivos, es la incapacidad que tienen de manejar las interrupciones. Muchos reaccionan negativamente a las interrupciones, en vez de responder a ellas. Antes de ver el valor en una interrupción, reaccionan instintivamente huyendo de ella, pensando que los aparta del éxito.

Esas interrupciones pueden ser la clave de nuestro éxito, si aprendemos de ellas lo que hace falta. "Un rabino preguntó una vez a un miembro prominente de su congregación, 'Cada vez que le veo, usted siempre está apurado. ¿Dígame, hacia adónde corre todo el tiempo?' El hombre respondió, 'Estoy corriendo tras el éxito, estoy corriendo tras la realización, estoy corriendo tras la recompensa de mi duro trabajo.' El rabino respondió, 'Esa es una buena respuesta, si está seguro que todas esas bendiciones están delante de usted, tratando de eludirle y que si usted corre lo suficientemente rápido podrá alcanzarlas. ¿No será posible que todas esas bendiciones estén ya detrás de usted, que lo estén buscando y cuanto más corre, más difícil hace que le alcancen? ¿No será posible que Dios tenga todos esos maravillosos regalos para nosotros, buena alimentación, hermosas puestas de sol, flores brotando en primavera, hojas cambiando de color en el otoño y momentos de quietud para compartir, pero que nosotros en nuestra búsqueda incesante de la felicidad, estemos corriendo constantemente y no nos puede encontrar en casa para entregarnos esos regalos?'"[23]

Escribí anteriormente sobre la ocasión en que mi hijo me pidió jugar al baloncesto con él y yo dudé. Bien, la misma oportunidad se me presentó otra vez, pero en esta ocasión, dejé de lado todas mis ocupaciones y fui con él a la cancha de baloncesto. Vea usted, el libro que estoy escribiendo, el mismo libro que usted está leyendo, puede esperar para otra ocasión. Pero mi hijo y la oportunidad, no. De hecho, al estar trabajando intesamente en este capítulo, la inminente graduación de mi hijo en la escuela secundaria se mantuvo golpeándome en el hombro. Aún cuando este trabajo era importante, las cosas que realmente cuentan para mí son las relaciones con mi familia y aquellas personas de trascendencia para mí. Si yo perdiese eso, aunque gane en otras áreas, estaría en serios problemas.

Un buen instrumento que he descubierto y que me ayuda a manejar las interrupciones que aparecen, es la línea de casualidad afortunada. La casualidad afortunada consiste en encontrar algo de valor por casualidad, mientras se busca otra cosa. Este es un concepto que aprendí de Linda y Richard Eyre en su útil libro, *Life Balance* [Equilibrio de Vida]. La línea de casualidad afortunada es una herramienta sencilla. Requiere el tomar su agenda diaria y trazar una línea vertical en su hoja de programa. Al final del día, usted anota en el lado izquierdo todas las actividades estructuradas, reuniones, entrevistas, cosas que hacer. En el lado derecho de la línea de casualidad afortunada, usted escribe todo lo que hizo ese día que refleje un aprecio por el proceso en sí, cómo se detuvo a oler las rosas, cómo se detuvo para escuchar a un empleado o un colega. ¿Paró para meditar u orar por una necesidad, o en acción de gracias? Al final de cada día y luego al final de la semana, evalúe cuánta riqueza adquirió en su vida al haber respondido a los momentos de casualidad afortunada.

Para experimentar este tipo de apertura hacia las oportunidades, trate de practicar lo siguiente:

1. Sea conciente de sus circunstancias y de las personas que le rodean.

2. Escuche en forma activa y con empatía.

3. Sea agradecido cuando una interrupción llega a su vida.

4. Reciba toda experiencia como algo con significado, que le ayuda a desarrollarse y a convertirse en lo que usted debe ser.

Al aprender a equilibrar su inclinación natural hacia la espontaneidad y la estructura, usted empezará a hallar nueva libertad y el auténtico éxito en sus actitudes y relacionamientos.

Eso nos trae a la última área de importancia para el equilibrio en la vida.

Equilibre las metas: resultados y relaciones

Resultados   Relaciones

Equilibrio de las metas

Es probable que la mayoría de las personas que lean este libro sean hábiles en el lado de los resultados y metas numéricas de su vida. Usted probablemente ha escrito metas específicas con relación a los resultados de sus negocios, pero de seguro que usted nunca escribe metas para sus relaciones. Si usted lo hace, posiblemente han sido metas vagas, tales como, "No olvidar nuestro aniversario de bodas este año." Pero ¿ha escrito sus metas para pasar tiempo con su esposa, sus hijos, sus padres, sus amigos?

Le insto a cultivar sus relaciones más decididamente dentro de su marco de referencia. Las personas son vitales, importantes y dignas del tiempo invertido para atenderlas correctamente. Las investigaciones indican que el 85% de los empleados que son despedidos, es por conflictos de relaciones o falta de capacidad de relacionarse y no por falta de capacidad técnica. Si espera tener éxito en su negocio, su vida personal, familiar y social, usted debe aprender a ser un profesional en el tema de las relaciones con ellos. Valore a las personas y cultive relaciones en su entorno. No lo haga sólo por razones pragmáticas ó de interés propio; hágalo porque es lo *correcto*.

1. Haga un listado de sus metas

Empiece escribiendo en su agenda una lista de sus metas, orientada tanto a lo relacional como a los resultados. La mayor parte de la administración del tiempo, apunta hacia el trabajo sobre las metas en resultados tangibles. Pero déjeme sugerirle un cambio radical de paradigma: Ahora lleve a cabo su estrategia de fijación de metas para sus diversas relaciones. Aquí hay varios ejemplos:

• Usted ve a un empleado o asociado suyo que tiene dificultades para llevarse bien con otras personas. Por tanto, usted fija una meta y lo programa con el propósito de ayudar a esta persona a desarrollar la capacidad de relacionarse, mediante la asesoría que usted le ofrece.

• Empieza a darse cuenta que uno de sus hijos está desarrollando un distanciamiento emocional hacia usted. Por tanto, usted programa un encuentro para reunirse con su hijo y pasar un tiempo sin distracciones, para escuchar y cuidar de él o ella.

• Un buen amigo ha tenido problemas en la búsqueda de empleo. Usted se fija una meta y aparta tiempo para llamar a esa persona y alentarlo con una red de contactos u otro tipo de ayuda.

• Usted se da cuenta que ha transcurrido un tiempo sin tener unas merecidas vacaciones del trabajo (aun cuando solo sea una semana) o pasar un tiempo dedicado a ciertos parientes o amigos. ¡Entonces planifique formalmente unas vacaciones con ellos y llévelo a cabo!

Mi esposa Mary y yo, hemos hecho una lista de varias familias con quienes no queremos perder contacto; amigos que lo dejarían todo de lado en caso que los necesitemos. (Estas amistades han comprobado ser excelentes modelos para nuestros hijos).

Seguidamente, hacemos un ajuste en nuestra agenda para pasar tiempo con ellos. Algunas veces esto significa aceptar intencionalmente compromisos para dictar conferencias en las ciudades donde ellos viven. Otras veces puede significar salir de vacaciones juntos, o pasar los días feriados con ellos.

¿Quiénes son sus amigos? A veces la amistad se desarrolla y perdura con muy poca atención de nuestra parte. Pero en una sociedad móvil y agitada como la nuestra, la amistad se pierde fácilmente. Si todavía no ha hecho su lista, anote a aquellas familias que usted desearía tener como amigos para siempre. Luego escríbales una carta o llámeles y dígales sus planes.

2. Siga su intuición y su lógica

Una segunda estrategia para desarrollar el equilibrio en sus metas, es el escuchar con ambos lados de su cerebro, es decir, tanto lo intuitivo, como lo lógico.

Aunque la teoría lóbulo izquierdo/lóbulo derecho del cerebro aún se discute, supongamos que el lóbulo izquierdo es lógico y que gusta de alcanzar metas cuantitativas.

El lóbulo derecho, por otro lado, es mucho más intuitivo y orientado a las ideas. Tiene que ver con percepciones sutiles y responde mucho mejor a las metas de relación.

Requiere esfuerzo el ajustarse para asegurar que no se restrinja al lóbulo izquierdo centrado en los resultados numéricos, metas y logros, y a la vez reflexionar, ser más intuitivo y más relacional.

Veo a menudo esta diferencia del funcionamiento entre el lóbulo derecho e izquierdo, en mi matrimonio. Yo soy mucho más orientado al lóbulo izquierdo que mi esposa Mary. Ella es creativa, artística y a quien le gusta crear un buen ambiente a su alrededor. A la gente le encanta llegar a nuestra casa, porque se sienten cómodos y estimulados por ella.

Uno de los puntos fuertes de la capacidad creativa e intuitiva de Mary, es su análisis de las personas. Debo confesar que en mis varios cargos en el transcurso de la vida, a menudo contraté a personas equivocadas para el trabajo. He cometido ya suficientes errores y he aprendido a pedir la opinión de mi esposa sobre cada persona con la que voy a trabajar. ¡Una razón poderosa por la que contraté al presidente y al director ejecutivo para una de mis empresas, fue porqué no solo me impresionó su capacidad profesional, sino que obtuvo un 100% de parte de la capacidad relacional e intuitiva de mi esposa!

Por encima de nuestros dones particulares, necesitamos aprender a escuchar ambos lados de nuestro cerebro.

3. Ame a las personas, utilice las cosas

La estrategia final necesaria para equilibrar sus metas de resultados y de relaciones, es la de aprender a amar a las personas y utilizar las cosas.

Amar las cosas y usar a las personas es generalmente nuestro "modus operandi." Reconozcámoslo, el amar algo inanimado, como un carro, requiere mucho menos esfuerzo que amar a una persona. Un carro es predecible; no va a ningún lado por si mismo y no pide nada. No tiene cambios de carácter. No pide que lo traten bien.

Las personas son las que nos causan mayor problema, ¿verdad? Si no estuviese casado, no tendría que compartir su cama. Si no tuviese hijos, no tendría que lidiar con la rebelión de los adolescentes. Si no trabajase en un grupo, no tendría que compartir la gloria. Pero las buenas personas, las vidas rectas, no son así. Son buenas vidas, porque hay buenas personas que las viven. Una vida satisfactoria y plena, significa estar profundamente interesado en la vida de los demás, absorbiendo el dolor, así como las alegrías, porque usted ha amado profundamente.

Sólo experimentará una vida satisfactoria, cuando cambie su atención de las cosas como fuente de gratificación y se enfoque en las personas. Todas las cosas vienen y van. Lo único que cuenta son las personas.

Al morir, lo dejamos todo atrás. Al llegar el final, la mayoría mira hacia atrás y siempre añoran lo mismo: familia, amigos, relaciones, influencia, calidad y carácter. Estas son las verdaderas recompensas de la vida, lo que realmente cuenta.

¿Qué es lo que cuenta en su vida?

Pasos hacia la acción

1. Responda la pregunta que propuse al inicio de este capítulo: Si tuviese que vivir de nuevo, ¿qué haría en forma diferente?

2. Evalúe su nivel de logros en las tres áreas principales de equilibrio, dentro de una escala de 1 a 10 (1 muy bajo, 10 sobresaliente):

Equilibre sus prioridades (relaciones básicas profesionales)

Gobierna sus impulsos   1 2 3 4 5 6 7 8 9 10

Reordena sus prioridades   1 2 3 4 5 6 7 8 9 10

Reajusta su tiempo (programar)   1 2 3 4 5 6 7 8 9 10

Equilibre sus actitudes

Ajusta las metas y flexibiliza los planes   1 2 3 4 5 6 7 8 9 10

Piensa en función del proceso, no del producto final
                                      1 2 3 4 5 6 7 8 9 10

Trata las interrupciones como oportunidades

1 2 3 4 5 6 7 8 9 10

Equilibre sus metas

Hace una lista de las metas en su agenda 1 2 3 4 5 6 7 8 9 10

Escucha sus lados intuitivos y lógicos   1 2 3 4 5 6 7 8 9 10

Ama a las personas y usa las cosas   1 2 3 4 5 6 7 8 9 10

3. Avance ahora hacia una acción específica:

a. Cite una situación en el trabajo y otra en su vida personal, que necesita atender.

b. Esta semana escriba una meta para mejorar cada una de estas relaciones y prográmela en su agenda.

Capítulo 7

Zarparé Hacia Mi Meta, Cuidando De Los Demás

Cómo transformar la vida de las personas que nos rodean

~~~≈≈≈~~~

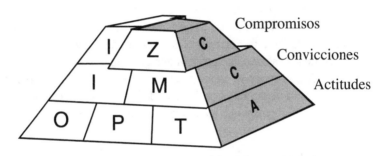

Compromisos

Convicciones

Actitudes

En el tono correcto uno puede decir cualquier cosa.
En el tono equivocado uno no puede decir, nada; la parte
delicada es seleccionar el tono.

—George Bernard Shaw

E s un día frío, ventoso. Nubes grises cubren y abarcan el cielo, así como la negra tierra igualmente cubrirá el féretro conteniendo el cuerpo que está siendo depositado en la fosa, al finalizar los últimos tres metros de su viaje por la vida. Una pequeña multitud de personas se reúne para los momentos finales del servicio fúnebre en el cementerio.

El servicio es breve, así como lo fue la vida del difunto. ¡La muerte sobrevino tan repentinamente!

La fecha del funeral: en un año a partir de hoy. El difunto: *usted.*

¿Quién sollozará en su funeral? ¿A quién le importará lo suficiente su muerte como para que realmente lo lamente? ¿Cuáles son esas vidas que usted ha tocado tan profundamente, que constituye su verdadero legado?

149

Este capítulo enfocará ese principio de las relaciones humanas, que es concentrarse en cuidar a las demás personas. Este principio exige un largo capítulo, porque su ámbito es muy extenso. La totalidad de nuestras vidas es construída en torno a otras personas, y existen principios que son básicos, principios absolutos y sus aplicaciones correspondientes, que deben ser comprendidas, si es que esperamos alcanzar el éxito auténtico en nuestras relaciones.

Las relaciones profundas de hoy día, no se ofrecen de la manera que se hacía antes. Daniel Yankalovich, en su libro *New Rules in American Life* [Nuevas Reglas en la Vida Norteamericana], escribió:

> El hambre por relaciones personales más profundas, se puede observar en los resultados de nuestras encuestas como en la creciente convicción de la actitud de "yo–primero," como una actitud de "satisfagan todos mis deseos" conducen hacia relaciones que son superficiales, transitorias y que por último no dan satisfacción permanente. Nuestras encuestas demuestran que hoy en día el 75 por ciento de los estadounidenses admiten que, aun cuando tienen muchos conocidos, tienen pocos amigos cercanos, y consideran esto como un verdadero vacío en sus vidas. Es más, dos de cada cinco personas, el 41 por ciento, afirman que tienen menos amigos cercanos que en el pasado.[1]

¿Por qué los norteamericanos tienden a tener dificultades para desarrollar relaciones profundas y duraderas? Probablemente es porque nos hemos alejado de reconocer la importancia de dichas relaciones profundas y nos hemos entregado demasiado a actividades irrelevantes que no las estimulan. En el proceso, hemos abandonado el aspecto más crítico de nuestras vidas.

Cuando le pregunto a las personas de mayor éxito en el mundo, qué es lo más importante para ellos, no me hablan de sus trabajos. Hablan en cambio, de sus relaciones, de sus matrimonios, de su familia, de sus amigos, sus colegas, sus socios y de su comunidad. Cuando les pregunto cómo vivirían sus vidas si pudiesen vivirlas de nuevo, sus respuestas casi siempre reflejan la misma preocupación por las relaciones. Me dicen que se han dado cuenta que las personas son importantes y que sus errores fundamentales en la vida, han girado en torno al maltrato de la familia, de los amigos y los colegas.

Puede que usted sea como muchos otros en nuestra cultura, que han perdido de vista este principio fundamental de la vida, que es la necesidad de cuidar, desarrollar a las personas y crear equipos unificados, integrados por gente productiva, afirmada y optimizada.

Harold Kushner, el rabino con una profunda perspectiva de la vida, comparte una lección que aprendió un día estando en la playa. Estaba observando a dos chicos, un niño y una niña, construir un complicado castillo de arena, con todo lo que un buen castillo requiere: diques, torres y fosos. Justo cuando parecía que el castillo quedaba concluído, una gran ola apareció en forma sorpresiva y lo derrumbó. Kushner dice que esperaba ver a los niños llorando. Se sorprendió al verles reír, tomarse de las manos y moverse hacia un terreno más seguro para construir otro castillo. Esta es la lección que él aprendió: "Todas las cosas en nuestras vidas, todas las complicadas estructuras en las que invertimos tanto tiempo y energía para crearlas, están construídas sobre arena. Solo nuestras relaciones con otras personas perduran. Tarde o temprano, una ola aparecerá y derribará todo lo que hemos construído con tanto esfuerzo. Cuando eso ocurra, solo aquellos que estén asidos de la mano de alguien en quién confiar, podrán sonreír."[2]

La gente está buscando una mayor cercanía en las relaciones, no sólo para satisfacer su propia necesidad de tener buenas amistades, sino también para desarrollar un canal para hacer su contribución a la sociedad. La habilidad de desarrollar tal cercanía personal al centrarse en cuidar de los demás, es esencial para convertirse en un optimizador.

Trabajo en equipo

La Z de OPTIMIZARÉ™ indica que, "Zarparé hacia mi meta, cuidando de los demás," es la clave para desarrollar relaciones cercanas que transformen las vidas de las personas. El cómo transformaremos a los demás, estará en proporción directa al grado de afecto que expresemos en nuestra relación con ellos.

Un interés franco en cuidar de los demás, es la esencia de la búsqueda del "espiritu de equipo," lo cual es fundamental para que existan familias, amistades, comunidades y culturas fuertes y saludables. Estoy encantado al ver una tendencia creciente hacia un mayor espíritu de equipo en la esfera de los negocios.

Jon Katzenback y Douglas Smith, en su popular e influyente libro, *The Wisdom of Teams* [La sabiduría de los equipos de trabajo], relatan elocuentemente los beneficios y la absoluta necesidad de estos equipos en el área de los negocios:

> Los buenos resultados y el rendimiento de los equipos, hablan por sí mismos. Los equipos invariablemente contribuyen a obtener logros importantes en los negocios, obras sociales, escuelas, gobiernos, comunidades y en las esferas militares. Motorola, la compañía que recientemente fuera aclamada por superar a su competencia japonesa en la producción del teléfono

celular más liviano, pequeño, de mayor calidad en el mundo y con sólo unos cuantos cientos de piezas movibles, en comparación con las más de mil piezas en el aparato de la competencia, dependió grandemente del trabajo de equipo para lograrlo. Así mismo lo hizo la empresa Ford, que se convirtió en la empresa automotriz norteamericana más lucrativa en 1990, en base al impacto de ventas de su modelo Taurus. En la compañía 3M, el trabajo en equipo es factor crítico para alcanzar la bien conocida meta de dicha empresa de que la mitad de sus ganancias anuales, sean por los ingresos provenientes de innovaciones a sus productos creados durante los cinco años anteriores. General Electric ha hecho de sus equipos auto-gerenciados por empleados, un elemento clave en su nuevo enfoque organizativo.

Los esfuerzos de los equipos en áreas alternas a los negocios, son igualmente numerosos. La dramática victoria de la alianza de los países que integraron la operación militar "Tormenta del Desierto" sobre Iraq en la guerra del Golfo Pérsico, utilizó a muchos equipos. Por ejemplo, un equipo de oficiales activos y en la reserva, se constituyó en el núcleo de las operaciones logísticas del transporte, recepción, y sostenimiento de más de 300.000 efectivos de tropa y 100.000 vehículos con más de 7.000.000 de toneladas de provisiones, combustibles y armamento, desde el escalamiento de las tensiones a finales de 1990, hasta después del cese de las hostilidades en 1991. En los Servicios Educativos del barrio Bronx, en la ciudad de Nueva York, un equipo de personal y administradores designados, dieron forma a la primera escuela de alfabetización de adultos reconocida en el ámbito nacional. Un equipo de ciudadanos en Harlem, otro barrio de la misma ciudad de Nueva York, fundaron y dirigieron la Primera Liga Menor de Baseball de los últimos 40 años.[3]

En este fascinante libro, los autores enumeran las cualidades de los equipos poderosos. Una de esas cualidades es la *"dimensión social única* que facilita los aspectos económicos y administrativos del trabajo. *Los verdaderos equipos no se desarrollan, sino hasta que las personas que lo integran, trabajan con ahínco para superar las barreras que entorpecen el camino del rendimiento colectivo.* Al superar tales obstáculos juntos, los miembros del equipo crean confianza y seguridad en las capacidades de los demás. También refuerzan los deseos de los demás, para alcanzar su propósito como equipo, por encima de los intereses personales o funcionales. Los grupos se convierten en equipos, superando las barreras al rendimiento. Tanto el significado del trabajo, como el esfuerzo realizado, se profundizan hasta que el rendimiento del equipo se convierte en su propia recompensa."[4]

En su condición óptima, estos equipos desarrollan relaciones intensas. Los integrantes del equipo verdaderamente cuidan los unos de los otros y crean una unidad saludable que sobrepasa las relaciones normales y aun, las mejores relaciones humanas.

Uno de los negocios más exitosos en los Estados Unidos, es el supermercado de Stew Leonard en la ciudad de Norwalk, Connecticut. Cuando se le preguntó acerca de su secreto para el éxito, la gerencia indicó que era su gente cuidando y sirviendo a los clientes. Bien sea sirviéndoles helado y torta, a los que están haciendo la fila frente a los cajeros a la salida, para que no se enojen por la espera, o colocando las fotografías de más de 60.000 personas que han comprado en Stew Leonard en la pared del fondo, la empresa muestra que sus clientes sí son importantes. El mismo Sr. Leonard circula a lo largo de los pasillos, haciéndole preguntas a los clientes para averiguar cómo hacer para que su tiempo de compra de comestibles, sea más agradable. Su entusiasmo por servir a otros, se transmite a los demás empleados, quienes también quieren ser parte de las cosas buenas que ocurren en la tienda.

Actualmente hay una tendencia a operar con un fuerte sentido de atención a lo personal. Ya sea que signifique servir a un cliente, asesorar a los socios de la empresa, entrenar a un niño en casa, o crear una red personal o profesional de amigos y socios, el lazo común es la necesidad vital de iniciar y sostener las buenas relaciones.

El autor del libro *Megatrends*, John Naisbitt, en un revelador capítulo titulado "De las jerarquías al trabajo en red," describió la poderosa motivación detrás de esta tendencia en los negocios. Escribió, "El fracaso de las jerarquías para resolver los problemas de la sociedad, forzaron a las personas a buscarse entre sí y ese fue el comienzo de las redes….En un sentido, nos aglomeramos en torno a las ruinas de la pirámide derrumbada, a fin de discutir qué hacer. Comenzamos a hablarnos unos a otros por fuera de la estructura jerárquica, aún cuando gran parte de nuestra comunicación previa había sido canalizada interiormente."

Como amigos, como personas, como miembros de pequeños grupos o grandes organizaciones, intercambiamos recursos, contactos e información con la velocidad de una llamada telefónica o un vuelo en avión, con el elevado toque de nuestras propias voces, contra el estruendo de un mundo abrumado por demasiados datos y demasiado conocimiento."[5]

El inicio del trabajo en red, le enfatizó a hombres y mujeres en el mundo de los negocios, la necesidad de afinar sus capacidades de relación. Después de todo, su trabajo en red es un éxito o fracaso, según sea su capacidad de trabajar con la gente. Tarde o temprano, sus socios del trabajo en red, se convierten en sus amigos.

La finalidad del equipo: la unidad

El trabajo exitoso en red, es decir, verdaderamente un buen trabajo en equipo, se logra mediante el principio de la unidad. Cuanto más profunda se haga una relación, mayor será la unidad que exista en tal relación. Esta es la unidad que crea equipos ganadores, ya sea en el matrimonio, en la familia, en un lugar de adoración espiritual, en una empresa, o en una comunidad.

Cuando hablo de unidad, no me refiero a unión. La unión se lleva a cabo cuando nos juntamos en forma orgánica, como en el matrimonio, en una sociedad comercial, o alguna otra forma organizacional. Ciertamente usted puede estar en una unión, pero sin tener unidad.

Tampoco me refiero a la uniformidad. La uniformidad ocurre cuando hacemos las cosas de la misma manera. Yo creo que a veces "el pensamiento de grupo" puede ser peligroso. Si somos muy parecidos, dejamos de crecer, de limarnos (como una lima afila un serrucho) y de ser limados por las personas alrededor nuestro. Por ejemplo, mi esposa y yo tenemos un elevado nivel de unidad, pero somos muy diferentes. A ella le encantan las orquestas sinfónicas y los museos. A mí me gusta la música pop y el baile. Su día ideal es sentarse en casa durante una tarde lluviosa y leer un buen libro. Mi día ideal es de mucho sol, tener una serie de reuniones matutinas, una buena conferencia, un par de rigurosas horas de baloncesto con mi hijo y sus amigos y finalmente comunicarme con alguien alrededor del mundo con mi computadora, vía Internet.

Por último, tampoco estoy hablando de unanimidad. La unanimidad ocurre cuando estamos totalmente de acuerdo en algo. Ciertamente deberíamos ser más condescendientes y amables, pero no siempre estaremos de acuerdo. Una unanimidad obligada, puede destruir una relación. El Dr. Wayne Dyer afirma: "En la consejería, siempre pienso que es importante ayudar a que la persona se resista a una conformidad automática a cualquier cosa, porque lo aleja de la dignidad humana básica, elevando otra autoridad a un nivel superior que el suyo. Esto ocurre en los niños, las esposas, los esposos, los empleados o en cualquier otro: si usted no puede pensar por sí mismo, si no puede ser más que una persona sumisa y conformista, entonces siempre será una persona dominada, un esclavo de cualquier cosa que dicta la figura de autoridad."[6]

Estoy hablando de la *unidad*. La unidad se inicia cediendo sus propios planes, para desarrollar unos mejores. Es combinar su individualidad con la de otro, u otros para crear algo nuevo. Es el decidir gozarse más por el éxito del equipo (o de otra persona) que por su propio éxito. Es un espíritu de integración, que busca desarrollar a aquellos que están a su alrededor y ser franco en el proceso. Está basado o enraizado en un genuino interés. (Un compromiso con acción, no meramente una emoción).

Tal unidad está fundamentada en tener una opinión sana de las personas. Para tener unidad, debemos reconocer que los demás no son objetos para ser usados, sino personas valiosas, creadas para grandeza, para ser desarrolladas y ayudadas en la optimización de su individualidad, todo lo cual resulta en instituciones sanas y productivas en nuestra sociedad.

Un gerente de investigación y desarrollo de la empresa Hewlett-Packard, comentó de esta manera acerca de tener una opinión saludable de las personas:

> Un par de ingenieros de mi sección reciben llamadas telefónicas de empresas competidoras…prácticamente a diario; invitaciones para almorzar y conversar sobre su futuro. Un aspecto clave de mi trabajo es, naturalmente, mantener a este grupo motivado, entusiasmado….Los mejores gerentes son aquéllos
> cuyo personal desea levantarse por las mañanas y venir a trabajar con ellos. El secreto es dejarle claro a su personal que ellos le importan, que realmente usted tiene interés en ellos como personas. Necesitan saber que usted realmente aprecia sus esfuerzos y que sus logros son reconocidos.

Si desea optimizar y desarrollar la artesanía en su vida, usted debe ser un maestro en los fundamentos y en las raíces de las relaciones correctas. Estas raíces son muchas, pero pueden ser clasificadas de la siguiente manera:

Edificarse mutuamente
Necesitarse mutuamente
Relacionarse intensamente con los demás
Confiar el uno en el otro
Ceder el uno al otro

Edificarse mutuamente

El punto para comenzar a desarrollar la unidad en las relaciones, es aprender a *desarrollar a otras personas*. Existen dos palabras griegas, *para* y *kaleo*, de donde puedo derivar la mayor parte del significado de este concepto. *Para* significa "al lado," y *kaleo* significa "llamar." Unidas estas palabras simplemente significan, colocar el brazo alrededor de alguien, llamándolo a su lado, para alentárlo. Significa ayudar a cambiar la actitud de una persona, de manera tal, que esa persona esté dispuesta a volver a la tarea. Significa alentar, exhortar y estimular a una persona hacia una acción positiva.

Podemos edificar a las personas, crear unidad y manifestar un interés genuino, aplicando cuatro habitos:

1. Felicite

El habito fundamental necesario para edificar a aquellos a su alrededor, es felicitar. Mark Twain expresó, "Puedo vivir dos meses después de haber recibido una buena felicitación." Charles Schwab, el gran empresario del acero, acotó, "Nunca he visto a una persona hacer un trabajo a conciencia, excepto bajo el estímulo del aliento y la aprobación de las personas para quienes está trabajando."

Necesitamos desarrollar el hábito de felicitar a las personas en nuestro entorno, no por su apariencia o sus egos, ni para nuestros propios motivos ulteriores. Eso sería adulación. Algunos programas de entrenamiento de ventas así lo enseñan. ¡Pero tenga cuidado! La adulación es peligrosa, manipuladora y errónea, porque no está basada en el carácter. Se basa en las circunstancias externas, que no son activadas internamente.

Aprenda a felicitar a las personas alabándoles por algo que exprese el crecimiento personal y el carácter. El verdadero halago alienta a las personas a progresar en la verdad. Al mismo tiempo, usted debe disponerse concientemente a expresar sus felicitaciones en forma positiva. Es muy fácil ser criticón y sarcástico.

El Instituto Norteamericano de Relaciones Familiares encuestó a padres de familia acerca de cuántas afirmaciones positivas y cuántas negativas le hacían a sus hijos. ¿Los resultados? Los padres, en promedio, formulan diez afirmaciones negativas por cada afirmación positiva que le hacen a sus hijos. En otro estudio, se le preguntó a los maestros de escuela primaria, cuántas afirmaciones positivas se requerían para contrarrestar una afirmación negativa en un niño. Las investigaciones demostraron que se requieren cuatro afirmaciones positivas para superar una negativa.

Piense en estos porcentajes. ¡No podemos ignorar el impacto de nuestras palabras!

Es posible que usted haya crecido en un hogar donde se le menospreció durante toda su niñez. Como resultado, usted pudo haber aprendido el hábito de menospreciar a los demás. También puede ser un mecanismo de defensa, que usted cree que proteje su autoestima.

En su libro sobre los niños y la autoestima, *Hide and Seek* [Jugando a las escondidas,] el psicólogo norteamericano, Dr. James Dobson, nos ofrece un relato sobre el pasado de Lee Harvey Oswald. El asesinato del

> **Diez negativas por cada positiva. Cuatro positivas para contrarrestar una negativa.**

presidente John F. Kennedy por parte de Oswald y posteriormente su propia muerte, fueron los puntos cardinales de una vida marcada por el rechazo y el desprecio.

La niñez de Oswald fue solitaria, sin amigos y sin amor, afectada principalmente por el rechazo de su madre. Aun cuando tenía una inteligencia superior a la normal, no tuvo éxito en ninguna área de su vida. Abandonó la escuela secundaria, fue dado de baja deshonrosa del Cuerpo de Infantería de Marina (Marines) y se casó con una mujer extranjera quien lo trató en la misma forma abusiva que su madre. De acuerdo al relato del Dr. Dobson, aparentemente no existía ni una sola persona que apoyara o se interesara en la vida de Oswald. Probablemente para Oswald, el asesinato de Kennedy fue su último intento por tratar de ser tomado en cuenta. [7]

Lee Harvey Oswald dejó un legado de destrucción y ruina. ¿Qué pudiera haber ocurrido si tan sólo una persona se hubiese interesado genuinamente en él? ¿Y qué tipo de legado está usted dejando a través de aquellos sobre quienes tiene influencia?

Cualquiera sea su situación, interrumpa el ciclo de desprecio y concéntrese en desarrollar a otros a través del reconocimiento y la felicitación. Comience el hábito de demostrar su amor hacia los demás, motivándolos. Utilice cada circunstancia, método y oportunidad que esté a su alcance para ayudar a otros a cambiar sus vidas. Ayúdelos a creer nuevamente en sus propias habilidades y en su capacidad personal.

2. Exprese confianza

Una segunda manera en la que usted puede aprender a edificar a los demás, es expresando su confianza en ellos. ¿Cómo reacciona cuando las personas le fallan a usted o a su organización? ¿Usted se cansa de ellos o los avergüenza? ¿O aun así, trata usted de expresar algún grado de confianza?

Harry Hopman fomentó la formación de una dinastía de australianos en el tenis mundial. ¿Sabe usted cómo lo hizo? Tomó un jugador lento y lo llamó "cohete." Luego tomó a un muchacho frágil, debilucho, y lo llamó "músculos." Rod "cohete" Laver y Ken "músculos" Rosewall se convirtieron en dos de los más grandes jugadores de tenis de todos los tiempos. ¿Por qué? Porque alguien creyó en ellos.

Usted también puede expresar confianza en los demás y mostrar su aprecio hacia ellos, por medio de los *reconocimientos* y las *recompensas*. La verdad es que las personas hacen aquello por lo cual serán recompensados. Un área en la que nosotros debemos recompensar más a menudo, es en el correr riesgos. Con frecuencia, desalentamos la toma de riesgos y los desafíos y por lo tanto, desalentamos la grandeza. Los grandes logros tienen casi siempre a su lado riesgos igualmente grandes, que deben aceptarse para poder triunfar.

Dale Carnegie lo expresó muy bien: "¡Arriésguese! La vida en sí, es un riesgo. La persona que va más allá, generalmente es aquella que tiene deseos de acometer algo y arriesgarse. El barco llamado 'la cosa segura' nunca se aleja de la costa."

Se relata un famoso incidente acerca de Tom Watson, el fundador de la IBM. Uno de los subordinados de Watson cometió un terrible error que le costó 10 millones de dólares a la empresa. Cuando fue llamado a la oficina de Watson, el empleado le comentó: "Supongo que me va a pedir la renuncia" Watson le respondió: "¿Está usted bromeando? ¡Acabamos de gastar 10 millones de dólares en capacitarlo!"[8]

3. Consuele

La tercera habilidad que necesita refinar para alentar a la gente, es consolar.

Aunque parezca difícil, existen ocasiones en nuestras vidas en las que, sencillamente, debemos mantener cerrada la boca y estar disponibles a aquellos que están sufriendo.

La familia vecina nuestra durante siete años, ha sufrido múltiples problemas como pérdida del empleo, agotamiento mental, una mudanza inminente y la seria enfermedad de uno de sus padres. Repentinamente, llegó una noche la noticia que la madre de mi vecino había muerto. Por varias razones, él no pudo asistir al funeral (aunque otro de nuestros vecinos lo consoló regalándole un pasaje aéreo). El y su emotiva esposa estaban experimentando un profundo dolor. Entonces mi esposa Mary, me instó a que celebráramos un sencillo servicio en memoria de la madre de mi vecino, exactamente a la misma hora en que se iba a llevar a cabo el funeral. Al mismo tiempo, convencimos a nuestro vecino a escribir "un mensaje de despedida" para su madre y que lo enviara por fax a aquellos que iban a asistir al acto.

A la hora del funeral, todos nos sentamos en un kiosko que tenemos en el jardín, y recordamos a "Dottie." Derramamos lágrimas y ofrecimos palabras de estímulo. Aun cuando no dijimos mucho, nuestros vecinos se sintieron consolados.

Recuerde, sus propios momentos difíciles pueden prepararlo para tener empatía hacia los demás. Apóyese en sus propias experiencias de dolor. Convierta su propia pena, en beneficio para alguien más, simplemente al estar disponible para los demás.

4. Asesore como un coach

La forma final y efectiva para desarrollar a los demás es asesorándolos.

Las personas se animan cuando ven crecimiento en sus vidas. Pero el crecimiento no ocurre por sí solo. Como una llama, el crecimiento es encendido y avivado por personas amorosas que nos demuestran su interés por ayudarnos a desarrollar una habilidad, a corregir una actitud, a construir un marco de referencia mental u obtener discernimiento. Estas personas son mentores. Usted es un asesor, un coach, un educador y un líder. La pregunta entonces es: ¿Cuán eficiente es?

Un gran líder conoce las necesidades de aquellos que le rodean y busca asistirles en su crecimiento. Por ejemplo, un buen padre asesorará a sus hijos, no sólo en las Ligas Menores de béisbol o de balompié, sino en los valores, las actitudes y los compromisos correctos. Un gran líder de negocios asesorará a sus socios y empleados en las habilidades y actitudes necesarias para cumplir con sus programas.

¿Cómo entrena usted a otros? En primer lugar usted establece lo que se necesita. Luego ayuda a las personas a lograrlo a través de los medios apropiados. John Greenleaf lo denomina *"El líder siervo"* en su libro del mismo nombre.

El apóstol Pablo afirmó, "Amonesta a los ociosos, alienta a los de poco ánimo, sostén a los débiles y se paciente con todos."[9] Utilice el método apropiado, en el momento correcto. Si alguien no se sujeta, o está deliberadamente fuera de tono, amoneste o discipline en privado a esa persona, con vigor y firmeza. Si alguien se siente abrumado o desanimado, aliente y consuele a esa persona. Si alguien es débil o dado a problemas de constancia o vacilación, entonces acérquese y ayude a esa persona.

El autor Ken Blanchard, recomienda un procedimiento muy específico en su libro, *Leadership and the One Minute Manager* [El Liderazgo y el Gerente en Un Minuto]. Él lo denomina "liderazgo situacional."

1. Llegue a un acuerdo sobre dos o tres puntos específicos a ser alcanzados.

2. Llegue un acuerdo sobre el nivel de desempeño y compromiso que la persona debe tener para cada meta. Esa persona puede estar comprometida a cumplir, pero no ser competente para hacerlo ó viceversa.

3. Aplique uno de los cuatro métodos [de asesoría], dependiendo de las respuestas a la segunda pregunta.

El siguiente cuadro ilustra cómo funciona este procedimiento:

Si está comprometido y es competente :	delegue (suéltelo)
Si es competente, pero no está comprometido:	apoye (quite los obstáculos del camino)
Si está comprometido, pero no es competente:	capacite (muéstrele cómo)
Si no está comprometido, ni es competente:	dirija (ordene y muestre cómo) [10]

Si usted tiene un empleado, hijo, o amigo que necesita orientación en alguna área de su vida, usted puede utilizar esta estrategia específica como ayuda.

Por ejemplo, mi hijo Matt y yo escribimos un libro titulado *Fathers and Sons* [Padres e Hijos]. Es acerca de la manera en que hemos desarrollado la aplicación de los diez principios OPTIMIZARÉ™ en nuestras vidas. El libro tiene el propósito de ayudar a padres e hijos a conversar y dar los pasos necesarios para inculcar estos principios.

Matt necesitaba ciertas habilidades para realizar su parte en la redacción del libro. Tenía que ser capaz de organizar sus pensamientos, escribir, editar, ingresar la información en la computadora, y concentrarse en la tarea. Sin embargo, él tenía diferentes niveles de compromiso y de competencia en cada área. Si yo tuviese que hacer el cuadro para él hoy día, se vería más o menos así:

Investigación	comprometido, algo competente
Uso del escáner (digitalizador)	comprometido, no competente
Redacción	comprometido, competente
Cumplimiento del programa	algo comprometido, competente
Creación del bosquejo	no comprometido, no competente

Como padre de Matt, tuve que ajustar mi tutoría/coaching en forma apropiada para lograr tres cosas: (1) concluir el libro en un marco de tiempo razonable; (2) ayudar a Matt a desarrollar algunas habilidades que él utilizaría en el futuro; y (3) ser un padre íntegro, que se interesa verdaderamente por su hijo.

Específicamente, esto es lo que hice:

Entrené a Matt especialmente en el área de la investigación. Es un buen lector y tiene la capacidad de captar la visión total, pero no sabía dónde encontrar algunos de los datos que necesitábamos. Entonces le dirigí hacia los libros apropiados y le mostré lo que tenía que buscar.

En cuanto al cumplimiento del programa, yo sabía que Matt entendía lo que tenía que hacer, y como todo joven de 18 años que recién concluía la escuela secundaria y quien estaba en proceso de despedirse de sus amigos antes de partir a la universidad, su tendencia era quedarse despierto hasta altas horas de la noche y levantarse tarde por las mañanas. Esto, por supuesto, arruinaba su calendario de actividades. Entonces le ayudé a fijar fechas límites en un cuadro y lo pegué junto a la puerta de nuestra oficina. Esto le ayudó a fijar una hora de inicio de actividades diarias. También lo motivé con premios monetarios por cumplir el plan.

En cuanto al bosquejo, le mostré a Matt la estructura general del proyecto y le dije cómo deseaba que procediéramos. Aun cuando yo era el arquitecto del contenido general, quería que Matt contribuyese con su propio material.

Usted encuentra cada día a personas a su alrededor que desean superarse y crecer. Su trabajo es servirles edificándoles a través del reconocimiento, expresando confianza, confortando y entrenando.

Necesitarse mutuamente

El segundo principio vital es el de desarrollar una relación saludable, mediante el depender uno del otro. Existen maneras saludables y no-saludables de relacionarse con los demás. Permítame señalarle algunas formas no-saludables.

El siguiente diagrama ilustra gráficamente las relaciones interpersonales negativas. [11]

Todas las áreas fuera del punto central están mal, encima de usted, dentro de usted, para usted, de usted, debajo de usted, sin usted, contra usted, o a pesar de usted. Más bien, usted desea que las personas se relacionen con usted en una manera que sea amorosa, con genuino interés, teniendo confrontaciones positivas, viviendo en armonía y en la verdad. Este es un tipo de relación saludable y de crecimiento. Es ese tipo de relación la que crea la unidad de equipo, ya sea en la casa, en la oficina o en la comunidad.

Otras personas se presentan como una lima para afilar nuestras habilidades, carácter y convicciones. Se convierten como en papeles de lija, para limar nuestras asperezas.

William Glasser, una figura de importancia en la sicología moderna, llegó a una conclusión similar. En su conocido libro, *Reality Therapy*

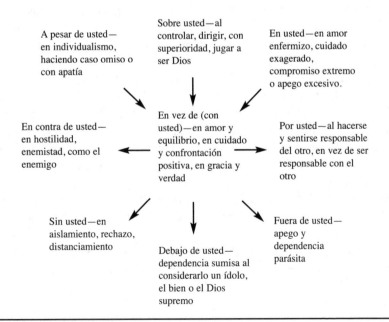

[Terapia de la Realidad], afirmó: "Debemos relacionarnos cercanamente con otras personas, una como mínimo, pero lo ideal sería con más de una. En el transcurso de nuestras vidas, debemos tener en todo momento al menos una persona que se interese por nosotros y por quien nosotros nos interesemos. Si no tenemos a esa persona, no podremos satisfacer nuestras necesidades básicas….Una característica es esencial en la otra persona: Debe estar en contacto con la realidad y ser capaz de satisfacer sus propias necesidades personales y comunitarias."[12]

El necesitar a otra persona es una realidad de doble vía—*otras personas le necesitan y usted necesita de otras personas.*

1. Otros le necesitan

Si usted tiene una posición de liderazgo, ya sea como padre, como empleador, o gerente, no es difícil imaginar que otros le necesitan. Usted es la palabra final; su participación activa es esencial. Usted se siente necesario.

Usted debe reconocer esa realidad, privilegio y responsabilidad, si busca el éxito auténtico. Su familia lo necesita. Sus amigos le necesitan. Sus colegas y socios le necesitan. Sus clientes le necesitan. Su iglesia, sinagoga o templo le necesita. Su comunidad le necesita. Cada una de estas relaciones sufrirían, si usted no acepta su lugar, tanto como un ser humano necesitado por otros, como su necesidad de otros.

Considere al hombre entrevistado por Gail Sheehy en su best-seller, *Passages* [Pasajes]. Este hombre dejó a su esposa y se mudó con una jovencita de 18 años a quien acababa de conocer. "Lo difícil para mí, es justificar el dejar a Nan [su esposa] de golpe, pues ella no ha hecho nada malo. Ella todavía habita en ese mundo en el que todos crecimos para vivir conforme a planes….Lo que he aprendido de los jóvenes que conocí es que, ¡para ellos no existen compromisos! En otras palabras, la felicidad es no tener compromisos, nadie a quien responderle (traducción literal de la palabra es ser 'irresponsables'), no tener personas, cuyas necesidades o problemas se inmiscuyan en tu camino o te puedan atar."[13]

Este tipo de irresponsabilidad es un elemento importante en el resquebrajamiento de la cultura en el ámbito mundial. Las personas están abandonando sus responsabilidades en el hogar, en el sitio de trabajo y en la comunidad en general.

El éxito auténtico implica la responsabilidad de cuidar, sabiendo que parte de su "llamado" o "misión" en esta tierra, es tratar, positivamente a los demás y cuidar de ellos. Esta responsabilidad no es solo tarea del trabajador social, rabino, pastor o psicólogo. Es su tarea. Usted es la única persona en el mundo que tiene ciertos contactos y relaciones privilegiadas. Solo usted tiene esa responsabilidad, esta mayordomía de cuidar. La pregunta es entonces: ¿Qué hará usted con su responsabilidad de cuidar a otros?

2. Usted necesita de los demás

Esta es la otra cara de la misma moneda.

Soy una figura pública. Dicto charlas con regularidad y recibo muchas felicitaciones. Muchas personas me dicen todo el tiempo, y en muy diversas formas."Gracias por ayudarme" Así que no tengo mucho problema en aceptar que otros me necesitan.

Mi problema es el otro lado de la ecuación, es decir, aceptar que yo necesito a los demás. Existe un popular test psicológico llamado Firo B. Este muestra como está uno con respecto a la escala de "inclusión" y "exclusión." En otras palabras, cuánto quieres incluir, versus excluir con respecto a las personas de tu vida, y también, cuánto quieres que los demás te incluyan o te excluyan. En este test usted recibe dos puntajes, del cero al diez. El cero significa que usted no quiere a nadie en su vida; el diez significa que usted quiere incluir a todos.

La última vez que tomé el test, mi puntaje fue cero/cero. Eso significa que soy un solitario en extremo. A menudo, esta revelación confunde a las personas porque aparento ser amigable, extrovertido y tengo habilidades sociales muy desarrolladas. Sin embargo, la verdad es que me gusta estar solo.

Mi lucha es reconocer la necesidad que tengo de las demás personas, para tener un buen equilibrio, señalarme los puntos ciegos, limar mis bordes ásperos y complementar mi vida.

Esta tendencia a excluir, me ha llevado a desarrollar amistades muy particulares, las cuales aparecen en tres formas diferentes: amistades informales, comprometidas, y de pactos.

El grupo informal representa a sus conocidos y a las personas a las que ve en forma periódica o con los que se relaciona en forma superficial. El amigo comprometido es aquel con quien cultiva una amistad y está allí para usted. Tienen cosas importantes en común y les agrada estar juntos. Finalmente, la relación de pacto representa a aquél pequeño grupo de personas en su vida (empezando con su cónyuge) que siempre estarán allí. Estas personas le aman lo suficiente como para confrontarle en sus puntos débiles, pero siguen creyendo en usted. Ellos son sus admiradores, su apoyo, su aliento, y una fuente de comunicación abierta y honesta. Usted puede luchar junto a ellos.

¿Cómo cultivo cada una de esas amistades? Practicando estos principios. Estos principios de cuidar y establecer la unidad, son los que hacen que las amistades sean vitales y profundas. El paso específico que más me ha ayudado para cultivar a mis amistades de pacto, fue la formación del grupo de responsabilidad mutua que les mencioné en un capítulo anterior. Como me resulta fácil salirme del área de necesitar a los demás, tengo un grupo al cual debo rendir cuentas.

Rendir cuentas, como hice referencia en otro capítulo, es volverse a alguien y decirle: "Ayúdame en esto." Es cuando uno se vuelve a alguien y le dice: "Estas son las cinco preguntas que ruego a Dios que nunca nadie me haga. Por eso, cada vez que me veas, hazme estas preguntas."

Cuando me reúno con este grupo de amigos cada semana, nos hacemos preguntas difíciles, potencialmente embarazosas, tales como:

> **"Estas son las cinco preguntas que ruego a Dios que nunca nadie me haga. Por eso, cada vez que me veas, hazme estas preguntas."**

• ¿Le diste a tu patrono o empleador el día completo de trabajo?

• ¿Hiciste algo esta semana que pueda dañar tu reputación?

• ¿Estuvise en alguna situación comprometedora con alguien del sexo opuesto?

• ¿ Dedicaste un tiempo de calidad para edificar a tus hijos?

• ¿Fuiste impecable e íntegro?

Si habla en serio sobre el desarrollar cualidades positivas y del desarrollo en su vida, usted necesita decir a unos pocos, "Quiero que me exijas que te rinda cuentas. Tienes acceso a mi vida, y si ves algo en mi que necesite cambiar, dímelo. Tú eres mi amigo y sé que sinceramente quieres lo mejor para mí."

Todo esto pone los cimientos correctos para construir los tres sub-principios siguientes.

Relacionarse intensamente con los demás

Hoy día y en nuestra cultura, existe un creciente temor hacia la intimidad. El psicólogo Herbert Hendin señala que existe la "trampa del relacionamiento" que causa que la gente rechace el cariño, porque se piensa los haría vulnerables al rechazo y al desencanto. Hendin comenta, "Veinte años atrás, el aislamiento y la incapacidad de sentir placer en la vida, eran considerados como síntomas de esquizofrenia. Hoy día, las personas creen que relacionarse emocionalmente, es una invitación al desastre y que el aislarse ofrece los mejores mecanismos de supervivencia. En nuestros trabajos, en nuestros juegos, aun en nuestra vida sexual, queremos ser como las máquinas (hablamos de 'funcionar'), actuando pero sin involucrarnos, sin importarnos nada muy a fondo."[14]

La "i" de intimidad es la letra central de la palabra "unidad" y el elemento primario de mi concepto acerca de edificar a las personas. La intimidad es clave, porque sin ella no puede existir la unidad verdadera. Recuerde, unidad es unicidad y la unicidad requiere una intimidad profunda y permanente. Es acerca de ser uno con alguien más, ser franco, honesto, no sentir vergüenza por la presencia de la otra persona. ¿No le gustaría llegar a eso? Una llave de acceso a la verdadera intimidad, es la comunicación.

¿Sabe usted lo que significa la palabra intimidad? Desde luego, probablemente lo primero que le viene a la mente es la intimidad sexual. Pero la palabra significa mucho más que eso. La palabra proviene de un antiguo término que denota "conversación," "interacción," "comunicación." Bien, eso es lo que significa la intimidad social.

Cuando nos comunicamos, debemos enfocarnos hacia la misma sinceridad y honestidad, el mismo tipo de conexión mental y emocional, que esperamos en la intimidad sexual legítima. Considerando este punto, ¿Piensa ahora de manera diferente respecto del proceso de la comunicación?

Dentro de este principio crítico, toco dos aspectos de las comunicaciones personales: *conectándonos* (primero comprendiendo para luego ser comprendido) y *clarificando* (aprendiendo a resolver los conflictos)

1. Conectándonos

La comunicación efectiva se lleva a cabo cuando la imagen que me he formado en mi mente, es la misma imagen que usted se ha formado en la suya. Esto es más fácil decirlo, que hacerlo.

Piense acerca de la semana pasada. ¿Tuvo una mala comunicación con alguien? Tal vez usted dio instrucciones acerca de una cosa, pero su empleado hizo otra. O, tal vez usted dijo algo que, sin ser su intención, ofendió a alguien. O, quizás fue usted herido por el comentario descuidado de alguien.

La verdad es que, muy a menudo no nos conectamos bien con los demás.

Norm Wright, en su excelente libro *Communication: Key to Your Marriage* [Comunicación: la clave para su matrimonio], define la comunicación como "un proceso (verbal y no-verbal) de compartir información con otra persona en forma tal, que la otra persona comprenda lo que usted está diciendo."[15] En otras palabras, usted debe *conectarse*, si espera comunicarse. La comunicación no es sólo hablar…no es sólo escuchar…no es solo repetir lo que la otra persona dice. No es solo comprender las palabras que le han hablado. La comunicación es conectarse. Es el ver y sentir las cosas de la misma manera que lo siente su pareja o interlocutor.

> **"Sé que usted cree que entiende lo que piensa que yo dije, pero no estoy seguro que se de cuenta de que lo que escuchó, no es lo que yo quise decir."**

Es el colocarse en "los zapatos del otro" y captar la perspectiva de esa persona.

Permítame darle un ejemplo personal. En una ocasión, mi esposa Mary y yo, salimos para disfrutar de una agradable cena. Ella recién había regresado de escuchar una conferencia que la había puesto a reflexionar sobre su futuro y acerca de los diversos roles que ella desempeñaba en ese entonces. Mary llegó a casa confundida y descorazonada acerca de su rumbo en la vida y necesitaba conversar.

Mientras que ella me compartía la carga en su corazón, yo, por supuesto, formulaba un excelente plan que ella debía llevar a cabo. Estaba seguro que eso resolvería su intranquilidad y le daría dirección.

Aun así, a medida que expresaba mis pensamientos, Mary muy diplomáticamente me dijo que ella no quería escuchar mi plan. Ella no deseaba que yo le solucionara su problema; ella solo quería que yo la escuchara. El sólo conversar acerca de ello, el ponerlo todo en palabras, frente a alguien a quien le importara, era todo lo que ella necesitaba.

La mayoría de las mujeres son como Mary. Para que un matrimonio sea satisfactorio, es necesario que ambos en la pareja verifiquen su perspectiva. Las mujeres por lo general, son más intuitivas y más sensibles y muy a menudo, mejores comunicadoras que los hombres. Una mujer siempre tratará de comunicarse con una mayor profundidad y significado que un hombre.

Cuando Mary y yo hablamos acerca de nuestras metas y sueños, los míos generalmente son cuantitativos y específicos, en tanto que los de ella son más generales y abarcan un mayor período de la vida. Cuando hablamos acerca de nuestros hijos, por ejemplo, yo trato lo básico concerniente a sus calificaciones escolares o su conducta. Pero Mary quiere que yo sepa acerca de cómo nuestros hijos se sienten respecto a sí mismos y lo que yo puedo hacer para levantarles el ánimo y su auto-estima. Cuando hablamos acerca de nuestras amistades, simpatizo con el esposo o la esposa, basados en qué tan buenos jugadores de tenis son. Mary busca en nuestros amigos, espíritus afines, sean hombres o mujeres.

El verificar la perspectiva de la comunicación en su matrimonio, puede marcar toda la diferencia del mundo. De tal forma pregúntese, ¿cómo me conecto? Primero, esfuércese por comprender la perspectiva de la otra persona. Esto no significa que usted debe siempre estar de acuerdo con ese punto de vista, pero debe tratar de entenderlo.

La gente se pasa mucho tiempo tratando de imponer su propio punto de vista y no tanto en tratar de entender el de la otra persona. Al hacer esto, le están diciendo a esa persona (conciente o inconcientemente), "Tú no eres muy importante…tus puntos de vista son poco valiosos…no vale la pena ni que te escuche."

¿Cómo se siente usted cuando alguien no le escucha o ni siquiera trata de entender su perspectiva? Sencillamente, herido.

Usted puede afinar sus habilidades de comprensión, al aprender primero a escuchar. No sólo se concentre en repetir como una cotorra las palabras que escucha. En vez de eso, escuche lo que la otra persona está tratando de decir y trate de comprender lo que él o ella sienten. Haga preguntas indagatorias. [16]

Esté alerta de cuándo escucha inadecuadamente. Este tipo de actitud da la impresión de un interés fingido. Se centra solo en los puntos que le interesan y en estar a la defensiva, no escucha los mensajes que significan algún tipo de amenaza o advertencia.

El escuchar saludable está basado en procurar que la otra persona y sus puntos de vista sean prioritarios. Se busca el aclarar, al hacer preguntas tales como, "¿Me estás diciendo que…?" o "¿A qué te referías cuando dijiste… ?"

He aquí algunas claves para escuchar saludablemente:

Enfóquese en	En vez de
lo que se dice	la forma en que se dice
el sentido	las palabras
la claridad de los puntos válidos	la defensa de acusaciones inciertas
las preguntas	los juicios
comprender	juzgar

Recuerde que su meta al escuchar, es ver la perspectiva de la otra persona, lograr la empatía y *sentir lo mismo* con ella. *Simpatía* es cuando alguien se pega un martillazo en el pulgar y usted le dice, "Caramba, lo siento." Pero empatía es cuando alguien se pega un martillazo y usted dice, "¡Ay!" Usted siente junto con la otra persona. Si usted puede lograr ese tipo de empatía, usted se encontrará en buen camino hacia la conexión.

El segundo aspecto de conectarse, es la capacidad de comunicarse de forma tal, que la gente pueda comprender lo que usted quiere decir.

Lo que usted quiere decir es comunicado no solo a través de las palabras, sino también a través de su tono de voz y del lenguaje corporal. El valor específico que se le da a cada uno de esos factores, es como se indica a continuación: lenguaje corporal 55% - tono de voz 38% – palabras 7%.

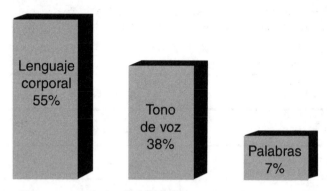

Naturalmente, una de las habilidades que usted más necesita cultivar es la de comprender y utilizar con eficacia sus habilidades no verbales (lenguaje corporal)

Nunca olvidaré un día en mi clase de oratoria en la universidad, cuando el profesor apuntó hacia mí y comentó que mi postura era el ejemplo perfecto del lenguaje corporal de un estudiante aburrido. Bajo todas las apariencias, así era. Estaba arrellanado, con el cuello apoyado en el respaldar de la silla y mis piernas estiradas hacia adelante. Parecía que ya iba a iniciar una larga siesta.

Sin embargo, ese día aprendí dos lecciones distintas y opuestas. Primero, mi profesor se equivocó. Yo estaba sentado en esa posición para aliviar el dolor que tenía en mis vértebras lumbares, las cuales me había lesionado jugando fútbol americano en la escuela secundaria. Segundo, el cuerpo sí da un mensaje y a menos que a usted se le de la oportunidad de corregir o aclarar el mensaje que está transmitiendo, quedará como lo indican las apariencias.

Usted probablemente puede representarse en su mente las posturas y el lenguaje corporal que comunican las diversas actitudes: la persona tímida con los brazos cruzados sobre el pecho, que no le mira a los ojos ni inicia una conversación; el amigo que tiene la mirada perdida en el espacio en tanto conversan o que está viendo a todo el mundo en el restaurante menos a usted; la persona que escucha atentamente y le responde concienzudamente; el tipo que arruga la cara cuando se le dicen ciertas palabras; la chica que le pasa la mano por el brazo al novio, mientras ella habla.

Hace años, trabajé en un equipo de negocios con una persona a quien respetaba profundamente. Sin embargo, cada vez que estábamos en una reunión, él se enojaba con alguien y explotaba. Sus frecuentes episodios de ira me preocupaban muchísimo y en realidad, me sentía sumamente ofendido por su actitud. Por último, decidí aclarar el asunto con él.

Luego de una de nuestras muy acaloradas sesiones, durante la cual él nuevamente se "lució," me lo llevé a almorzar. Inicié nuestra conversación preguntándole:

—¿Mark, te has dado cuenta de que a menudo expresas una ira extrema en nuestras reuniones?

—¿Ira? —contestó—. Yo no. Yo nunca me enojo. No tengo idea de lo que estás hablando.

Me contestó con franqueza.

—¿Cómo llamarías al hecho de que una persona alza la voz, hasta casi gritar, las venas se le hinchan en el cuello, la cara se le enciende como una remolacha y señala con el dedo a pocos centímetros de la cara de la persona a la cual se dirige? —le pregunté.

—¿Y yo hago eso? —preguntó Mark.

—Diste en el clavo —repliqué— Eso es exactamente lo que haces.

Esa sencilla conversación, inició un nuevo sentido de percepción propia por parte de mi amigo y colega. Recuerdo que hasta acordamos una seña, para que él se diera cuenta cuando comenzaba a ofuscarse (me colocaba el índice a un costado de la nariz). Fíjese, él tenía un verdadero "punto ciego" en su personalidad y no estaba comunicando lo que realmente deseaba o debía. En realidad, tenía asustados a todos los que estábamos a su lado, en vez de ganarlos.

La reflexión personal, es decir, el estar concientes de lo que hacemos, es un factor muy importante de la conexión. Es parte del trabajo que usted tiene que hacer para asegurarse que se está comunicando eficazmente. Es realmente la única cosa que usted puede hacer para garantizarla. Al estar conciente de sus propias inclinaciones y predilecciones, usted puede librarse de sí mismo, para ponerle atención a los demás.

Ciertamente, la comunicación es una actividad muy compleja que involucra a la persona total. Esfuércese por alinear su comunicación verbal, con la no-verbal. De otra forma, puede que encuentre que sus acciones estén saboteando sus palabras y su buena intención.

La conexión por otra parte, se ve aún más afectada por los siguientes puntos:

1 . *El Cliché.* Es cuando decimos las cosas por puro hábito. "Hola, ¿cómo estás?" le pregunta a un amigo, quien contesta, "Bien."

2 . *Contar los Hechos* acerca de los demás. Existe una palabra muy negativa para eso, chisme. Cuando hablamos así de alguien, damos la impresión que no queremos que se fijen mucho en lo que somos. En realidad, el chisme revela mucho acerca de nuestro carácter o la falta de él.

3 . *Las Opiniones.* A este nivel, expresamos cómo vemos las cosas. Es un poco más riesgoso, porque si nuestra opinión es rechazada, uno siente que una parte fundamental de quien expresa la opinión, es también rechazada.

4 . *Los Sentimientos.* Cuando comenzamos a compartir lo que está sucediendo dentro de nosotros, es cuando comenzamos a ser transparentes.

5 . *Transparencia genuina y honestidad total en la comunicación.* Este nivel (y en muchos casos el anterior) es un nivel de comunicación en el que usted no incluirá a mucha gente.

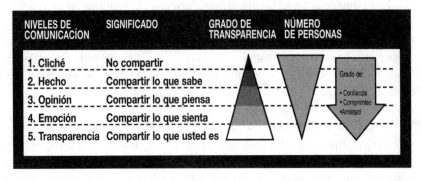

NIVELES DE COMUNICACÍON	SIGNIFICADO	GRADO DE TRANSPARENCIA	NÚMERO DE PERSONAS
1. Cliché	No compartir		
2. Hecho	Compartir lo que sabe		Grado de:
3. Opinión	Compartir lo que piensa		• Confianza
4. Emoción	Compartir lo que sienta		• Comprimiso
5. Transparencia	Compartir lo que usted es		•Amistad

Tomado de *Why Am I Afraid To Tell You Who I Am?* [¿Por qué tengo temor de decirte quién soy?], John Powell, cuadro utilizado con permiso de Family Life.

Nuestra tendencia natural hacia la auto-preservación puede atemorizarnos e inducirnos a quedar en el nivel del cliché o el del chisme en muchas de nuestras relaciones. Como dijo William James, "Es sólo al arriesgarnos de minuto en minuto, que logramos vivir." El compartir opiniones y sentimientos, es vital para afirmar la unicidad y la unidad en las relaciones, aun las relaciones informales. Las relaciones cercanas son vitales para vivir una vida balanceada.

"Algunas personas son como los castillos medievales," dice Judson Swihart. "Sus altas murallas les impiden que sean atacados. Se protegen emocionalmente, al no permitir el intercambio de sentimientos con otras personas. Nadie puede entrar. Están protegidos contra todo ataque. Sin embargo, al inquirir sobre los ocupantes, se descubre a una persona solitaria rondando por el castillo. El ocupante del castillo es un prisionero. El o ella necesitan ser amados por alguien, pero las paredes son tan altas, que es difícil alcanzarlos y peor aun, entrar"[17]

La forma en que abrimos y experimentamos las comunicaciones, es a través de la conexión, pero la forma en que la mantenemos activa y dinámica, es mediante la aclaración constante.

2. Aclare

Aclarar o clarificar, es el arte de enfocarse en los asuntos de una forma tal, que las percepciones en conflicto sean resueltas de la manera más positiva posible. Inevitablemente, existen ocasiones en las que se llega a un impasse, desavenencia o conflicto. Usted no puede obligar a que el otro responda y cambie. Todo lo que usted puede hacer es comunicarse y clarificar en la forma correcta; usted no puede ser responsable de los resultados finales. Usted es responsable solo de verificar que el asunto sea aclarado al máximo.

© Steve Bjorkman. Utilizado con permiso.

En mi seminario "Cómo cambiar a las personas," dedico buen espacio a enfocar las habilidades interpersonales, a entrenar a la gente en cómo comunicarse íntimamente y a enseñar cómo resolver conflictos. La mayoría de las personas nunca ha aprendido a construir relaciones cercanas. Sin embargo, esta intimidad es un prerrequisito para lograr familias, amistades, negocios y comunidades llenas de vida. La clarificación, o sea la resolución de conflictos, es fundamental para establecer la intimidad.

El equilibrio crítico en la clarificación, se logra al decir la verdad, en amor.

Diga la verdad	Dígala en amor
confronte	cuide
nivele	aprenda

¿Puede ver el equilibrio en esta tabla? Usted debe ser sincero, pero en su sinceridad debe procurar no dañar. Debe tratar el asunto con objetividad y no ahogarse en sentimientos de conmiseración personal.

Desgraciadamente, mucho del "entrenamiento en afirmación" que ha estado de moda en años recientes, se ha convertido en una licencia para practicar lo que yo llamo "entrenamiento de ofensiva." Dicho entrenamiento está basado en el sincero deseo de ayudar a la gente a hablar y expresarse. Pero el péndulo se ha ido al extremo haciendo que los adiestrandos se convierta en busca pleitos, despreciando a la gente a su alrededor, lo cual genera muy malos resultados.

Si usted va a crear unidad y unicidad y busca aclarar los asuntos, debe aprender a afinar la habilidad de proveer una afirmación balanceada y en el momento apropiado.

¿Cuál es su perspectiva cuando busca clarificar asuntos o cuando quiere resolver conflictos?

Resolución de conflictos: ¿cuál es su opinión?

- Es correcto manipular la verdad, para evitar lo desagradable.
De acuerdo-En desacuerdo

- Una discusión es siempre una fuerza destructiva.
De acuerdo-En desacuerdo

- El camino más prudente a seguir cuando se está produciendo una discusión, es quedarse callado o salirse de la habitación.
De acuerdo-En desacuerdo

- En el proceso de comunicación, lo mejor es tratar ciertos asuntos, y otros no.
De acuerdo-En desacuerdo

- El enojarse con una persona es un síntoma de inmadurez emocional.
De acuerdo-En desacuerdo[18]

Ahora permítame ofrecerle un consejo. Primero, el conflicto es inevitable. Sucederá. Es natural y no es malo en sí. En realidad, el conflicto es a menudo la clave para construir mejores relaciones. El conflicto nos afila. Como dice el proverbio: Así como el hierro afila hierro, así un hombre afila a otro hombre.[19]

Así como el hierro choca con otro hierro y causa chispas en el proceso de fricción y afilado de una herramienta, las chispas creadas

> **Así como el hierro afila hierro, una persona afila a la otra.**

por nuestras desavenencias, pueden ser el resultado del afilado de nuestro carácter, sensibilidad, nivel de compromiso, integridad y amor auténtico. De tal forma que anticipe el conflicto. No huya ni lo niegue. Dispóngase a aceptarlo y aprenda.

Segundo, las emociones fuertes no son malas. En realidad las emociones fuertes han impulsado algunas de las acciones y movimientos más grandes de todos los tiempos. El odio a la pobreza y un profundo amor por Dios y por la humanidad, impulsó a la Madre Teresa a llevar a cabo su audaz y perdurable obra en Calcuta, India. Un profundo rechazo hacia la desigualdad y la injusticia, motivó a Martin Luther King Jr., a dirigir el movimiento por la igualdad de los derechos civiles.

El enojo o la frustración, también pueden motivarle a encontrar soluciones en el proceso de aclaración o clarificación. Pero tenga en mente que las emociones profundas, también pueden ser agotadoras y destructivas.

Si usted puede activar los siguientes principios en forma consistente y persistente, estará en camino hacia su dominio de la clarificación.

Confiar el uno en el otro

Las bisagras de la puerta que conduce hacia las relaciones cercanas y unificadas, son aceitadas por el nivel de confianza que usted tiene en aquellos que le rodean. Este cuarto principio es simplemente, "creer lo mejor" de la gente. No requiere que usted elimine su discernimiento acerca de lo que es una conducta inapropiada. Es más, según se mencionó en el principio anterior, usted debe clarificar y resolver los conflictos y los problemas con regularidad.

La confianza le quita fuerza a la tendencia de hacernos ideas dañinas de los demás, de malinterpretar la comunicación no-verbal, de malinterpretar los motivos e intenciones de otros o de hacer acusaciones falsas. El hacernos suposiciones a la ligera, es una forma segura de cerrar la mente y el corazón de los demás. No solo paraliza cualquier comunicación que se esté llevando a cabo en ese momento, sino que cierra las comunicaciones futuras.

Recuerdo haberme aparecido en casa de un amigo, hace ya algunos años. Se suponía que yo tenía que traer unas sillas. Cuando hice sonar el timbre, mi amigo abrió la puerta y dijo, "Hola, Ron. ¿Dónde están las sillas?"

"Ah, me olvidé," le respondí. Mi amigo me lanzó una mirada y prácticamente ladró, "¡Ya lo sabía!"

Pensé, "*¿Ya lo sabía?" Él piensa que no sirvo para nada. Él piensa que no puedo hacer nada bien. Piensa que soy un inútil. Entonces cavilé, ¿Y quién se cree que es el tonto este? ¡Seguro que debe tener algún problema o una docena!*

Entonces me dí cuenta que tenía una de dos opciones. Podía pensar lo mejor acerca de lo que él estaba diciendo, aunque era bien desagradable y olvidarme del asunto. O tenía que preguntarle lo que había querido decir. Era claro para mí lo que había querido decir, lo que planteaba un asunto difícil de tragar.

Finalmente, un par de semanas más tarde, ví a mi amigo de nuevo y le pregunté sobre el incidente. "¿Te recuerdas del otro día cuando estuve en tu casa, que olvidé traer las sillas? Y tú dijiste, ¡Ya lo sabía!"

Él me interrumpió. "No debí haberte dicho eso," me dijo.

"Eso es lo que yo pensé," le respondí. "Pero en cualquier caso, como ya lo dijiste, estaba pensando a qué te estarías refiriendo."

"Bueno," agregó, "durante todo ese día, en cada reunión que tuve, alguien se olvidó de algo."

Su intención no era decirme, "Jenson, no sirves para nada." Lo que me estaba diciendo era, "Mi día ha sido terrible."

La próxima vez que usted se encuentre pensando acerca de lo que alguien quiso decir, cuando hablan o hacen algo, ¿por qué no se acerca a esa persona y le pregunta lo que realmente quiso decir? Usted se quedará sorprendido de la cantidad de veces que uno juzga mal una situación.

Solo esa pequeña pregunta, "¿Cuál es su motivación?" puede hacer que usted se detenga, piense y le dé la razón a alguien a quien realmente ama y que no desea ofender o perjudicar.

Ceder el uno al otro

El último punto de lo que significa la unidad, puede que no le convenza mucho. Pero si usted realmente desea ayudar a cambiar la vida de las personas, entonces debe aprender a ceder un poco.

Puede que usted me diga, "¡Es una tontería!" No…no es una tontería. Los pleitos continuos solo producen resentimientos, y que la gente se nos resista aun más. Pero cuando usted aprende a ceder debidamente, en el momento correcto, usted le quita fuerza al desacuerdo y permite que los demás reaccionen positivamente.

El verdadero compromiso hacia los demás, se ve en nuestro deseo por ceder ante otros. Esta motivación, es evidencia del amor y la entrega a los demás. Sin esto, usted comunica una relación egocéntrica, interesada y superficial, que está basada en los resultados y las condiciones externas y no en un verdadero compromiso.

¿Y cómo cede usted ante los demás? Usted se somete a esos principios absolutos que gobiernan sus pensamientos, sus emociones y su conducta. El aclamado escritor C.S. Lewis habló elocuentemente acerca de este punto:

Sería muy equivocado pensar que la forma de convertirse [en una persona amorosa] es el sentarse y tratar de fabricar sentimientos afectuosos. Algunas personas son de temperamento frío…La regla para todos es perfectamente simple. No pierda tiempo preocupándose de si usted "ama a su prójimo"; actúe como si lo hiciera…Cuando usted se está comportando como si amara a alguien, llegará un momento en que los comenzará a amar.

Si agravia a alguien a quien usted le desagrada, usted se

encontrará desagradándole aun más. Si usted le hace un bien, usted encontrará que le desagrada menos...Pero cuando le hacemos bien a otro ser, solo porque es un ser, creado (como nosotros) por Dios, y deseando que sea feliz, tal como nosotros deseamos ser felices, entonces habremos aprendido a amarle un poquito más, o por lo menos, a que nos desagrade un poquito menos. [20]

Malcolm Muggeridge escribió sus reflexiones acerca de la Calcuta (India) que él vio cuando estuvo acompañando a la Madre Teresa: "La mayor enfermedad hoy en día, no es la lepra o la tuberculosis, sino el sentir que no nos quieren, que no nos cuidan y que todos nos han abandonado. El mal más grande que existe, es la falta de amor y de caridad hacia los demás, esa terrible indiferencia hacia el vecino que vive a la orilla de la carretera, que ha sido víctima de la explotación, la corrupción, la pobreza y la enfermedad."[21]

¿Cómo hace usted para que este concepto de ceder a los demás funcione en su vida? Muy sencillo: Usted lo puede practicar diariamente, en el trabajo, en su hogar, en las reuniones sociales, aun en el camino cuando esté de viaje.

Imagínese esta escena en su hogar: Usted llega tarde de nuevo y durante la cena, su esposa le dice, "¿Cuándo vas a poner tus asuntos en debido orden de importancia y darnos algo de atención a mí y a tus hijos?"

¿Cómo se siente? Molesto, avergonzado, amargado. ¿Qué haría usted normalmente? ¿Gritarle? "¡Mira! Yo soy el que pongo la comida en la mesa." O, "¿Por qué no te consigues un trabajo para que yo no tenga que trabajar horas extras? O, tal vez, casi seguramente, ¡Cállate, que me tienes harto!"

Permítame sugerirle una estrategia de cambio radical. Ceda. Es lo correcto. Ceda. No trato de insinuar que su esposa tenga toda la razón y que usted tiene toda la culpa. Pero piense en el mensaje que usted le transmite a su esposa y a sus hijos si usted cede:

Lo que usted dice	Lo que la familia realamente escucha
"Amor, perdona. Tienes razón."	Humildad y deseos de hablar
"Trataré de estar en casa a las seis, cuatro días a la semana."	Flexibilidad, cuidado y atención por su esposa e hijos
¿Qué más crees que debo hacer?	Honra a la familia, al buscar su apoyo y consejo

¿Qué es lo que pierde si cede? Absolutamente nada. Su autoridad se incrementa, porque su humildad mejora su credibilidad. El respeto de su familia hacia usted se incrementa, porque usted abre su espíritu. Un saludable ceder, refleja el profundo respeto que usted tiene hacia las personas que le rodean. Colocar a los demás antes que uno mismo es una manifestación de un buen carácter, no de debilidad.

Hace años, conducía a casa después de una reunión con uno de mis jefes. Éramos buenos amigos, pensé yo. Pero de la nada, me dijo, "Ron, tengo un gran problema contigo. De hecho tengo muchos." Entonces procedió a enumerar toda clase de problemas que veía en mí.

Yo estaba furioso y confundido. ¡Después de todo, este tipo estaba, de por sí, bien cargado de problemas! Yo sentí que aquel hombre estaba celoso de mi éxito. No era ningún secreto en nuestra organización, que la gente gravitaba mucho más hacia mí, que hacia él. Sin embargo, yo había tratado de ser leal y apoyarlo.

Esta fue la gota que derramó el vaso. Me quedé callado en tanto que se descargaba. Entonces me fui a casa y comencé a escribir todos sus problemas. Llené una hoja completa por ambas caras …y eso que escribí con letra bien pequeña.

Estaba listo para enfrentar a este individuo desagradable, pero pasé a pedirle un consejo a uno de mis profesores del curso de post-grado. Luego de explicarle el problema, le pregunté cómo debía enfrentar el caso. Su respuesta fue específica y concisa: ¡No lo hagas!

"¿Que no?" exploté. ¡Este tipo se lo merece! Aparte de eso, necesita que alguien le diga cuáles son sus problemas. Es lo menos que puedo hacer."

Mi sabio mentor me indicó que el empresario podía requerir algo de clarificación. Por ahora, él necesitaba que yo le fuera leal y humilde. Me indicó que a través del principio universal de ceder ante los demás, nosotros crecemos en nuestro carácter y en nuestra humildad y entonces los demás están prestos a aprender lo que necesitan.

Ruth me dijo lo siguiente un día, a mitad de una airada discusión acerca de cómo manejar a un oponente amargado. "Ron, si tu enemigo tiene necesidad, súplele esa necesidad. Eso le quitará todo el viento a la vela que lo impulsa. Pero si lo combates, él te retornará la pelea y su espíritu se cerrará. Nunca busques que el espíritu de nadie se te cierre, si está a tu alcance el evitarlo."

El morir a uno mismo, asegura el crecimiento de los demás. Esto es lo que ocurre en las madres abnegadas, ejecutivos eficaces, profesionales destacados y en los empleados de éxito. A medida que crecemos en humildad, aquellos que están alrededor nuestro se disponen a cambiar y nosotros también crecemos.

Al fin de cuentas, tomé la decisión de hacerle caso a mi profesor. Fui a mi empleador y le hice preguntas específicas acerca de cómo podía yo crecer. Busqué oportunidades para lograr que él tuviera éxito y lo apoyé públicamente y en privado.

Diez meses después me llamó a su oficina. Me dijo, "¿Ron, te recuerdas hace un tiempo cuando te reprendí fuertemente? Bueno, quiero que sepas que me equivoqué en la forma en que lo hice y en la mayor parte de lo que dije. Francamente creo que estaba celoso. Sin embargo, tu buena actitud me ha avergonzado al punto de reconocerlo. ¡Lo lamento! ¿Podrás perdonarme? Por favor, ayúdame a cambiar. Dime ¿cómo puedo cambiar?"

Por supuesto le perdoné. En realidad, ya había desechado aquella hoja llena de críticas desde hacía meses. Sus debilidades y faltas, habían desaparecido de mi mente, al buscar ayudarlo a que tuviera éxito.

¿Pero...acaso el ceder siempre produce buenos resultados? Ciertamente no. Sin embargo, es la única manera de poder llegar a producir el tipo de fruto y tener éxito auténtico en producir *unidad*.

¿Desea usted marcar la diferencia en la vida de las personas? ¿Está usted dispuesto a dejar de lado sus propios intereses, para propiciar el éxito de los demás? ¿Desea usted concentrarse en cuidar de los demás?

Usted sabe lo que tiene que hacer. Usted tiene que morir a su propia voluntad, a su propia manera de hacer las cosas y en ocasiones, a su propia sabiduría. Usted tiene que permitir que otros se desarrollen, aunque usted tenga que menguar. Si usted se permite sucumbir ante las demandas de una persona agresiva y detestable, quien pide mucho y da poco, si usted puede aprender a manejar esa situación y al mismo tiempo ceder, ofreciendo respuestas en una forma amorosa, pero positiva, usted encontrará que la gente estará dispuesta a cambiar. Usted puede marcar ese tipo de diferencia en sus vidas.

Pasos hacia la acción

Edifíquense unos a otros

1. Identifique las dos áreas más críticas de su vida; una de su vida personal y la otra de su aspecto profesional. Recordando los cuatro sub-principios de edificarse uno al otro (felicitar, expresar confianza, consolar y aconsejar), ¿qué paso específico puede usted tomar esta semana para comenzar a crear la clave correcta?

2. Determine dónde puede usted practicar cada uno de los cuatro sub-principios esta semana.

Principio	Paso hacia la acción
Felicitar	Por ejemplo: lleve a almorzar a su compañero de trabajo y hágale saber cuánto aprecia su actitud positiva.
Expresar confianza	Por ejemplo, recordarle a su esposa lo importante que es su rol como madre para los hijos y para usted. Diseñar una felicitación en la computadora que le exprese eso y colóquela en su habitación.
Consolar	Por ejemplo, visitar al compañero de trabajo recién despedido y escucharlo.
Asesorar	Por ejemplo, enseñar a su hijo a trabajar en la computadora.

Necesitarse el uno al otro

1. ¿Quiénes son las seis personas más importantes, que necesitan de usted en casa y en el trabajo?

2. ¿Quiénes son los amigos comprometidos con su bienestar?

3. ¿Quiénes son sus amigos "de pacto?"

Relacionarse intensamente los unos con los otros

1. ¿En qué relaciones en particular necesita usted hacerse más receptivo y mejor dispuesto, para desarrollar y conservar amistades más cercanas?

2. ¿Cómo puede usted mostrar esa apertura?

3. Identifique un conflicto tensionante y actual que necesita clarificación.

Confiar el uno en el otro

Identifique un área en la que usted ha ignorado o desobedecido este principio. ¿Qué hará usted para resolverlo?

Ceder el uno al otro

¿Dónde necesita usted poner este principio en práctica? ¿Con un supervisor, un amigo, un compañero de trabajo, su esposa, un hijo? Identifique su estrategia (hora, lugar, tema, etc.). Haga por lo menos una cosa ésta semana que demuestre que está cediendo a favor de otros

Capítulo 8

Arduamente Mantendré Mi Rumbo

El principio de liderazgo más consistente del mundo

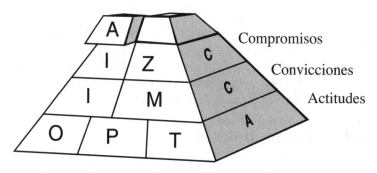

Compromisos

Convicciones

Actitudes

Cuando nada parece tener lógica, me voy a observar al tallador de gemas, quien martilla la preciosa piedra, golpeando tal vez cien veces, sin que se produzca una sola fractura. Sin embargo, en el centésimo golpe, la piedra se parte en dos y sé bien que no fue ese golpe final el que lo logró, sino todo lo que se había hecho anteriormente.

—Jacob Riis

¿Alguna vez tuvo un mal día?

"Mal día," usted gruñe. "¿Y qué acerca de una mala semana, un mal mes o un mal año?"

Todos tenemos días malos. Es en esos días que nos sentimos desalentados, abrumados, frustrados y queremos rendirnos. "Los días lluviosos y los lunes, siempre me deprimen," cantaban los integrantes del dúo Los Carpenters en 1971, expresando un sentir que no ha cambiado durante siglos. ¿Por qué el lunes ha adquirido tan mala reputación? Los estudios demuestran que caer muerto, fulminado por un ataque cardíaco, es más frecuente el lunes por la mañana, que ningún otro día de la semana.

Espero que sus días lunes por la mañana no sean tan dramáticos. Sin importar cómo enfrenta usted los lunes, este principio le dará lo que necesita para salir victorioso. Lo llamo *Arduamente, mantendré mi rumbo.* Dicho de otra forma, significa sujetarse a ese rumbo que usted mismo se ha trazado.

He denominado este principio como "el rasgo de liderazgo más consistente del mundo" ya que así lo ha determinado la Asociación Norteamericana de Gerencia (ANG). En los estudios realizados con líderes de diversas industrias, la ANG ha establecido que la característica más destacada en los líderes sobresalientes, es la perseverancia. En realidad, los grandes líderes, a menudo son *líderes comunes y corrientes que simplemente no se rinden.* Ellos han perseverado en el rumbo.

Existen cuatro habilidades básicas del artesano de la vida que configuran la perseverancia: pelear la buena pelea (la vida es difícil, pero vale la pena el trabajo que se pasa), ser fieles (mantenerse enfocados en las raíces, no en los frutos), finalizar la ruta (usted participa en una carrera que exige que finalice bien) y mantenerse enfocado en el futuro (su impacto o legado continuará aún después de su muerte).

Pelee la buena batalla

Una de las mayores tragedias de nuestros días, en los países con riqueza material, es que se ha hecho costumbre una perniciosa apatía y la demasiada comodidad. Muchas personas se han olvidado de la realidad de la vida. El propósito de la vida no es encontrarse en un lecho de rosas o en un jardín de juegos, donde la satisfacción y el placer personal, son las únicas metas y resultados esperados. La vida es un recurso precioso que ha de ser utilizado para el bien de los demás.

¡La vida es un campo de batalla! Usted está en guerra y necesita actuar a la luz de esa realidad

Recuerdo una animada conversación que sostuve una noche con Ruth. Estaba frustrado por la apatía que notaba a mi alrededor y fui en pos de su consejo.

Ruth, le inquirí, ¿por qué no le importa nada a la gente?

Ella me observó con una mirada llena de reflexión y tan penetrante que parecía que estaba viendo a través de mí. Luego me dijo:

—Ellos ya están derrotados.

—¿Derrotados? ¿Qué quieres decir?

—Están perdiendo batallas día tras día y están peligrosamente cerca de perder la guerra completa.

—¿Quieres decir la guerra diaria con la competencia en el mundo de los negocios?

"Ciertamente la competencia es una realidad en los negocios," respondió. "Uno debe competir, pero tu verdadero competidor eres tú mismo.

Fíjate bien que la verdadera guerra es por los corazones y las mentes de las personas. Porque adonde vaya nuestra mente, allá irán nuestras emociones y nuestra voluntad. Existen fuerzas alrededor de nosotros que nos alejan en forma diaria de lo que llamas una vida correcta y nos impulsa hacia la autodestrucción narcisista."

Existe una desviación que todos tenemos, la tendencia hacia la preocupación personal y el egoísmo puro. Ya sea que estés tratando de obtener el control sobre un mal hábito o simplemente buscar satisfacer tus propios deseos, solo tú conoces la batalla que enfrentas. A menudo parece divertido alimentar esos deseos, pero si ellos toman el control, tú perderías la batalla. De pronto uno es tomado prisionero de sus propias pasiones.

Además, tenemos la batalla que enfrentamos contra fuerzas superiores. Ahora bien, yo no creo en las teorías de conspiración. Pero lo que sí creo, es que existen fuerzas culturales alrededor de nosotros, que estimulan y agrandan nuestras tendencias negativas.

Llama como quieras a esas fuerzas. Pero creo que hay una batalla que se está librando. Al menos, así espero que se explique. Porque si todo el horror de Bosnia, Ruanda, el Medio Oriente, Irlanda, las torres gemelas de Nueva York, los barrios marginales de las grandes ciudades y cientos de otros lugares alrededor del mundo, sólo se debe a la maldad del ser humano, este mundo me daría mucha pena. No, yo pienso que hay otras fuerzas actuando, que la sola inhumanidad del hombre hacia el hombre.

—¿Y si estamos perdiendo la guerra? —sostuve— ¿Cómo podemos comenzar a recuperar el terreno perdido y retomar la ofensiva?

De mis amplias conversaciones posteriores con Ruth, llegué a las siguientes conclusiones:

1. Practique la guerra defensiva

Uno de los primeros objetivos de la guerra es sobrevivir, a fin de poder ganar. Por tanto, debemos utilizar buenas tácticas defensivas. No estamos luchando contra un ejército con cualidades morales y con respeto o dignidad hacia nosotros. Estamos en medio de una guerra de guerrillas. Escuche la descripción que hace un experto en ese campo:

> Básicamente, es una estrategia ideológica, cuidadosamente enfilada a atacar la justicia, el honor, la dignidad, y la emoción. Su ulterior meta, es la captura de la mente humana, para que las personas puedan participar en una lucha violenta. Los líderes de esta insidiosa guerrilla conocen muy bien que los seres humanos son esclavos de sus mentes. En consecuencia, una vez que la causa se haya apoderado de la mente de las personas, estos no pueden hacer otra cosa que obedecer.[1]

Entonces...¡enójese! Sí, enójese. Usted debe arder de enojo contra toda la manipulación mental que le rodea. No permita que lo absorba. Moléstese y deje que el enojo le motive a cambiar y responder en forma agresiva.

Aristóteles bien lo dijo, "El hombre que está molesto contra las cosas por razón de conciencia, al hacerlo y mientras lo siga haciendo, debe ser alabado...Pues el hombre de buen temperamento, tiende a ser imperturbable y no se deja guiar por la pasión, sino que se enoja en la manera, en las cosas y por el lapso de tiempo que la razón le dicte."[2]

Estudie a su enemigo. Los expertos en la guerra de guerrillas que mencioné, declaran además:

> Los guerrilleros, quienes no pueden pelear sino en sus propios términos , deben conocer lo suficiente acerca de los planes y movimientos del enemigo, para evitar ser atrapados en las batallas que no pueden ganar; deben tener el conocimiento suficiente de las debilidades del enemigo, para hacer que sus ataques sean seguros y tan eficaces como sea posible.[3]

Comience su batalla escribiendo acerca de las fuerzas que enfrenta en las varias áreas de su vida:

- ¿Qué factores culturales están atacando su "vida de rectitud?"

Recuerde, estas son actitudes y pensamientos que se filtran dentro de su marco de referencia. ¿Los quiere tener allí? Es su elección y de usted depende. Haga un examen de la realidad. Haga una lista.

- ¿Y qué acerca de sus propias tendencias negativas? ¿Es usted cautivo de sus propias pasiones? Establézcalo y comience por aplicar los principios de este libro, para recuperar el mando nuevamente.

- ¿Dónde se encuentra en el aspecto de la guerra espiritual de guerrillas? ¿Podrían estar moviéndole otras fuerzas en la dirección errónea? ¿Cuáles podrían ser esas fuerzas, y cómo podría ponerse firme ante ellas?

NOTA: No he incluído aquí a su esposa, a sus hijos, socios, empleados o empleadores, ni aun a sus competidores como sus enemigos. Ellos no son el enemigo. Su batalla es consigo mismo. Dé lo mejor de sí. Enfóquese en las raíces. No culpe a los demás.

Vista la armadura apropiada. La segunda forma de pelear a la defensiva, es usando la armadura apropiada. Permítame sugerirle que vista la "armadura" de los diez principios OPTIMIZARÉ™. He aquí cómo funcionan para su protección:

Categoría	Principios	Protege
Actitudes	Optaré por iniciar la acción Procuraré alcanzar el significado personal Trataré de eliminar lo negativo	Las emociones
Convicciones	Internalizaré los principios correctos Marcharé firme a ejecutar mi misión	La mente
Compromisos	Integraré toda mi vida para alcanzar el éxito Zarparé hacia mi meta, cuidando de los demás Arduamente mantendré mi rumbo Rigurosamente alinearé mis objetivos Energizaré mi vida interior	La voluntad

Todos estos principios se enfocan en ayudarle a proteger su mente, su voluntad y sus emociones a través del aporte correcto. En la medida en que estos principios estimulen las raíces de su vida, usted protegerá su mente contra el asalto del enemigo. Al empezar a reclamar la arena de sus convicciones, actitudes y compromisos, usted hallará renovada seguridad, energía, sabiduría y poder para avanzar en una ofensiva de guerra.

2. Practique la guerra ofensiva

¿Cómo sabrá que ha tenido éxito en la ofensiva de guerra de su vida? ¿Qué significará la victoria para usted?

Completaremos un círculo completo con este libro. Comenzamos analizando el área general del éxito, qué es y qué no es el éxito. Concluiremos en que el auténtico éxito es *la realización e internalización progresiva de todo lo que usted debe ser y hacer.*

La victoria consiste en que en forma diaria, regular y persistente, usted adopte y desarrolle estos principios en su vida. Su enfoque en las raíces de una vida de rectitud, dará frutos de máxima satisfacción y trascendencia. Si usted mantiene su vista en el objetivo de hacer lo correcto, usted alcanzará la victoria en la batalla de su vida. Por tanto, sea activo...sea agresivo...sea enérgico...y ¡continúe adelante! ¡Métase decididamente en la guerra!

Estrategia. Para poder tener este empuje de ofensiva, usted necesita desarrollar una *estrategia muy específica*. No ocurrirá así nada más. Usted debe planificarlo.

Entonces, ¿Cuál es su estrategia para tomar la ofensiva? ¿Con cuáles principios va a comenzar? ¿Cómo programará la incorporación de estos principios en sus actividades diarias? ¿Y cómo reforzará estos principios en su vida? [4]

Empiece con los principios de *convicción*. Regrese a su sistema de valores y establezca los valores no-negociables de su vida basados en el capítulo "Internalizaré los Principios Correctos." Luego pase al capítulo de "Marcharé firme a Ejecutar mi Misión." Escriba y desarrolle cuidadosamente su misión integral. Esta misión incluye su propósito, visión, roles y metas de vida.

Seguidamente, controle sus principios de actitud. ¿Está solo reaccionando en la vida, o está obrando de acuerdo al principio "Optaré por iniciar la acción?" ¿Está usted "Procurando alcanzar el Significado Personal" apropiándose de sus áreas débiles y "Tratando de Eliminar lo Negativo en su Vida?"

Finalmente, haga los compromisos correctos. Mantenga un equilibrio a través de "Integrar su vida para alcanzar el éxito."

Relaciónese con las demás personas "Zarpando hacia su meta,

cuidando de los demás" como *su modus operandi*. "Energice su vida interior" en forma constante al edificar una base de carácter y el cultivo de su espíritu. Continúe haciendo las correcciones y ajustes a lo largo del camino al "Rigurosamente alinear sus objetivos." Finalmente, cultive sus habilidades de artesanía de la vida "Arduamente manteniendo el curso" y no abandonando la carrera.

¿Se da cuenta del punto? Usted debe tomar la ofensiva *profundizando sus raíces*. Al convertir estos principios en hábitos, usted se hará cargo de su propia vida y empezará a disfrutar del fruto del auténtico éxito.[5]

Recursos. Una vez planificada su estrategia, debe identificar sus recursos . Considerando que la batalla es por capturar su mente, sus recursos deben ser del tipo que le ayuden a desarrollar los principios OPTIMIZARÉ™ en su persona.

Le sugiero que empiece preparando un Plan de Acción para el éxito alrededor del cual organice estos recursos. Esta organización le permitirá filtrar todos lo datos irrelevantes, le motivará a buscar información específica y útil. Le ayudará a crear un mensaje de vida, que le dará la capacidad de ayudar a otros, en base a los cambios y al crecimiento de su propia vida.

Prepare una carpeta o un archivador. Su organizador de recursos debe ser desglosado por principios, con separadores para cada uno. Cada separador debe tener espacios para los artículos, comentarios, citas, ejercicios y cualquier otro instrumento de trabajo que le ayude a mejorar la comprensión y aplicación de estos principios. Yo utilizo este tipo de organizador de recursos para centrarme en las raíces de mi vida. Si los pone en práctica, puede lograr un cambio dramático en su vida. Tengo esos manuales a la disposición de aquellos que desean avanzar más con los principios del éxito auténtico.[6]

Con su organizador en la mano, usted estará listo para empezar a buscar la información que le ayude a afinar sus habilidades e incrementar su sabiduría. Usted puede hallar esta información en las conversaciones con amigos y socios, en revistas, libros, conferencias, momentos de reflexión y en eventos relacionados.

Haga de la búsqueda de sabiduría y de recursos, un arte y parte de su vida diaria. He tomado los diez principios OPTIMIZARÉ™ y desarrollado un código para ayudarme a practicarlo. Principio 1, por ejemplo (Optaré por iniciar la acción), está codificado como "O-1." Principio 2 (Procuraré alcanzar el significado personal) está codificado como "O-2," y así sucesivamente. Cada vez que leo un libro o artículo o cuando oigo un comentario o idea, lo anoto, marcándolo "O-1" ú "O-2," y así sucesivamente hasta el "O-10" Hoy día, si usted le da un vistazo a los cientos de libros de mi biblioteca personal, a los miles de artículos en mis archivos, o a los cientos de miles de kilobytes guardados en la memoria de mi computadora, podrá ver "O-1," "O-2," etc. como un principio organizador consistente.

Empiece a aplicar este enfoque organizativo en toda conversación, tiempo de lectura y momentos de reflexión. Deténgase un instante cada día para tener un tiempo de reflexión personal y escriba sus comentarios en el manual. Vea crecer el poder y la realización interna, al aplicar el proceso.

Uno de mis mejores amigos visitó una vez nuestro hogar, junto con toda su familia. Tuvimos tres días de mucha alegría, compartiendo, jugando y conversando. Observé a mi amigo levantarse cada mañana, ir a trotar, luego invertir entre 45–60 minutos para leer, meditar, orar y anotar sus pensamientos en un diario. Cuando le pregunté con qué frecuencia seguía esa rutina, me dijo, "diariamente." Esta práctica era para él un medio fundamental para crecer en forma personal. Era un hábito que se le había vuelto indispensable.

Usted podrá decir, "¡Pero, yo no tengo tiempo para eso!" Bueno, él tampoco lo tiene. Mi amigo es presidente y director general de una enorme empresa internacional. Tiene a su cargo más de siete mil empleados y la entidad tiene ingresos de más de 3 mil millones de dólares al año. Es más, su industria actualmente es una de las más fuertes del mundo. Aun así, este hombre se da cuenta que no puede darse el lujo de perder el tiempo y continúa preparándose.

Continúe creciendo. Lea libros. Busque artículos, estudie la vida de las personas, medite, ore, escuche cintas de audio, vea cintas de video, asista a seminarios y búsquese un coach para el éxito auténtico de la vida. En el correr de los años, he recopilado y organizado los mejores recursos para cada uno de estos principios. He llegado a formar un plan de estudio que mis socios y yo presentamos mediante seminarios, conferencias, cintas de audio, video y literatura. Si usted desea información sobre estos temas, en las notas finales del libro incluyo la dirección y los teléfonos para solicitarla.[7]

Unidad del equipo. Un último principio de la guerra ofensiva es cooperar como una unidad. Debemos trabajar no solo para cubrirnos las espaldas unos a otros, sino también para buscar y derrotar en forma conciente y sostenida, las fuerzas adversas en nuestras vidas.

Quienquiera que sea parte de su unidad o grupo , ya sea su familia, sus amigos o socios comerciales, es vital que usted trabaje junto con ellos.

Cualquiera sea su batalla, no puede pelearla solo. Tanto usted como yo, somos demasiado vulnerables.

Sea fiel a los principios

La fidelidad es una de las cualidades menos veneradas, pero más necesarias en nuestra cultura actual. Ser fiel es "adherirse estrictamente a la persona, causa, o idea a la que uno se debe; ser leal y devoto."[8]

Los sinónimos de esta palabra incluyen el ser *leal, honesto, constante, resuelto y confiable.*

El concepto de fidelidad es tan ancestral, como la cultura misma. El siguiente juramento era hecho por los jóvenes de la antigua Atenas, cuando cumplían los 17 años:

Nunca traeremos vergüenza sobre nuestra ciudad, por actos de cobardía o deshonestidad.

Pelearemos por los ideales y las cosas sagradas de la ciudad tanto solos, como con los demás.

Reverenciaremos y obedeceremos las leyes de la ciudad y haremos lo máximo a nuestro alcance para incitar a una reverencia y respeto similares, en aquéllos que están por encima nuestro y que puedan estar predispuestos a anularlas o invalidarlas.

Nos esforzaremos para incentivar el sentido de obligación cívica en el pueblo.

Y en todas estas maneras entregaremos esta ciudad, no más pequeña, sino más grande y más hermosa que la que nos fue confiada a nosotros.[9]

Si usted está dispuesto a vivir los principios OPTIMIZARÉ™ en su vida, entonces debe arraigarlos en su carácter, con obediencia y fidelidad, practicándolos en los grandes y pequeños momentos. Después de todo, uno de los grandes rasgos de un buen artesano, es su atención al detalle.

Cuando usted esté solo, cansado o aburrido, aplique estos principios. No espere que llegue un gran evento o el gran momento; para entonces podría ser muy tarde. En cambio, empiece ahora a aplicar estos principios en la vida práctica, obedientemente y en cada momento. Al hacerlo, los establecerá en su vida como hábitos.

Termine la carrera

¿Cuántas veces empezó una tarea y llegó a distraerse, desalentarse, aburrirse, o frustrarse al punto que no la concluyó? Debo admitir que yo tengo una inclinación hacia la distracción. Por mi tendencia muy creativa y mi insaciable sed de aprendizaje, me quedo absolutamente absorto en la información y recolección de datos.

Por lo tanto, tengo que trabajar duro para concluir lo que comienzo, ya sea un proyecto o mi vida entera. ¡Y también usted debe trabajar fuerte!

La primera habilidad a desarrollar aquí es la perseverancia. Perseverar es "persistir o permanecer constante a un propósito, idea, o tarea frente a los obstáculos y el desaliento."[10]

Considere estos hallazgos de la Asociación Nacional de Ejecutivos de Ventas, con respecto a la perseverancia en ventas:

- Ochenta por ciento de las nuevas ventas, son hechas después de la quinta visita al mismo cliente.

- Cuarenta y ocho por ciento de los vendedores hacen una sola visita y luego descartan al cliente.

- Veinticinco por ciento de los vendedores, se rinden después de la segunda visita.

- Doce por ciento de los vendedores hacen tres visitas, luego se dan por vencidos

- Diez por ciento persevera, haciendo visitas hasta alcanzar el éxito.[11]

Posiblemente, el desaliento le esté deteniendo. El desaliento significa perder el impulso. Una vez que usted se convence que no puede tener éxito, entonces usted se justifica para ser un frustrado permanente.

En un artículo de la revista SELF, William Sloane Coffin Jr. ofreció esta advertencia:

Uno de los mayores problemas morales de la actualidad es la cobardía. Es la cobardía la que nos impide presentar nuevas ideas. Es la cobardía la que nos impide abrir nuestros corazones uno al otro, para tener relaciones más sinceras. Los norteamericanos han sido invadidos por una mentalidad de falsa seguridad. Queremos ser confiables, predecibles, seguros. Nadie quiere asumir nuevos riesgos.

La raíz de esta cobardía es el temor, temor a un futuro incierto. Pero existe también una clase de terror interno. La integridad personal es vista como audacia. Hoy en día, raramente uno se encuentra a un empresario o profesional defendiendo una causa en ningún ambiente. Estamos tan ansiosos de ser ascendidos, que mantenemos la boca cerrada.[38]

No recordamos a Ty Cobb y Hank Aaron, como jugadores fracasados de béisbol. Sin embargo, Cobb fue expulsado de algunos partidos por "robar" más bases que ningún otro jugador en la historia, y Aaron, quien rompió el record de jonrones de Babe Ruth, se "ponchó" más veces que el 99 por ciento de los jugadores de las grandes ligas. El instructor de voz del cantante de ópera Enrico Caruso, le sugirió que dejara de cantar y el maestro de Thomas Edison lo llamó un tonto. (Le tomó a Edison 14.000 intentos para perfeccionar el bombillo de luz.) Tanto el físico Albert Einstein como el ingeniero Werner von Braun salieron aplazados en matemáticas.

¿Sabe usted cómo hizo el Coronel Sanders para construir el imperio de Kentucky Fried Chicken que lo convirtió en un millonario y que cambió el menú diario de millones de personas? "Cuando empezó, era solo un jubilado con una antigua receta de pollo frito. Eso era todo. No tenía una organización, nada. Había sido propietario de un pequeño restaurante que estaba al punto de la quiebra porque la autopista cercana había sido reubicada. Cuando recibió su primer cheque como jubilado del Seguro Social, decidió hacer algo de dinero vendiendo su receta de pollo frito. Su primera idea fue la de venderle la receta a los propietarios de restaurantes, a cambio de un porcentaje de las ganancias.

"Realmente, esa no es la mejor forma para empezar un negocio. Y de esa manera, no llegó muy lejos. Viajó por todo el país, durmiendo en su automóvil, tratando de encontrar a alguien que lo apoyara financieramente. Continuó cambiando de idea, mientras seguía tocando puertas. Fue rechazado 1.009 veces. De pronto, algo milagroso ocurrió. Alguien le dijo que sí (a su solicitud de apoyo). El coronel había despegado en su negocio."[13]

¿Tiene usted una "receta?" ¿Tiene usted el poder físico y el carisma de un anciano gordito de traje blanco? El coronel Sanders hizo una fortuna, sencillamente porque tuvo la capacidad de aferrarse a su misión. Tuvo la disposición de escuchar la palabra "no" mil veces y aun así, tocar a la siguiente puerta, con la confianza de que esa sería la puerta en la cual alguien le diría "sí" a su solicitud de apoyo financiero.

¡A pesar de las circunstancias, nunca, pero nunca jamás se rinda!

Enfóquese en el Futuro

Recuerda las preguntas que le formulé al principio del libro: ¿Cómo se le recordará cuando muera? ¿Qué dirá la gente en su funeral? Le hice estas preguntas porque quise forzarlo a reevaluar su perspectiva de la vida.

Como lo he señalado a lo largo del libro, el secreto de la vida es concentrarse en las raíces y dejar que los frutos aparezcan como resultado. Así, al concentrarse en aplicar y construir sobre estos principios como la base de su vida, siempre tenga en mente las futuras implicaciones y consecuencias de cada decisión que tome.

Si aplica la sabiduría inherente a estos principios y se vuelve un artesano de la vida, usted alcanzará el éxito auténtico. Usted tendrá fruto en todas las áreas de su vida y habrá cumplido su destino. El legado que usted deje tocará vidas en su propia familia, en la de sus amigos, sus vecinos, sus socios y miles y aún millones más.

Si usted escoge practicar la rectitud en la vida y armoniza su vida con la verdad, dejará un legado vital, positivo y poderoso. Pero si usted escoge no adoptar estos principios, dejará indudablemente otro tipo de legado, quizás uno de deshonra y vergüenza; o, peor aún, de insignificancia; o, en el mejor de los casos, de mediocridad.

¿Cuál será su decisión? ¿Qué quiere hacer usted de su vida?

Existe una clase de "polilla" que no tiene boca, una especie de larva que pone sus huevos y luego se transforma en una especie que no tiene sistema digestivo, por lo tanto no tiene manera de alimentarse y muere de hambre en unas pocas horas. Esta polilla existe sólo para poner huevos, perpetuar la vida de su especie, para luego morir.[14]

¿Será su vida así? ¿Vive solo para tener hijos y perpetuar la raza humana? ¿O tiene usted un propósito mayor? ¿Cuenta su vida realmente? ¿Va a dejar un legado vital, trascendente y provechoso, al optimizar sus días sobre esta tierra? Creo que usted puede, debe y tiene que hacerlo.

Conclusión

Los principios que he compartido con usted no son solo principios e ideas casuales. Tienen el propósito de servir como un mapa, un modelo, una manera de ver la vida. Yo le garantizo que si aplica estos principios en la médula misma de su vida y los deja echar raíces para alcanzar una nueva comprensión de la vida, tendrá el tipo de perspectiva que hará de usted un éxito en todo el sentido de la palabra. Usted será el tipo de persona con significado que anhela ser.

Solo recuerde: ¡no se dé por vencido!

Recuerde también las palabras de Winston Churchill, quien en los oscuros días de 1941, pronunció este discurso en la Escuela Harrow de Inglaterra:

Seguramente para todos los que hemos pasado por este período... esta es la lección: Nunca se rinda, nunca se rinda, nunca, nunca, nunca, nunca se rinda ante nada grande ni pequeño, impresionante o trivial, nunca se rinda, excepto por sus convicciones del honor y del sentido común. Nunca se rinda por la fuerza; nunca se rinda ante el poder aparentemente abrumador del enemigo.[15]

Pasos hacia la acción

1. Memorizar el acróstico OPTIMIZARÉ™ y repetirlo cuatro veces al día en los siguientes treinta días.

2. Identificar con cuál de las cuatro áreas principales de "Arduamente mantendré mi rumbo" tiene usted mayor dificultad. Identifique un paso de acción específico que puede llevar a cabo esta semana.

Capítulo 9

Rigurosamente alinearé mis objetivos
Cómo ir del punto A al punto B de la manera correcta

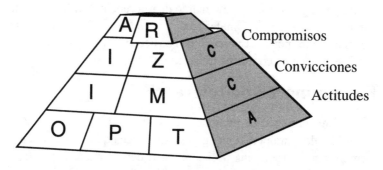

Compromisos

Convicciones

Actitudes

...para un ser conciente, el existir es cambiar, el cambiar es madurar, madurar es continuamente estar reinventándose a sí mismo.

—Henri Bergson

Usted posiblemente habrá observado alguna vez el juego de carreras de autos, en videos para chicos. A lo mejor alguna vez hasta lo ha jugado. Usted aprieta un botón y de repente las imágenes comienzan a acercársele. Usted maneja su auto virtual superando los obstáculos; acelera, frena, se ajusta a cambios rápidos y a veces choca. (Eso me pasa mucho.) Usted esquiva los camiones de los bomberos. Usted gira alrededor de los autos accidentados. Avanzó de más, ¡se salió de la carretera! Regresa, vuelve a acelerar y recupera el tiempo perdido.

Posiblemente usted llegará hasta la meta, pero no sin unos cuantos choques. En la próxima ronda, usted mejora su nivel de habilidad: el auto avanza más rápido, supera con mayor facilidad los obstáculos y controla mejor su auto en el mismo tiempo.

¿Qué es lo que se requiere para permanecer en la pista de esta video-carrera? Mucha atención y constante corrección del curso en pleno juego. Así debe ser en su vida personal y profesional. Ese es el principio que voy a exponer en este capítulo: cómo evaluar sus acciones en forma rigurosa, o, *cómo llegar del punto A al punto B de la manera correcta*.

Muchos pensamos en que el antiguo método, el de la línea recta, como la única manera correcta de llegar a cualquier punto. Pero la vida no es así. La vida es desordenada. Entonces, se necesitan correcciones a mitad de camino, para lograr una vida exitosa y óptima. Tenemos que aprender a responder a las necesidades a nuestro alrededor y a evaluar nuestras acciones en forma rigurosa y consistente.

Si usted espera adquirir pericia en hacer correcciones a mitad de camino, necesita aprender a convertirse en un experto en las tres estrategias siguientes: Fijar un marco de referencia, Enfocar y Ceder. Estas estrategias ofrecen los materiales de construcción y las habilidades esenciales para poner el fundamento básico (raíz) de las correcciones que deben hacerse conforme avanzamos.

Fije un marco de referencia

El fijar un marco de referencia, consiste en desarrollar una perspectiva y sentido de parámetros integrales sobre cualquier asunto en la vida. Siempre que enfrente una decisión, usted debe comenzar por formarse su marco de referencia. ¿Cuál es su marco de referencia? ¿Cuáles son sus guías y criterios básicos? ¿Qué le dará estabilidad a la decisión que tome? Esta tarea engloba cuatro aspectos principales, que se hacen más claros si usted se imagina los cuatro lados del marco de un cuadro: el *propósito* que rige en esa situación y en su vida, sus *prioridades* con respecto a esa situación y en su vida, sus *principios* o lineamientos en esa situación y en su vida y por último, sus *peculiaridades* (las diferencias y distinciones que lo identifican; sus puntos fuertes y sus debilidades).

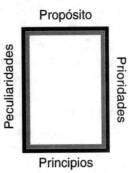

1. Propósito

La primera cosa que usted debe hacer para fijar un marco de referencia o enmarcar su situación, es entender su *propósito*. Usted debe saber cuál es su propósito al tomar esa decisión y en qué forma se relaciona con el sentido general del propósito que le rige y el de su gran misión en la vida. Si vuelve al principio número cinco de este libro, "Marcharé firme a ejecutar mi misión," usted tendrá el marco de referencia dentro del cual podrá tomar una decisión de importancia. Luego fíjese en el propósito que va a enfatizar en el asunto que lo ocupa. Pregúntese en qué forma se relaciona con su misión global.

Los líderes de mayor éxito, siempre han sido personas que ven el resultado muy por adelantado. Es por esa razón que me estoy refiriendo a volver a establecer su declaración de misión en forma de metas específicas. ¿Hacia dónde quiere ir? ¿Qué ve usted como el resultado final de toda su vida, es decir, su vida personal, su matrimonio, su negocio, su vida espiritual? Desarrolle su sentido de visión y de fe, a manera de conocer exactamente y anticipar hacia dónde está yendo.

Una vez se le preguntó a Thomas Watson, fundador de la IBM, cuándo fue que se le hizo claro que la IBM se convertiría en un enorme éxito. Él respondió, "Desde el mismo inicio." Esta clase de respuesta es típica de los grandes líderes. Ellos tienen una visión de lo quieren obtener y fe en la visión que les impulsa.

Imaginémonos que una decisión que usted debe tomar, incluye el corregir a un miembro de su fuerza laboral. Usted está tratando de decidir cómo hacerlo. Uno de los puntos de partida es el preguntarse: ¿Cuál es mi propósito aquí? ¿Qué estoy tratando de hacer? Formular preguntas como estas y hacer que uno mismo las responda, requiere razonar, analizar y evita que usted meramente esté reaccionando emocionalmente a la situación. Si el propósito que le rige es el propiciar el desarrollo de las personas, como consecuencia de su compromiso de enfocarse y cuidar a la gente, el punto de vista de la situación que se le presenta, será influenciado en forma dramática por esta perspectiva.

Este concepto de *propósito* le permite a usted ver todo el bosque, en tanto se ocupa de uno de los árboles. Si su perspectiva no es lo suficientemente amplia, podría perder una gran oportunidad y tomar una decisión que pudiera tener consecuencias negativas en el futuro.

2. Prioridades

La segunda área de importancia al fijar un marco de referencia, es tener la destreza de asignar *prioridades*. Ya hemos hablado acerca de desarrollar prioridades en la vida, bajo el principio de "integraré toda mi vida." Ese es un buen punto de inicio en esta área de la toma de decisiones. Si usted ha desarrollado claramente sus prioridades, construyendo sobre el paradigma que le he recomendado de amar a Dios, a sí mismo y a los demás, usted tendrá una base sana y congruente al momento de disponerse a tomar una decisión.

Usted necesitará reconocer sus prioridades en la *situación dada*. Por ejemplo, si al corregir a alguien, usted coloca los eventos y circunstancias, por encima de su concepto de esa persona, usted corre el riesgo de crear un daño profundo en sus relaciones y posiblemente provocar consecuencias devastadoras. Recuerde: Si usted está aquí para amar a Dios, se ama a sí mismo y ama a los demás, en el sentido de realmente cuidar, ayudar, edificar, desarrollar y optimizar a las personas, entonces tal convicción necesita reflejarse como prioridad en su decisión. Necesita tomar su decisión y acometer las acciones, de acuerdo con ese conjunto de prioridades.

3. Principios

La tercera área para fijar un marco de referencia, es apoyarse en sus *principios*.

Veo los principios como algo similar a la vía del tren. Un tren no puede moverse con facilidad fuera de esos rieles. Pero sin embargo, hay ocasiones en que, como un tren sin rieles, tratamos de avanzar sin el fundamento de principios que nos guíen. Aun cuando puede pensarse que los rieles restringen la libertad del tren, en realidad le dan libertad para avanzar más rápidamente. De la misma manera, sus principios fundamentados y enraizados en los absolutos, le guiarán para avanzar en forma más efectiva. Usted se sorprenderá por la libertad y creatividad con que su agilidad mental entrará en juego en cada situación.

Si usted no ha desarrollado su propia filosofía de vida (es decir, principios de organización y guía) le sugiero que comience con los diez principios de este libro, los principios OPTIMIZARÉ™. En cualquier situación dada, usted puede utilizarlos como una matriz. Simplemente pregúntese en su situación cómo se aplica el principio "Optaré por iniciar la acción." Probablemente llegará a la conclusión de que necesita tomar la iniciativa para resolver el problema. Después de todo, usted es el responsable; por tanto ¡tome la iniciativa!

Luego fíjese en el principio de "Procuraré alcanzar el significado personal." Probablemente usted se ha abstenido de tomar una decisión, por falta de confianza en sí mismo. Este principio le ayudará a adaptarse correctamente.

Usted puede seguir el mismo proceso con cada uno de los diez principios OPTIMIZARÉ™. Tomemos el caso que sugerimos anteriormente (corregir o disciplinar a alguien en el trabajo) y veamos cómo se podrían aplicar esos principios.

Optaré por iniciar la acción	"Necesito asumir la responsabilidad de esta situación y no esconderme por sentirme víctima de ella"
Trataré de eliminar lo negativo en mi vida	"Debo ser específico con el asunto que a enfrentar, pero debo hacerlo de manera que le ofrezca esperanza a esta persona y eleve su actitud positivamente, antes que crear desesperación y desaliento. Más aun, debo mantener una actitud positiva, aún cuando este problema me irrite bastante. Debo atacar el problema, no a la persona."
Internalizaré los principios correctos	"Necesito estar seguro de ajustarme a las normas éticas y procedimientos para encarar este asunto en la situación particular que nos interesa. En especial, necesito demostrarle a esta persona cómo fueron quebrantados algunos principios y valores específicos de la empresa."
Marcharé firme a ejecutar mi misión	"Necesito recordar que he sido llamado para ayudar a la gente a crecer. Esa es parte de mi misión en la vida. Necesito comunicar con claridad que eso es exactamente lo que estoy haciendo y necesito hacerlo con buen espíritu. También necesito demostrar cómo esta persona puede hacer correcciones en su vida para su futuro, basado en un sentido de misión personal mejor afinado y expresado, que sea consistente con la misión corporativa de la empresa."
Arduamente mantendré mi rumbo	"Necesito demostrarle a esta persona que estoy comprometido con ella y que me mantendré a su lado. Que soy su partidario y su amigo y deseo que sea un ganador. No voy a permitir que el problema perjudique esta relación."
Energizaré mi vida interior	"Necesito un recurso sobrenatural que me dé sabiduría, sensibilidad y gracia al tratar con esta persona, porque realmente no siento contar con ninguna de estas cualidades ahora mismo. Necesito tener la integridad para ser franco y claro, así como compasivo en esta situación."

¿Tiene usted ahora una mejor percepción de cómo tomar los principios y aplicarlos en su vida para fijar un marco de referencia para su situación?

4. Peculiaridades

Por último, usted establece un marco de referencia, al entender sus propias *peculiaridades*. Hemos tocado algo al respecto, en el segundo principio, "Procuraré alcanzar el significado personal," cuando examinó sus puntos fuertes y sus debilidades personales. En esta situación, usted querrá saber cuáles son sus tendencias más débiles en cada circunstancia en particular. Por ejemplo, usted podría tener la debilidad básica de no decir la verdad, como consecuencia de un deseo subyacente de ser aceptado. En su raíz, esto constituye una falta de integridad. Por tanto, usted podría encontrarse batallando contra un conflicto interno, sin poder atender el problema que se está presentando.

Si ese es el caso, tenga cuidado. Puede que usted necesite a alguien a su lado, cuando se encare por primera vez con problemas de confrontación. Podría necesitar poner sus palabras por escrito, a fin de que guardando la integridad, pueda ser honesto y compasivo. Es aconsejable pedir a un amigo o socio que le recuerde cuáles fueron sus palabras exactas. Usted puede hacer esto para protegerse a sí mismo y a los demás de su posible timidez al confrontar.

En el asunto de fijar un marco de referencia, es útil contar con un equipo de personas, o por lo menos con un amigo, que le pueda ofrecer una perspectiva sincera. De hecho, recomiendo cultivar diferentes tipos de consejeros o mentores a lo largo de la vida.

En primer lugar, es apropiado tener un consejero o mentor personal. Este es un amigo que le conozca bien y que él o ella, le aprecien lo suficiente como para decirle la verdad acerca de sus puntos fuertes y de sus debilidades, sus consistencias e inconsistencias, sus aciertos y sus fallas.

En segundo lugar, necesita un consejero espiritual. Esta es una persona sabia, alguien que usted cree que entiende la verdad y que le servirá como asesor y consejero. Es una persona de profundos principios éticos, de conocida integridad y que le ayudará a luchar con sus problemas.

El tercer tipo de asesor o consejero, es un especialista en el área de sus preocupaciones. Por ejemplo, si usted se enfoca en un problema familiar, podría utilizar un consejero o especialista familiar. Si está tratando con una área de gerencia y planificación estratégica, usted podría requerir un especialista en planificación empresarial y manejo de proyectos. Busque siempre un profesional, cualquiera que sea el campo que necesita enfocar.

El cuarto y último tipo de consultor que necesita, es un asesor práctico, un coach. Esta es una persona experimentada, alguien que le diga "esto sí va a funcionar" o "esto no va a funcionar," o "esto no tiene sentido," o "qué gran idea, pero solo es teoría."

Haga un a lista de entre sus conocidos, que sean de los mejores en estas cuatro áreas. Puede que los consejeros en lo personal, lo espiritual, y lo práctico sean los mismos que le hayan ayudado en toda decisión importante en su vida. Probablemente solo el especialista cambie, dependiendo de la necesidad en cada situación.

Otra manera de obtener la misma calidad de consejo corporativo, es desarrollar un equipo de amigos con quienes usted se reúna en forma regular. He mencionado que tengo un grupo de ejecutivos con quienes me reúno cada dos o tres semanas. A menudo empleamos nuestro tiempo evaluando estos principios y trabajando en su mejor aplicación, tanto en nuestras vidas públicas, como en nuestras vidas privadas.

Si todavía no ha formado un grupo que pueda brindarle este apoyo, le insto a que lo haga. Puede ser un grupo constituido por una o dos personas más, con quienes se reúna en forma semanal. Tome la iniciativa para comenzar algo así, con miras a convertirse en un experto en establecer el marco de referencia para su vida y para los asuntos que enfrenta diariamente.

Enfoque

El segundo principio que deseo tocar es el principio de *enfoque*. El enfoque es la capacidad de mantener sus ojos en la meta y la tarea en mano, pero al mismo tiempo ser ágil mentalmente para enfrentar las diferentes contingencias que aparecen en escena. Es la habilidad que le permite permanecer enfocado, sin distraerse por los múltiples retos u oportunidades alternas que se presentan. En otras palabras, usted debe aprender a permanecer enfocado, mientras sigue perfectamente conciente de su entorno. Esto constituye un verdadero arte.

"El enfoque tipo láser es probablemente la marca de distinción de los superexitosos" comenta Robert Ringer en su excelente obra, *Hábitos de a millón de dólares*. Añade que "cuanta mayor certeza tenga sobre su propósito en la vida, más enfocado estará en vivir el presente y mayor entusiasmo tendrá en su trabajo diario; cuanto mayor sea el entusiasmo que demuestre en su trabajo diario, mayor posibilidad tendrá de atraer la atención de personas positivas y entusiastas; cuanto más atraiga a personas positivas, entusiastas, más exitoso será; y cuanto más exitoso sea, más orientado al presente y entusiasta será. Por lo tanto, usted pone en movimiento un ciclo permanente de entusiasmo y éxito."[1]

Este concepto de enfoque abarca dos grandes habilidades, la concentración y el aprendizaje constante.

1. Concentración

William James afirmó, "Aquello que retiene nuestra atención, determina nuestra acción." El prestar atención, es una habilidad que le permitirá obtener resultados en su vida personal, familiar, profesional y cívica.

Karl Vesper, de la Universidad de Washington, ilustra la importancia de concentrar la atención para realizar innovaciones importantes en los negocios. Escribe en su libro, *New Venture Strateagies* [Nuevas Estrategias Empresariales]:

• Leo Gerstenzang inventó los hisopos (aplicadores) de algodón, al ver a su esposa tratar de limpiarle los oídos a su bebé con un palillo de dientes y motas de algodón.

• Ole Evinrude se enojó cuando el postre de helado que llevaba en su bote de remos, se derritió antes de llegar a la isla donde iba a pasar un día de campo, por lo que inventó el motor fuera de borda.[2]

Una vez escuché un relato acerca de la concentración, que atrajo mucho mi atención. Se trataba de un químico que deseaba enseñarle a sus estudiantes el poder de la observación y la concentración. Le dijo a su grupo de diez estudiantes que estaban observando: "Hagan exactamente lo que yo hago." Tomó un envase de recolección de muestras lleno de... (sí, lo adivinó) una muestra. Luego metió su dedo índice en el envase, lo sacó y se metió el dedo mayor en la boca. Les pidió a sus estudiantes que hicieran exactamente lo que él había hecho.

¡Los estudiantes se asustaron! Al no darse cuenta, ellos pensaron que él había metido el dedo índice en el envase de muestra y luego se había insertado el mismo dedo en su boca. Entonces, uno a uno fueron e hicieron lo mismo. ¡Qué desagradable!

El profesor los observó atentamente. Luego, después de explicarles su error, les dijo, "Damas y caballeros, aprendan a concentrarse."

Aprenda a concentrarse.

2. Aprendizaje constante

Hoy día leemos con frecuencia acerca de "la empresa en constante aprendizaje." Este es un movimiento moderno que fluye del "énfasis en el control de calidad" popularizado por el Dr. W. Edwards Deming, en su histórico trabajo efectuado en Japón. Parte de su énfasis fue el buscar un mejoramiento constante, que a su vez está basado en la curiosidad inquisitiva y el aprendizaje constante. En su obra cumbre, *The Fifth Discipline* [La Quinta Disciplina], el "gurú" de gerencia del Massachusetts Institute of Technology (MIT), Peter Senge, enfoca "el arte y la práctica de la organización para el aprendizaje."[3] "Empresas de aprendizaje," son aquellas organizaciones que tienen la habilidad de crear, adquirir, transferir conocimiento y modificar conductas, que reflejen ese nuevo conocimiento.[4]

¿Por qué este nuevo énfasis en el aprendizaje? El hecho es que nuestro conocimiento global se duplica cada año. Un diploma o título especializado en cualquier disciplina, mantendrá su valor de seis a ocho años. En la alta tecnología, el conocimiento es reemplazado cada dos o tres años.

Hoy día inclusive, se ha desarrollado el concepto del "trabajador del conocimiento," estas son personas que están dedicadas a recopilar, analizar, organizar, almacenar, recuperar, o comunicar la información. Benjamin Disraeli dijo una vez, "La persona de mayor éxito, es generalmente aquella que cuenta con la mejor información." Considere:

- En los últimos treinta años, se ha generado más información que en los 5.000 años anteriores.

- Cerca de 50.000 títulos de libros nuevos y 10.000 títulos de revistas por año, son publicados solo en los Estados Unidos.

- ¡Los investigadores y científicos generan diariamente 7.000 artículos nuevos sobre temas científicos!

- El norteamericano promedio es confrontado con cerca de 140 mensajes publicitarios al día, o sea alrededor de 50.000 al año.

- ¡Un ejemplar del periódico Los Angeles Times contiene más información, que lo que una persona típica del siglo XVI podría haber encontrado en el transcurso de toda su vida!…La cantidad de información que usted tiene a su alcance, se duplica cada cinco años…El escritorio de un trabajador común en una oficina promedio en los Estados Unidos, tiene alrededor de 36 horas de trabajo acumulado ¡y la mayor parte de ello es lectura![5]

Considerando estos hechos sobre la vertiginosa multiplicación del conocimiento actual, el saber cómo aprender, es la clave para el futuro.

Las empresas de aprendizaje miden el aprovechamiento, utilizando la curva de vida-media, es decir, el tiempo que toma alcanzar el 50 por ciento de mejora, en la medición de un rendimiento específico, en áreas tales como: desperfectos en la producción, producción a tiempo y tiempo de entrega al consumidor. Es decir, los aspectos básicos están vinculados a la curva de aprendizaje.

La diferencia crítica en las mejores empresas de aprendizaje, es que el espíritu de aprendizaje es fuertemente estimulado. Cada paso del aprendizaje es reforzado con métodos múltiples en cada nivel y los sistemas están diseñados de forma tal, que permiten apoyar los cambios. (He aquí una nota de advertencia: Si las convicciones y valores básicos de la corporación, no enfatizan el aprendizaje, éste se convierte simplemente en un término de moda y rápidamente tiene el mismo fin de tantos otros "arreglos instantáneos:" una gaveta o el cesto de basura).[6]

De acuerdo con Roger Martin, la clave para el proceso [de cambio] es el *auto-examen.* Aun los profesionales altamente educados académicamente, resisten el cambio metiéndose en rutinas organizacionales defensivas, para preservar su status y su seguridad. Al buscar la fuente de los problemas, los gerentes buscan fuera de sí mismos y a menudo hasta fuera de la empresa, culpando al cliente, a lo indefinido de las metas, o lo impredecible del ambiente (en un estudio reciente, se estimó que el 95 por ciento de las empresas que fracasaron, le echaron la culpa a las malas condiciones económicas y solo el 13 por ciento indicó que la mala gerencia tuvo algo que ver con los problemas del momento). Las organizaciones se defienden contra el cambio, porque están compuestas de personas que están trabajando en lo que "siempre ha funcionado." Las empresas, al igual que las personas, piensan que el cambiar significa admitir que *se ha estado equivocado todos esos años.* Realmente, no es así.[7]

De la misma manera en que las empresas deben estar aprendiendo constantemente, debe hacerlo usted. Si va a alcanzar el éxito auténtico, usted debe crecer en conocimiento y discernimiento de la verdad y en cómo aplicarla en la vida diaria de la oficina, en su casa, durante las reuniones sociales y aun cuando esté solo.

Estoy siendo inundado constantemente con nuevas e interesantes informaciones. Llegan a través del fax, del correo, las revistas, y ahora por el Internet. Ruth y yo conversamos regularmente sobre mi necesidad de prestar atención a lo que es relevante para mi vida. Mi tiempo con ella me ayuda a enfocarme en lo que es importante. En una ocasión me dijo, "¡Ten cuidado! Como está escrito en Eclesiastés, en la Biblia, 'Mientras más sabiduría, más problemas; mientras más se sabe, más se sufre.'[8] Y, 'Ten presente que el hacer muchos libros es algo interminable y que el mucho leer causa fatiga'." Pienso que ella tiene razón.[9]

Por tanto, permítame sugerirle un método para que usted lo utilice en su contínuo aprendizaje y manejo de datos:

1. *Sepa lo que es importante saber.* Discipline su lectura y su enfoque mental, sólo hacia aquello que le ayude a alcanzar su gran misión en la vida. Ciertamente usted está en su derecho a entretenerse mentalmente; el descanso y el relajarse son parte del crecimiento, pero si mantiene su visión ante usted, le ayudará a filtrar lo que penetra en su mente.

Además, continúe examinando lo que penetra en su mente, a través del principio matriz que le he explicado en este libro. Por ejemplo, pregúntese constantemente:

• ¿Qué principio apoya o quebranta?

• ¿Es éste un principio universal (un absoluto) que es siempre verdadero bajo toda circunstancia?

• ¿Bajo qué subcategoría encaja esta información? (Por ejemplo, bajo "Procuraré alcanzar el significado personal," ¿encaja dentro de su lado fuerte o en su lado débil?)

2 . *Comprenda las implicaciones de la información*. Lea, observe y escuche en forma crítica. Trate de utilizar un bolígrafo o un marcador cuando lee, para subrayar los puntos importantes (yo siempre lo hago). Luego dialogue mentalmente con lo que lee. A menudo discuto mentalmente con el autor del libro y apunto mis tópicos de desacuerdo en los márgenes. Me ayuda además a formular preguntas tales como:

• ¿Cuál es el verdadero tema?

• ¿Qué quiere decir el autor?

• ¿Cómo se relaciona esto con su comentario anterior?

• ¿Qué hay de malo en esta idea?

3. *Decida qué hacer con esa información*. No existe nada más trágico para mí, que alguien que está lleno de conocimiento no sepa aplicarlo o que sencillamente no quiera aplicarlo.

Imagínese que usted está tratando de aprender cómo establecer empatía con alguien. Usted nunca ha tenido esa habilidad, pero asiste a una charla estimulante y provocativa sobre el tema. Regresa a su casa con el deseo de poner este nuevo conocimiento en práctica, pero su agenda está repleta y nada es puesto en práctica.

Meses más tarde usted lee un libro sobre el tema. En esta ocasión, en vez de sentirse motivado, se dice a sí mismo, "Yo ya sé todo esto. Hasta asistí a un seminario." Puede que se haya convertido en una persona no-enseñable y llena de orgullo por el conocimiento que tiene. Aun así, todavía no sabe como lograr la empatía. Solo sabe como repetir lo que alguien le ha dicho sobre el tema.

El fondo del asunto: de ser así, usted ha sufrido un retroceso a causa del conocimiento, (hacia la dureza de corazón y la arrogancia) antes que avanzar (hacia la empatía auténtica), porque no ha cultivado, ni ha seguido una estrategia para aplicar la verdad como un hábito y un estilo de vida. He aquí algunas preguntas que le ayudarán:

• ¿Cómo practico esta verdad?

- ¿Qué necesito cambiar?

- ¿Qué habilidad puedo practicar hoy?

- ¿Cómo puedo convertir ésta verdad en un hábito, siguiendo el principio de "Optaré por Cumplir mis Deberes?"

Ahora tiene usted dos opciones. Puede hacer las correcciones a mitad de curso y evaluar sus acciones en forma rigurosa, que es la manera fácil, o puede usted hacerlo de la manera rígida, difícil. Acepte mi opinión, es mejor la manera fácil.

Sea flexible

Finalmente, quisiera enfocar el principio de ser *flexible*. Debe convertirse en un experto de esta habilidad en cualquier situación que requiera la toma de decisiones, para adaptarse al cambio constantemente y corregir los errores de manera apropiada.

La flexibilidad, o agilidad mental, es lo que Charles Garfield define en su popular libro, *Peak Performers* [Rendidores Extremos], como "la [habilidad] de cambiar la perspectiva y generar el pensamiento creativo necesario para encarar los desafíos."[10] Hablé anteriormente acerca de hacer estas preguntas en forma rutinaria: "¿En qué he sido negligente en el pasado?" y "¿Cuáles son las necesidades actuales?" Esto requiere de agilidad mental. No estoy sugiriendo que usted esquive los pensamientos o emociones, sino que usted se permita ver las cosas en perspectiva. Trate de describirse a sí mismo y a los demás, en la forma más exacta que pueda, a fin de obtener la mejor perspectiva posible.

Necesitamos desesperadamente desarrollar la capacidad de ser flexibles hoy en día, dado el nivel sin precedente de cambios en nuestra cultura. Heráclito afirmó, "Nada es permanente, excepto el cambio."

Karl W. Deutsch, catedrático de Paz Internacional en la universidad de Harvard, sugiere, "El poder único y más grande en el mundo hoy día, es el poder de cambio...La actitud más descuidada e irresponsable que podríamos tener en el futuro, sería continuar haciendo exactamente lo mismo que hemos hecho en los últimos diez o veinte años."

La nueva información que estamos recibiendo, debe ir acompañada de una gran capacidad para realizar correcciones rápidas, a mitad de curso y ajustes diarios, pequeños o grandes, a la luz de estos nuevos hechos. Tal cambio dramático puede o bien atemorizarlo o bien motivarlo para cultivar las destrezas y las tecnologías que usted necesita para responder a las múltiples opciones disponibles hoy día. "Vivir es cambiar," acotó John Henry Newman, el cardenal y escritor inglés, "y el ser perfecto, es haber cambiado a menudo."

Las destrezas necesarias para convertirse en un artesano de la flexibilidad son tres: creatividad, adaptabilidad y aprendizaje de los errores.

1. Creatividad

La creatividad no siempre se encuentra en un ambiente de tranquilidad y paz. De hecho, un ambiente creativo es a menudo un ambiente caótico y confuso. Recuerde: Para sacar la pasta dental del tubo, tiene que apretarla bastante.

A comienzos del siglo XX, Charles H. Duell, director de la Oficina de Patentes de los Estados Unidos, recomendó al entonces Presidente McKinley que dicha oficina ya debía ser clausurada, porque "todo lo que podía haber sido inventado, ya ha sido inventado." Esto hace que me pregunte ¿cómo le dieron el empleo a ese hombre?

La creatividad es la habilidad de ver las cosas de una nueva forma. Es darle una mirada fresca a lo familiar. El ejecutivo de relaciones públicas John Budd escribió: "La creatividad es el resultado del intenso enfoque sobre un problema en particular. Es un proceso de pensamiento lógico que conduce hacia una solución. Ocurre, no porque una persona trata de ser original, sino porque la persona está tratando de hacer algo difícil. Una persona verdaderamente creativa, excluye las soluciones convencionales y busca más allá de ellas."[1]

Me impresiona ver cómo un grupo de gente innovadora, ha mantenido ocupado al resto del mundo haciendo las cosas que ellos iniciaron. Pienso en Steve Jobs de Apple Computer, quien inició una revolución en la industria de las computadoras personales. Dos características únicas de una mente creativa son: (1) la capacidad de mirar los hechos en forma tangencial (alrededor de los bordes, no tan directamente), y (2) una sincera carencia de temor a estar completamente equivocado algunas veces.[12]

Todos tenemos un gran potencial para la creatividad. Es posible que cada cual la mejore, la cultive, la deje florecer, o la bloquee y la suprima. Si usted está conciente de estas condiciones, tendrá temor o facilitará su desarrollo.[13]

¿Qué tan creativo es usted? Aquí van ocho pasos específicos para desarrollar esta área de artesanía en su vida:

1. Para definir un problema o un proceso, genere una metáfora

o un símil.

2. Aprenda a desafiar el status-quo.

3. Obtenga la mayor información que le sea posible.

4. Conozca qué es lo que da buen resultado en un área o disciplina y busque los principios que puede transferir hacia su propio campo.

5. Trabaje duro.

6. Combine y use lo que da buen resultado.

7. Esté dispuesto a arriesgarse al fracaso.

8 . Deje espacio para lo imposible. [14]

2. Adaptabilidad

Otro aspecto de la flexibilidad es la *adaptabilidad*. La adaptabilidad es la habilidad para manejar la ambigüedad. Significa realizar los cambios con una conducta apropiada, con imaginación, y confianza, aunque nada parezca claro. Hace años, leí un artículo en el Harvard Business Review que hacía un listado de las cualidades de los ejecutivos sobresalientes. Uno de los puntos fuertes de estos ejecutivos, era la capacidad de vivir con ambigüedad por un tiempo largo, en tanto se enfocaban en lo ideal. ¿Qué le parece? Queremos que la vida sea sencilla, sin complicaciones; queremos desplazarnos rápido y en línea recta, pero la realidad no es así. La vida trae consigo muchas ambigüedades, aun cuando uno tenga un camino directo a seguir. Aún esa senda directa, no es tan recta como debería ser. Está expuesta a muchos vaivenes, hacia atrás y hacia adelante, como la bolita de acero en una ruleta.

Cuando hablo sobre la flexibilidad, no solo me refiero a lidiar con circunstancias cambiantes en el ambiente de trabajo, sino también al tratar con las personas. ¿Cómo reacciona usted ante las personas con diferentes personalidades, diferentes pasados? Usted necesita un alto nivel de flexibilidad para atender a las personas y hacer el tipo de correcciones a mitad de curso que sean necesarias.

Las personas no son todas iguales. Todos somos diferentes, todos tendemos a "jalar las cuerdas de los demás" (manipular). En consecuencia, ciertas situaciones y personas nos irritan. Por lo tanto, identificar las situaciones problemáticas y hallar una manera creativa de lidiar con ellas, le dará la flexibilidad necesaria para hacer las correcciones a mitad de camino. Esto se aplica a su situación laboral, a su hogar y a su vida profesional.

3. Aprenda de los errores

No sólo necesita aplicar la creatividad y la adaptabilidad, sino que también necesita aprender de sus errores. Este es probablemente el más fundamental de los principios. He hablado sobre los errores y problemas en otras partes de este libro, pero deseo subrayar lo siguiente: Los errores no solo son inevitables; también pueden ser extremadamente valiosos.

Buckminster Fuller, es mejor conocido por haber inventado el domo geodésico, la esfera tipo panal de abejas, en la que están encapsuladas muchas de las estaciones de radar. Fuller también es conocido por enfocar su ingenio hacia casi todos los aspectos prácticos de la vida. Sus inventos eran menos importantes para él, que el afinar el pensamiento que los hicieron una realidad en el transcurso de su vida.

Fuller ocupó los últimos cincuenta años de su vida predicando un mensaje crítico: "Los seres humanos solo han aprendido a través de los errores." Esa es una tremenda declaración, al igual que esta: "Miles de millones de seres humanos en el curso de la historia, han tenido que cometer cuatrillones de errores para llegar a una etapa en la que tenemos 150.000 palabras comunes para identificar nuestras variadas experiencias particulares, comprensibles solo por la metafísica. El coraje para adherirse a la verdad, como lo hemos aprendido, implica entonces el valor de enfrentarnos a nosotros mismos con la clara admisión de todos los errores que hemos cometido. Los errores son pecados, solo cuando no son admitidos."[15]

Harvey Mackay dirige una de las empresas norteamericanas más exitosas en la fabricación de sobres de papel. Le pregunté a este supercomerciante cómo maneja los errores. "Si usted quiere duplicar su medida de éxito, duplique su tasa de fracasos," afirma. "Los errores ocurren todo el tiempo. Cada vez que comete un error y aprende de él, usted construye su carácter y el poder de su voluntad."

Nuevamente, el problema no consiste en cometer errores; es el no aprender de ellos. El primer principio que tenemos que aprender es el *aceptar los problemas, no reaccionar contra ellos*. Esto nos retorna al principio de no preguntar por qué, sino qué más. ¿Qué puedo aprender? ¿Cómo puedo crecer? ¿Cómo me puedo desarrollar?

Aprender de los errores también significa que usted debe estar dispuesto a que se le enseñe. Que usted esté dispuesto o no, es cuestión de actitud. La mejor manera que yo conozco para ser enseñado, es pidiéndole a las personas a su alrededor que lo ayuden. Si usted quiere crecer como persona, busque un mentor que esté creciendo y desarrollándose. Pregúntele a esa persona lo que hace. Aprenda de esa persona, practique lo que esa persona le dice y crezca en el proceso. Esté dispuesto a recibir enseñanza.

Invite a sus amigos y colegas que le indiquen cualquier cosa en su vida que deba cambiar. Déjelos que invadan su vida y le muestren dónde existe un error. Hágalo con su esposa. Hágalo con sus hijos. No le rechazarán. Por el contrario, serán estimulados por su ejemplo de franqueza. Ya que su perspectiva actual es que usted está progresando y no pretendiendo ser perfecto, este proceso le permitirá ser el tipo de persona especial, exitosa y trascendente que desea ser.

Siempre cometeremos errores. Siempre encontraremos cosas que no salen bien. El secreto es adaptarse. Adaptarse a sus propias debilidades, flaquezas y fracasos, reenfocar la mente, aumentar la flexibilidad, intensificar su concentración, volver a los fundamentos básicos al buscar darle un marco de referencia a su situación, estar consciente de sus debilidades y aportar sus capacidades.

Si usted aprende a aplicar estos principios en su vida, será la clase de persona que realmente se desplaza hacia el verdadero éxito. Estará preparado para seguir los últimos principios de este libro, mantener el rumbo y energizar su vida interior.

Pasos hacia la acción

1. Anote cualquier desafío u obstáculo que enfrenta para alcanzar una meta en particular:

Meta	Desafío
Por ejemplo: resolver un conflicto en el trabajo.	Tengo miedo de confrontar las partes implicadas en el problema.

2. ¿Cómo puedo poner un marco de referencia a esta situación? ¿Cuál de los principios, propósitos, prioridades y características de su vida necesita usted tener en cuenta el tomar acción para alcanzar la meta?

Principios	Debo trabajar a favor de la unidad del equipo (área no- negociable).
Propósito	Debo demostrar integridad mediante una vida correcta, aunque cueste.
Prioridades	Debo resolver los conflictos para ejecutar bien el trabajo. Es lo correcto.
Peculiaridades	No soy bueno en esto, así que practicaré hasta hacerlo bien.

3. ¿Cómo puede usted enfocarse mejor en este asunto? ¿Qué necesita hacer para concentrarse y aprender contínuamente?

4 . ¿Cómo puede usted ser más flexible? Proponga varias maneras posibles para resolver su problema. Trate de orientarse hacia las diferentes opciones; deje espacio inclusive para las ideas sin lógica aparente. No elimine nada, hasta revisar la lista una segunda vez. Si el resolver este desafío requiere responder en forma diferente hacia las personas, planifique estrategias alternas para realizar las correcciones a mitad del camino.

Propuestas de Soluciones	Estrategias hacia las personas
a.	a.
b.	b.
c.	c.
d.	d.
e.	e.

¡Ahora regrese y coloque un círculo alrededor del mejor curso de acción y manos a la obra!

¿Qué aprendió usted del más reciente y gran error que cometió?

Capítulo 10

Energizaré Mi Vida Interior
Cómo experimentar el poder personal verdadero

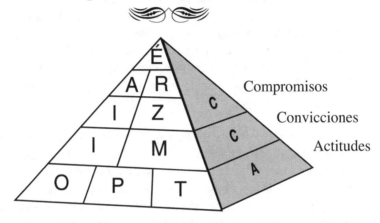

Compromisos

Convicciones

Actitudes

. . . en medio de la prosperidad económica, sufrimos de hambre espiritual.

—Norman Vincent Peale

Enfrentando una muerte prematura como consecuencia de un cáncer cerebral, el "chico malo" Lee Atwater, jefe de campaña del Presidente Bush para las elecciones de 1988, descubrió que su perspectiva de la vida había cambiado:

En la década de los años '80 se hizo énfasis en la, adquisición de riquezas, poder y prestigio. Soy testigo de eso. Adquirí mayor riqueza, poder y prestigio que la mayoría. Sin embargo, uno puede adquirir todo lo que desea y todavía sentirse vacío. ¿Qué poder o influencia no cambiaría yo para tener un poco más de tiempo con mi familia? ¿Qué precio no pagaría por una noche más con mis amigos? Fue necesaria una enfermedad mortal para enfrentarme cara a cara con la verdad, pero es una realidad que nuestro país, que se encuentra atrapado en una ambición desmedida y en la decadencia moral, puede aprender de mi desgracia. No sé quién nos conducirá durante la década de los '90, pero deben ser instados a que se hable acerca de este vacío espiritual en el corazón de la sociedad norteamericana, de este tumor del alma.[1]

Escuchemos también a Jeff, hombre soltero, de 26 años de edad, un ejecutivo en el área de la publicidad, quien siente ese vacío espiritual, aún disfrutando el mejor de sus momentos:

Mi vida ha sido espectacular en los últimos años. Mucho dinero, mujeres, amigos, todo tipo de actividades y viajes. Tengo un buen empleo y trabajo eficientemente. Inclusive, tengo un gran futuro, pues seré ascendido este año y podré tener más dinero y mayor libertad para hacer lo que quiero. Sin embargo, todo pareciera carecer de significado para mí. ¿Hacia dónde me lleva la vida?, ¿por qué hago lo que hago? Siento que estoy siendo arrastrado, sin siquiera haber tomado ninguna decisión verdadera o conocer cuáles son mis metas. Es como si uno estuviera en una carretera y estuviese manejando plácidamente, pero sin saber el porqué se escogió esa ruta en particular y hacia dónde nos lleva.[2]

Lee Atwater y Jeff nos ilustran gráficamente lo que creo que es la mayor necesidad del momento, en muchas partes del mundo. Nos urge efectuar un retorno a las raíces espirituales y a centrarnos en el carácter. Estas son las verdaderas bases para el auténtico poder personal. Lo que cuenta es quién es usted en lo más íntimo de su ser, en lo más profundo de su fe, en su fortaleza espiritual. Esa es la verdadera fuente de su auténtico poder personal.

El energizar su vida interna, es lo que llamaríamos atender la raíz principal. En botánica, la raíz principal es "aquella más gruesa que las raíces laterales y que crece directamente debajo del tallo."[3] Sin ella, el resto de la planta se seca pronto y muere.

Todos los principios dentro del modelo OPTIMIZARÉ™, tienen la importante cualidad de sostenerse solos. Pero este principio de energizar la vida interna y las implicaciones que le acompañan, son absolutamente necesarias para alcanzar las metas globales que nos hemos establecido. Usted debe tener una fortaleza incontenible, una fuerza interior que fluye de su carácter y una espiritualidad cada vez más profunda. Su carácter es la raíz de tal fuerza y su espiritualidad es lo que le da vida a la raíz. De tal manera que, si usted tuviera que escoger y enfocarse en un solo principio, ¡sería éste!

Deseo referirme nuevamente al rey Salomón, del Antiguo Testamento en la Biblia. Salomón reinó hace casi tres mil años, llegando a ser el más sabio y magnífico rey de Israel. De acuerdo a la Biblia, Dios se le apareció a Salomón cuando era un rey joven y le pidió que nombrara cualquier cosa que quisiera que le concediese. Lo único que Salomón pidió fue un corazón con discernimiento, para estar en la capacidad de gobernar la nación con justicia.

Personas de todas partes del mundo venían a consultar al gran rey. ¡Lo tenía todo! considere esta lista:

• Edificó ciudades y estructuras magníficas (el templo y el palacio de Salomón).

• En su época, fue un hombre de riqueza sin paralelo (1.400 carruajes, 12.000 jinetes)

• Fue autor de 3.000 proverbios y 1.005 canciones (Proverbios, Cantares, Eclesiastés).

• Era experto en botánica y zoología.

• Tuvo 700 esposas y 300 concubinas. [4]

Sin embargo, aun cuando Salomón lo tenía todo, lamentablemente se apartó de sus raíces espirituales, lo que trajo un aumento en las debilidades de su carácter. El resultado final fue la división del reino, la pérdida del imperio, la destrucción de su familia, una depresión económica, vergüenza y desgracia personal.

Y al resumir su vida y todo lo que ella le ofreció, Salomón afirmó, "¡Vanidad de vanidades! Todo es vanidad…una persecución detrás del viento." [5] Al final del Libro de Eclesiastés, que describe los altibajos de la vida de Salomón, él nos comparte sus palabras finales de sabiduría.

El fin de todo el discurso oído es éste: *Teme a Dios, y guarda sus mandamientos*; porque esto es el todo del hombre. Porque Dios traerá toda obra a juicio, juntamente con toda cosa encubierta, sea buena o sea mala. [6]

Salomón dejó entrever, que solo existen dos cosas dignas de ser buscadas: "Teme a Dios" (cultiva tu espiritualidad) y "guarda sus mandamientos" (obedece la verdad del corazón; cultiva el carácter).

Le exhorto a perseverar en esta doble búsqueda, porque así como este otrora gran rey abandonó sus raíces espirituales y pagó las consecuencias, muchos otros lo han hecho en nuestra cultura actual. Anteriormente en el libro, mencioné las famosas palabras del estadista francés Alexis de Tocqueville, quien afirmó que la grandeza de los Estados Unidos derivaba de la bondad de su pueblo. También indicó, precediendo directamente a esa cita, "Fue cuando visité las iglesias en Estados Unidos, y escuché sus púlpitos encendidos con la justicia, que entendí el secreto de su genialidad y poder."[7] Él vio una "rectitud" que fluía de una profunda espiritualidad.

En este capítulo, responderé a tres preguntas: ¿Por qué es tan crítico este principio? ¿Qué significan "centrado en el carácter" y "espiritualidad"? ¿Cómo se los cultiva?

¿Por qué es tan crítico este principio?

1. Es la fuente de nuestra fortaleza

El título de este capítulo le brinda la respuesta: Su vida es energizada por su carácter. Su poder y su éxito en última instancia, fluirán de su carácter, es decir, de su verdadera personalidad interior, la que a su vez está íntimamente influenciada por su profundidad y madurez espiritual.

El argumento que apoya esta fuente de energía para la vida, ha sido expuesto con intensidad en obras recientes, tales como *The Culture of Disbelief* [La Cultura de la Incredulidad], escrito por Stephen Carter[8] y *The Book of Virtues* [El Libro de las Virtudes], de Bill Bennett.[9] Ambos libros se han vendido tremendamente; este último llegó a ocupar el primer lugar durante más de 20 semanas, entre los libros más vendidos, según la lista del rotativo New York Times. ¿Por qué? Porque las personas están buscando respuestas más serias y profundas a los crecientes problemas de la actualidad. Hemos abandonado el enfoque en la persona interior, para lanzarnos tras las ganancias materiales de esta vida. Pero, la razón por la cual disfrutamos tanta abundancia hoy en día, es debido a que este principio se aplicó en generaciones anteriores. En realidad, estamos siendo parásitos de las vidas de nuestros ancestros y dejando en ruinas nuestra cultura para los que vienen detrás.

C. S. Lewis lo afirmó correctamente:

Removemos el órgano y demandamos la función del mismo. Forjamos hombres sin corazón y esperamos de ellos virtud y dedicación. Nos reímos del honor y nos sorprendemos al encontrar traidores entre nosotros. Trozamos la planta y aún así esperamos que produzca fruto.[10]

Queremos frutos pero no estamos dispuestos a atender y alimentar las raíces. O, como escribió John Updike, "El hecho que...todavía vivamos bien, no mitiga el dolor de sentir que ya no vivimos noblemente."[11]

Bill Bennett ilustra el problema. "Recientemente tuve una conversación con un taxista en Washington, D.C., la capital de Estados Unidos y quien cursaba estudios de post-grado en la famosa casa de estudios American University. Me indicó que una vez que obtuviese su maestría profesional, retornaría al África. ¿Sus razones? Sus hijos. El piensa que ellos no estarían seguros en Washington. Agregó que no deseaba que sus chicos crecieran en un país donde los jovenzuelos se fijarían en su hija y la catalogarían como 'presa fácil,' y donde su hijo podría ser otro 'blanco,' de la violencia juvenil. 'Es más civilizado allá de donde yo vengo,' afirmó este hombre proveniente del continente africano."[12]

Bennett concluye diciendo, "Les planteo que la verdadera crisis de nuestro tiempo, es espiritual." He aquí su análisis:

Nuestro problema específico es lo que en la antigüedad denominaron Acedia, lo cual es un rechazo y una negación de los asuntos espirituales. La Acedia se manifiesta como una exagerada preocupación por las cosas externas y mundanas. La Acedia es...una ausencia de interés por las cosas de origen divino. Trae consigo, de acuerdo a los ancestros, "una tristeza y una pena por las cosas de este mundo." Conduce eventualmente al aborrecimiento de lo bueno. Junto con ese odio, surge un mayor rechazo, mal carácter, tristeza y más pena.[13]

Lo interesante es que la investigación de Bennet estuvo enfocada en las obras de dos muy conocidos literatos, con trasfondos completamente distintos, cuyos puntos de vista sobre el aumento de la Acedia fueron de increíble coincidencia. Nos reseña que cuando al fallecido novelista Walker Percy, se le preguntó qué era lo que más le preocupaba acerca del futuro de los Estados Unidos, respondió, "Probablemente el temor de ver a los Estados Unidos, con toda su gran fortaleza, belleza y libertad...deslizándose gradualmente en la decadencia por la decidia y siendo derrotado, no por el movimiento comunista, sino desde adentro por sus excesos, aburrimiento, cinismo, codicia y por el abandono fatalista ante sus graves problemas."[14]

Alexander Solzhenitsyn, otro de los que influyeron profundamente a Bennett, se refirió a esto durante su conferencia, con motivo de los actos de graduación en la universidad de Harvard en 1978, hablando acerca del "agotamiento espiritual" del hemisferio occidental. El gran escritor ruso afirmó, "En los Estados Unidos las dificultades…no son un minotauro ó un dragón; ni las prisiones, ni los trabajos forzados, ni la muerte, ni la persecución o la censura gubernamental, sino la codicia, la indiferencia, la apatía, el relajamiento moral. No son los actos de un gobierno represivo, todopoderoso e intervencionista, sino el fracaso de un pueblo indispuesto a hacer buen uso de la libertad que les fue dada como un derecho, desde la fundación de la nación.[15]

Lo que nos enferma es la corrupción del corazón, el torcimiento del alma. Nuestras aspiraciones, nuestros afectos y deseos, se han volteado hacia cosas erróneas. Será hasta cuando los dirijamos hacia lo correcto, lo permanente, lo noble y lo espiritual, que todo va a mejorar." Buchanan previó:

"El advenimiento de una época cursi, donde la vida sería vivida a la luz de las lámparas de neón y el espíritu no tendría paz (...) En tal mundo [de pesadilla] todos tendrían tiempo para el ocio y el placer.

Pero todos estarían inquietos, pues no habría disciplina espiritual en la vida (…) Sería un mundo febril, bullicioso, gratificante, pero aun así descontento. Bajo la fachada de esa vida lujuriosa, estaría la muerte del corazón. En el perpetuo apuro por la vida, no habría oportunidad para la quietud del alma."[16]

Bennett agrega:

Existe en nuestro tiempo una perturbadora oposición para hablar con seriedad sobre los asuntos espirituales y religiosos. ¿Por qué? Probablemente tiene que ver con la profunda incomodidad que siente el mundo moderno hacia el lenguaje y los mandamientos de Dios…. Cualquiera sea su fe, o aun cuando no tenga ninguna, es un hecho que, cuando millones de personas dejan de creer en Dios, o cuando su creencia está tan atenuada que solo se cree en nombres, pronto vienen enormes y visibles consecuencias públicas. Y cuando esto es acompañado por un rechazo del lenguaje espiritual de parte de la clase dirigente, intelectual y política, las consecuencias públicas son aún mayores.[17]

Como Dostoievski escribió en *Los Hermanos Karamazov*, "Si Dios no existe, todo es permisible." Creo que ahora estamos viendo y viviendo ese "todo."

2. Es la base de las sociedades que perduran

Considere las raíces espirituales de los Estados Unidos de Norteamérica. Nuestro visible debilitamiento como país, puede atribuirse directamente al creciente abandono de nuestras raíces espirituales. Un punto de partida útil, es el recordar de dónde venimos como nación.

Alguna vez se ha preguntado, ¿cómo es que en la década de 1770, cuando la población de los Estados Unidos que tan solo alcanzaba tres millones de habitantes, produjo líderes de la talla de Thomas Jefferson, Benjamín Franklin, George Washington, John Adams, James Monroe, James Madison, y muchos más? ¿Puede pensar en algún nombre en la actualidad, en una población de más de 250 millones, que se compare con los ya mencionados?

Al contestar a esta pregunta, Zig Ziglar, un muy conocido experto en ventas, planteó esta pregunta: "¿Sería posible que lo que les fue enseñado a esos patriarcas norteamericanos, tuviera una influencia directa en sus rendimientos y logros? Por ejemplo, de acuerdo con el Instituto de Investigación Thomas Jefferson, en la década de 1770, más del 90 por ciento de la programación educativa, era dirigida hacia la enseñanza de los valores morales. En aquel entonces, el grueso de la educación se llevaba a cabo en el hogar, en la iglesia, o en las escuelas subvencionadas por la iglesia. Para 1926, el porcentaje de la instrucción moral había sido reducido a un 6 por ciento y para 1951 el porcentaje era tan bajo, que ni siquiera podía ser medido."[18]

Evalúe las palabras de George Washington en su primer discurso presidencial. El se comprometió diciendo "que los fundamentos de nuestra política nacional, serán sustentados en los puros e inmutables principios de la moral individual." ....Proclamó además que, "No existe una verdad más sólidamente establecida, que aquella que se afianza en el recato y los designios de la naturaleza, un lazo indisoluble entre la virtud y la felicidad."

Reflexione en el parecer del gran Abraham Lincoln: "La única garantía para la estabilidad y la seguridad de nuestra nación, radica en colocar nuestras bases en la moral y la religión."

El punto es obvio: concentrarnos en un carácter que surja de las raíces espirituales, es la fuente verdadera de nuestro poder individual, institucional y social. Por tanto, yo sostengo que usted debe entretejer este principio en la fibra de su vida. Sus raíces espirituales darán fuerza al crecimiento de su carácter, a través del establecimiento de derroteros morales, la diaria reforma interior, una perspectiva re-enfocada y el control de sus instintos básicos. ¡Ésta será su raíz! A menos que usted acepte este planteamiento, no podrá reconocer la verdadera raíz de su vida y nunca experimentará el verdadero poder. Escuche las palabras de William Faulkner en su discurso de aceptación del Premio Nobel en 1950: "Rechazo aceptar el fin del hombre." La humanidad no solo perdurará, sino que prevalecerá porque, como lo dijo Faulkner, solo nosotros entre las criaturas "[tenemos] un alma, un espíritu, capaz de sentir compasión, hacer sacrificio y tener perseverancia."

3. Es el secreto de nuestra satisfacción

El centrarse en el carácter no es solo la fuente de la verdadera fortaleza, sino también la clave para una vida llena de satisfacción. En su sobresaliente obra *The Pursuit of Happiness* [La Búsqueda de la Felicidad], David Myers diserta sobre lo que hace feliz a la gente. Esto se nos aclara en el subtítulo del libro, *"Descubriendo la senda hacia la plenitud, el bienestar y el gozo personal perdurable."*[19]

El Dr. Myers toma el enfoque de la investigación científica, para medir la felicidad. Sus descubrimientos se ajustan muy estrechamente a mi investigación acerca del auténtico éxito. El concluye que la felicidad y la plenitud, son el resultado de ciertas actitudes y perspectivas, y que no son afectadas en forma determinante por lo externo. El Dr. Myers luego explica ampliamente cómo y dónde se desarrollan estos rasgos. Comienza con una exposición sobre la muy aceptada declinación de los antivalores materialistas, citando los estudios globales que realizara Ronald Inglehart acerca de cambios en los valores:

"Vemos esto con mayor claridad en el abandono del marxismo secular en la Europa Oriental. Lo vemos también en Occidente, una nueva generación madura con una decreciente inquietud por el crecimiento económico y el orden social (…) y con una creciente preocupación por la libertad política, las relaciones personales y la integridad de la naturaleza. Este 'post-materialismo' emergente, ofrece un suelo fértil para una nueva conciencia que cuestiona la prosperidad sin propósito y el dinero sin significado. Luego de dos décadas de creciente inquietud por 'encontrarse financieramente estables', el porcentaje de universitarios norteamericanos que colocan el dinero como una meta de suma importancia en la vida, comenzó finalmente a declinar durante 1989 y 1990." Concluye Inglehart, "Se está iniciando una renovada inquietud por los valores espirituales."[20]

Tal hambre puede ser confirmada en muchas culturas, que van desde un crecimiento del movimiento musulmán alrededor del mundo, al resurgimiento de la iglesia cristiana en los Estados Unidos, se ve en muchos países de la Europa Oriental, y en el crecimiento explosivo de las religiones místicas orientales.

Tal vez usted es una persona que se ha alejado de la religión o de cualquier tipo de espiritualidad, en parte, por los extremos que usted haya podido ver. Tenga cuidado de "no echar todo por la borda," cortando radicalmente con todo, incluyendo lo bueno. Por el contrario, permita la apertura de su espíritu para un máximo crecimiento. Como lo verifica el Dr. Myers, "Encuesta tras encuesta, a lo largo y ancho de los Estados Unidos y Europa, revela que la gente con una creencia religiosa definida, a diferencia de los que no la profesan, expresan sentirse felices y satisfechos con la vida."[21]

¿Qué nos ofrece la fe?

¿Por qué los investigadores encuentran vínculos tan positivos entre la fe, la salud mental y la felicidad? Porque la fe y la espiritualidad ofrecen un lugar de pertenencia (en la comunidad), un sentido de propósito (en el compromiso) y una perspectiva de la vida (en la felicidad). Permítanme explicar brevemente cada uno de estos puntos:

1. Un lugar de pertenencia o sentido de comunidad.

El investigador Martin Seligman, adscrito a la Universidad de Pennsylvania, atribuye la depresión generalizada de hoy día, al "individualismo avasallante…sin compromiso con el bien común." Nuestras expectativas han crecido…sin embargo:

La vida inevitablemente, está plagada de fracasos personales. El valor de nuestras inversiones en las mesas mercantiles se viene abajo, las personas que amamos, nos rechazan, escribimos informes patéticos en el trabajo, no obtenemos el empleo que deseamos, dictamos malas conferencias. Cuando contamos con las entidades benefactoras primarias (Dios, familia, nación), estas nos ayudan a enfrentar las pérdidas personales y nos brindan una estructura de esperanza. Sin la fe en estas entidades, interpretamos los fracasos personales, como catástrofes irreparables. [22]

"Parte de lo que se ha perdido," afirma el sociólogo californiano Robert Bellah, "es un sentido de conexión, de pertenencia, de identificación, ser parte de la gente."

Todos nosotros, en uno u otro momento, hemos experimentado un sentido de comunidad, ya sea en un viaje al campo a la playa, en un viaje largo en autobús, en un colegio profesional, en un equipo de fútbol, o en una reunión del aniversario de graduación de la escuela. Pero de alguna manera, a medida que envejecemos, la sociedad exalta más y más al individuo, en vez de al grupo. Cada día un mayor número de nosotros trabajamos desde nuestras casas, y nuestras casas ya no tienen terrazas, y nuestras calles no tienen aceras peatonales, y nuestras computadoras se encargan de comunicarse por nosotros, entonces lentamente perdemos nuestra conectividad.

Peculiarmente, Myers observa que hoy día, alrededor del mundo entero, "la forma de comunidad más difundida para encontrar tal identidad social y apoyo, es la comunidad religiosa local." En los Estados Unidos, una comunidad religiosa local, ya sea una iglesia, sinagoga, o mezquita de algún tipo, se halla a corta distancia de la mayoría de la gente. Es dentro de estos grupos de personas, que uno puede hallar los lazos de apoyo social que proveen una estabilidad en la vida. Sin embargo, como cultura global, sólo nos estamos desconectando cada vez más.

Uno de los movimientos más fenomenales hoy día, es un grupo denominado *Promise Keepers* (Hombres de Valor, en Latinoamérica). Esta es una red multidenominacional, multicultural y multinacional de hombres que comenzó a reunirse en 1991. El grupo inicial creció de 1.200 a 21.000 en 1992, a 55.000 en 1993, a más de 400.000 en 1994 (logrando reunir en Octubre de 1997, en un solo evento, más de un millón de personas en Washington, D.C.). El propósito del movimiento es alentar a los hombres a "hacer y cumplir sus promesas."

¿Puede usted imaginar a cientos de miles de hombres que se reúnen durante un repleto y emocionante fin de semana, solo porque desean hacer y cumplir sus promesas? Ellos quieren ser hombres de integridad. Quieren ser líderes – siervos, hombres espirituales y morales en sus hogares, en sus empresas, en sus comunidades y en otras tantas esferas de influencia.

Uno de los principales resultados de esas reuniones, ha sido el establecimiento de grupos de apoyo y responsabilidad mutua, entre aquellos hombres que comparten los siete compromisos comunes de los Promise Keepers que son: honrar a Dios; procurar relaciones trascendentes con sus semejantes; practicar la pureza espiritual, moral, ética y sexual; fomentar matrimonios y familias fuertes; apoyar a la iglesia; propiciar la unidad, traspasando las barreras raciales, sociales y denominacionales; e influenciar al mundo positivamente. [23]

2. Un sentido de propósito, y un compromiso por el que valga la pena morir

¿Será que el sentido de misión que comenté en el capítulo 5, es adoptado con mayor intensidad y profundidad por aquellos que tienen una fe por la cual viven?. El poeta polaco del siglo XIX Cyprian Norwid escribió, "Para ser...lo que se dice feliz, uno debe tener: (1) algo en qué vivir, (2) algo por qué vivir, (3) algo por qué morir. La falta de uno de estos motivos resulta en un drama. La falta de dos, resulta en una tragedia."[24] La búsqueda de significado nos motiva a cada uno de nosotros en algún momento. En realidad, es perturbador vivir como un adulto por mucho tiempo, sin hacer incursiones en el ámbito de las preguntas que revelan el "significado de la vida."

El investigador clínico Seligman, afirma que descubrir el significado de la vida, exige "una adhesión a algo más grande que la soledad del individuo. Si la gente joven encuentra difícil hoy día tomar en serio su relación con Dios, ocuparse de su relación con el país o ser parte de una familia grande y estable, les será muy difícil hallar un significado para la vida. Poniéndolo de otra manera, el yo es una entidad muy inadecuada para encontrar ese significado."[25]

El psiquiatra Viktor Frankl llegó a una conclusión similar, luego de observar una menor apatía y una disminución en las tasas de mortalidad entre los prisioneros de los campos de concentración en Alemania, entre aquellos que retuvieron un sentido de significado, un propósito por el cual vivir, o aún morir. Muchos de ellos eran judíos devotos, cuya fe les brindaba un profundo propósito interior, mismo que les dio una razón para vivir y resistir a sus opresores. [26]

Fíjese en los hallazgos de una reciente encuesta nacional de la Empresa Gallup, analizada por el sociólogo Robert Wuthnow de la Universidad de Princeton. Descubrió "que la espiritualidad comienza a llevar a las personas a sentirse compasivos, sólo cuando se alcanza el umbral del compromiso de servicio en algún tipo de actividad religiosa colectiva."[27]

3. Perspectiva de la vida o contentamiento

La fe en el futuro, produce una perspectiva saludable de la persona, de la vida, y en los temas concernientes a la eternidad, al aquí y ahora, es decir, un sentido saludable de contentamiento.

Por ejemplo, en la medida que las personas con fe crecen en madurez espiritual, su sentido de admiración de Dios les brinda una perspectiva saludable de sí mismos. Logran una mayor capacidad para identificar sus áreas débiles (pecados, en su terminología) y lidiar con ellas (a través del perdón). David Myers relata una emotiva anécdota acerca del poder de la fe, manifestada en obras de increíble desprendimiento (ausencia de egoísmo) personal:

> Con los submarinos alemanes hundiendo buques más rápidamente de lo que las fuerzas aliadas estaban en capacidad de reemplazar, el barco de tropas SS Dorchester zarpó desde la bahía de Nueva York con 904 hombres rumbo a Groenlandia. Entre los que dejaban a sus ansiosas familias, se encontraban cuatro capellanes, el pastor metodista George Fox, el rabino Alexander Goode, el sacerdote católico John Washington, y el ministro de la Iglesia Reformada Clark Poling. Faltando unas 150 millas para arribar al puerto de destino, un submarino U-456 colocaba en la mira de su periscopio al Dorchester. En cuestión de segundos después del impacto de un torpedo…los marineros de la aterrada tripulación corrían desde sus camarotes, mientras el buque comenzaba a escorar…A bordo reinaba el caos, a medida que los hombres presas del pánico, salían a cubierta sin chalecos salvavidas y saltaban a los botes de emergencia, que ya estaban repletos.
>
> Los cuatro capellanes…distribuyeron los chalecos salvavidas y conminaban a los hombres a saltar por la borda…dichos capellanes entregaron hasta el último chaleco. Finalmente, en un acto de profundo desinterés, entregaron los suyos. Uno de los tripulantes, mientras saltaba al agua, vio a estos hombres aún a bordo tomados de las manos y orando en latín, hebreo, e inglés. Otros tripulantes, ahora ya serenos, se sumaron a ellos en tanto que el Dorchester se hundía en el mar.[28]

La profundidad de la vida espiritual sí marca una diferencia. Lo motiva a uno hacia una causa mayor en esta vida y por lo tanto estimula y alimenta las raíces del éxito auténtico.

En este punto me refiero a que usted pueda ver el beneficio y la necesidad de cultivar la base espiritual y del carácter en su vida. Ahora permítame brindarle algunas sugerencias específicas acerca de cómo desarrollar su vida de espiritualidad interior y su carácter.

El energizar su vida incluye atender por lo menos dos necesidades específicas: *la necesidad de concentrarse en ser y* la necesidad de *cultivar su espiritualidad.* Permítame ampliar cada una de ellas.

Concéntrese en ser

Somos una nación de personas consumidas por "el tener." No solo queremos tener cosas materiales, sino también conocimiento e información. Incluso queremos tener los intangibles como el amor, la inspiración y la felicidad. El poseer pareciera ser la más deseada de las virtudes, sin importar cuál sea el resultado final. Aun así, somos una sociedad de personas notoriamente infelices, solitarias, ansiosas, deprimidas y codependientes. De hecho, estamos descubriendo que cuanto más tenemos, menos satisfechos nos sentimos.

Si vamos a concentrarnos en "ser," necesitamos empezar con lo interior, el carácter. En oposición a esto, nos preocupamos tanto acerca de nuestra apariencia en público, que tendemos a enfocarnos en nuestro comportamiento exterior y no en nuestro carácter interno. Esto resulta a menudo en pretender ser alguien que no somos. Proyectamos una vida y vivimos otra. Esto resulta en una carencia de motivación interna, de poder para vivir y fallamos en comportarnos de la manera en que deberíamos. Esto también lleva a intentar la manipulación de los demás.

Es por esa razón que debemos retornar al carácter. Debemos vivir desde adentro hacia afuera. Existen numerosas cualidades del carácter que necesitamos estar desarrollando.

Tomando las citas de los grandes filósofos, pensadores religiosos y líderes exitosos, podemos resumir estas cualidades del carácter, al enfocarnos en el concepto de la autenticidad. La autenticidad es el núcleo y corazón de este libro. Para ser auténticamente exitoso, usted debe ser el mismo por dentro y por fuera. Esto significa ser una persona de integridad. Usted debe moldear y armonizar su vida íntima y privada, con su vida pública y exterior, aplicando los mismos principios. De aquí fluye realmente la verdadera energía. Algunas de las posiciones más absurdas sobre este tema, provienen de Washington, Estados Unidos. En defensa de sus incongruentes estilos de vida, muchos de los líderes de la nación han tratado de convencernos que sus vidas privadas son aparte y que no tienen ninguna influencia en su rendimiento laboral y profesional.

¡No caiga en esa filosofía falaz y en ninguna de sus manifestaciones! Estos personajes son modelos para sus hijos y los míos. Todos deberíamos estar muy preocupados por sus vidas personales. Nuestros servidores públicos han recibido una gran responsabilidad mediante sus cargos de liderazgo, para modelar un cierto estilo de vida. El separar ciertos aspectos de la vida, es lo que Sócrates denomina "dualismo." Es muy poco saludable. La vida debe ser integral.

Debemos ser personas de integridad. Es por esa razón que, de todas las cualidades del carácter, escojo enfocarme en ésta. Entonces, ¿Cómo le va? ¿Es usted el mismo, tanto en público como en privado?

Un estudio reciente sobre presidentes de empresas del grupo Fortune 500 en los Estados Unidos, indica que el factor más crítico a considerar al contratar o ascender gerentes generales y evaluar el potencial de éxito que tendrán, es la integridad. Irónicamente, los rasgos catalogados como los menos importantes fueron la apariencia, la aceptación y el conformismo.[29] (Me parece interesante que las características que muchos adolescentes, el público en general y los medios de comunicación social encuentran más atractivos, son aquellas que tienen menores posibilidades de conducir al éxito genuino y duradero.)

Se relata la anécdota acerca de una joven enfermera quien estaba finalizando su primer día de trabajo como supervisora de un quirófano, en un conocido hospital.

"Doctor, usted sólo ha extraído once gasas y utilizamos doce," le dijo ella al cirujano.

"Las extraje todas," comentó el doctor. "Procedemos a suturar la incisión… ahora."

"No," objetó la enfermera. "Utilizamos doce gasas."

"Yo asumo la responsabilidad," afirmó secamente el cirujano. "¡Proceda a suturar!"

"¡Usted no puede hacer eso!" exclamó la enfermera. "Piense en el paciente."

El cirujano sonrió, levantó el pie y le mostró a la enfermera la doceava gasa. "Usted es una buena enfermera," le comentó el doctor.[30]

Acepte el compromiso de ser consistente por dentro y por fuera. El enfoque de esta consistencia debe basarse en su propio sistema de valores. Todos tenemos un sistema de valores, ya sea determinado en forma intencionada o subconsciente. Vivimos nuestro sistema de valores con determinación deliberada, o sin prestarle ninguna atención.

Ahora tome los enunciados de valores que usted desarrolló bajo el principio de Internalizaré los principios correctos (cap.4). Pregúntese si esos valores sólo son enunciados en un papel, o principios que usted está aplicando fielmente en su vida.

El primer aspecto en que debe concentrarse es en el ser, quién es usted, su carácter. Seguidamente, deseo explorar el área de la espiritualidad, debido a que la llama del carácter ético y moral, requiere del combustible de la espiritualidad.

Cultive la espiritualidad

Puede que usted sea una persona que nunca ha tenido una orientación religiosa. Sin embargo, a lo que me refiero es a la espiritualidad. Permítame mostrarle la diferencia.

Cuando pienso en la espiritualidad, pienso en nuestras vidas interiores, en temas internos. Cuando hablo de la religiosidad, pienso en aspectos externos.

Cuando pienso en la espiritualidad, pienso en relaciones, como nuestra relación personal y privada con Dios y nuestra relación con los demás a la luz de ésta. Cuando pienso en la religiosidad, pienso en reglamentos, en la obediencia externa a esos reglamentos o normas. Cuando pienso en la espiritualidad, pienso en el progreso, en el crecimiento y el desarrollo de esa relación personal con Dios. Cuando pienso en la religiosidad, pienso en personas que tratan de ser perfectas y que nunca lo logran.

Cuando pienso en la espiritualidad, pienso en la transparencia, la sinceridad y la honestidad. Cuando pienso en la religiosidad, pienso en fachadas, en gente tratando de ocultar cosas, debido a sus debilidades. Cuando pienso en la espiritualidad, pienso en el ser victorioso, positivo y convincente. Cuando pienso en la religiosidad, pienso en personas dominantes que insisten en que se obedezcan sus reglas.

El cultivar la espiritualidad, es edificar una relación trascendente y dinámica con un Dios personal.

El American Heritage Dictionary define espíritu como "el principio vital o fuerza animadora de los seres vivientes."[31]

El renombrado autor Sam Keen tiene otra definición de la espiritualidad: "En cada ciclo de respiración, entre el inhalar y exhalar, existe un momento de absoluta calma, un instante en que la historia llega a su fin. Luego, comienza el reclamo, el descontento divino, los pulmones

Espiritualidad	Religiosidad
Fortalece el carácter interno	Comportamiento externo
Se relaciona con Dios y los demás	Reglamentos y normas
Progresista y en crecimiento	Pretende ser perfecta, es estática
Sincera y transparente	Cerrada, secreta, parte privada de la vida
Atractiva y convincente	Dominante y negativa

clamando por ser henchidos, el cuerpo ansioso de ser animado por el espíritu."[32]

Con miras a la sencillez, cuando me refiero al espíritu, quiero decir la parte espiritual del hombre interior. Muchos pensadores afirman que existen tres partes en el ser humano: cuerpo, alma y espíritu. El cuerpo (forma exterior) maneja el aspecto físico de la vida; el alma se asocia con los aspectos mentales, emocionales y volitivos de la vida; pero el espíritu tiene que ver con la relación intangible que buscamos con lo sobrenatural. Estos tres componentes de los seres humanos necesitan ser cultivados e integrados, a fin de que la vida sea saludable y auténticamente exitosa. Sin el desarrollo completo de los tres, funcionamos como un taburete con sólo dos patas.

El alma es el área donde se desarrolla el carácter. El espíritu alimenta el alma. Ofrece perspectiva y poder. Al alimentar y hacer crecer su vida espiritual, usted obtiene la perspectiva necesaria para iniciar y cultivar las otras raíces (principios). Recuerde la sabiduría de Salomón al final de su vida: "Temer [o reverenciar] a Dios y guardar sus mandamientos." Él tuvo bien en claro el orden de prioridades: en primer lugar, usted debe reverenciar a Dios. Esto le da la perspectiva y urgencia para guardar los mandamientos o aplicar los principios universales en su vida. Sócrates, aclamado como uno de los educadores morales más notables de toda la historia, demostró lo que es la

debilidad del carácter sin el espíritu, cuando afirmó, "toda la sabiduría de este mundo, no es sino una pequeña nave en la que debemos embarcar al dejar la tierra. Si tan solo existiese un fundamento más firme sobre el cual navegar, *tal vez una palabra divina*" (el énfasis en cursivas es mío).

Cultivar su vida espiritual, también le ayuda a adquirir el poder necesario para vivir estos principios. La oración, la fe, la esperanza, y la creencia en una fuente trascendental, han sido siempre fundamento para ayudar a las personas a alcanzar las experiencias más altas y a menudo las más sencillas en la vida.

En su lecho de muerte, Napoleón reflexionó sobre el poder de la espada y lo comparó con el poder infinito del espíritu cuando dijo, "Muero antes de mi tiempo y mi cuerpo será devuelto a la tierra y devorado por gusanos. Qué abismal brecha entre mis miserias tan profundas y el reino eterno de Cristo. Me maravillo que, mientras mis ambiciosos sueños, los de Alejandro Magno y los de César en Roma, se han desvanecido con el tiempo, un campesino judío, Jesús, haya sido capaz de extender sus brazos a través de los siglos y controlar los destinos de hombres y naciones."

Siddhartha Gautama, a quien conocemos como Buda, dejó atrás una vida de rey, en búsqueda del poder y la iluminación espiritual. Comprendiendo lo inevitable de la vejez y la muerte, buscó una manera de trascender esta realidad humana. El líder judío Moisés y el apóstol cristiano Pablo, buscaron este poder en sus respectivos desiertos. Hoy día los hombres y las mujeres de todos los orígenes, continúan buscando el poder y la perspectiva correcta, en el ámbito espiritual.

En su fascinante libro, *Hymns To An Unknown God* [Himnos a un Dios desconocido], Sam Keen trata de responder las siguientes preguntas inquisitivas:

¿Qué significa para nosotros hoy día el concepto de espíritu? ¿ Tenemos acaso la mayoría, un sentido de ello? Y entre aquellos de nosotros que aún creemos que existe el espíritu, un lugar llamado alma, un Dios, ¿Cuántos tenemos una experiencia diaria de él? ¿Será posible en este día y época caótica, tener el sentido de lo sagrado en la vida diaria, o tenemos que despojarnos de nuestra espiritualidad y de nuestro Dios, en la puerta de nuestros lugares de trabajo?
Clamamos por algo que traiga un sentido de significado y propósito a nuestras vidas diarias, algo más envolvente que el ofrecer rezos al concepto de Dios, o asistir a servicios eclesiales durante el fin de semana.[33]

Rara vez transcurre una semana sin que algún amigo o hasta conocidos cercanos, me hablen acerca del tipo de búsqueda a la cual se refiere Keen.

Un hombre de negocios australiano, vino a visitarme hace varias semanas "sólo para presentarse" Pero, luego de unos momentos de comedida conversación, comenzó a compartir sus zozobras: "He tenido todo lo que el dinero puede dar," afirmó, "pero me embebí en mi trabajo, abandonando emocionalmente a mi esposa e hijos y comencé a encontrar satisfacción en el alcohol." Continuó diciendo que a través de la ayuda de un amigo y de participar en las reuniones de Alcohólicos Anónimos, recién comenzaba a poner su vida nuevamente en orden. Pero, continuó, "sé que hay algo más. Debe tener que ver con la oración y el crecimiento espiritual."

Un conocido artista, de sesenta y tantos años le confesó lo siguiente a Sam Keen:

Luego de enfrentar varias crisis existenciales, finalmente me siento cómodo conmigo mismo, tengo un buen matrimonio y mis hijos ya han salido del nido. En los últimos años, he alcanzado una moderada fama y soy exitoso financieramente, más allá de lo que pude imaginarme. He comprado todo lo que alguna vez quise: una casa elegante, un buen auto, vacaciones y aventuras en exóticas partes del mundo. He donado a las obras caritativas que he considerado prudente y he sido generoso con mi familia y amigos. No creo tener ninguna necesidad o deseo insatisfecho, pero anhelo un tipo satisfacción que no logro describir o nombrar, excepto el llamarla una inquietud espiritual.

Keen le respondió:

Probablemente tu éxito o fracaso en el amor o en el trabajo, te ha dejado con una necesidad urgente de hallar un mayor significado y propósito en tu vida. Tal vez un encuentro cercano con la enfermedad o la muerte, ha derrumbado tu seguridad y te ha llenado de dudas. Quizás tu desencanto con el manicomio de lo moderno, te haya creado un ansia por la esperanza, por la necesidad de una visión renovada de lo sagrado.[34]

De hecho, esta hambre por lo "sagrado" es una tendencia que está creciendo dramáticamente, nacional e internacionalmente. La portada de la revista Newsweek en su edición del 28 de noviembre de 1994, lo expresó muy bien: "La búsqueda de lo SAGRADO...La búsqueda norteamericana por el significado espiritual."

El artículo afirma que "repentinamente es aceptable, aún chic, el utilizar las palabras alma, sagrado, espiritual y pecado." En su propia encuesta, Newsweek afirma que el 58 por ciento de los estadounidenses dicen que sienten la necesidad de experimentar un crecimiento espiritual y que un tercio de todas las personas adultas, informan haber tenido alguna experiencia mística o religiosa.[35]

Uno de los descubrimientos más fascinantes durante mis años de investigación y entrevistas, es ver la naturaleza vital de la espiritualidad en las vidas de aquéllos que han alcanzado el éxito y también dentro de la cultura propiamente. Por la razón que sea, el rol de la espiritualidad es ignorado a menudo y ni siquiera es mencionado. Probablemente las personas piensan que es un asunto personal y privado y por lo tanto no sería apropiado discutirlo en público. Pero esta falta de atención al tema, tiende a causar una separación nada saludable entre lo espiritual y lo secular, algo que nunca debió obstaculizar el verdadero éxito.

En un intento por mostrarle parte de mis hallazgos, he tomado una pequeña muestra de los comentarios sobre la espiritualidad, que he logrado acumular durante mis estudios y entrevistas.

- "Le exhorto y conmino…a que coloque la mira de su investigación más allá de lo que puede ver. Existe una verdadera majestad en el concepto de un poder invisible que no puede ser ni medido, ni pesado."—Ted Koppel, ABC News

- "Cualquier periodista digno de su salario, sabe que el verdadero reportaje a cubrir en el presente, es definir lo que significa ser espiritual. Este sería el reportaje…del siglo."—Bill Moyer

- "Sé que Dios está en todo sitio y en todas las cosas. No existe ningún lugar en que Dios no esté, aun en mí."
  —Robert Fulghum, autor de un best-seller y conferencista

- "Creo que cada persona ha sido creada a la imagen de Dios. Para aquellos de nosotros que hemos recibido el don del liderazgo de las personas a las que conducimos, esta creencia tiene repercusiones enormes."—Max DePree, Presidente de Herman Miller

- "No somos seres humanos teniendo una experiencia espiritual. Somos seres espirituales teniendo una experiencia humana."
  —Wayne Dyer, escritor de best-sellers

- "No puedes ser más generoso que Dios. Sus recursos son totalmente confiables, abundantes y ofrecidos gratuitamente para tu beneficio."—Mary Kay Ash, ex-ejecutiva de negocios

- "Lo que mantiene nuestra fe colmada de alegría, está en nuestro entorno y en la vida diaria, como una señal de que la fe gobierna a través de las cosas ordinarias: en la cocina y la conversación con amigos, en los relatos, al hacer el amor, en la pesca, cuidando de los animales, en la siembra de maíz y de flores, en el deporte, la música y los libros, criando a los hijos, en todos los lugares donde la sopa abunda, la gracia brilla."—Garrison Keillor, ministerio cristiano "A Prairie Home Companion"

- "Comencé a orar, pidiéndole a Dios que me diera compasión, entendimiento y un espíritu de siervo. Al orar, mi corazón fue tocado y experimenté una paz recién llegada."—Zig Ziglar, autor de best-sellers y asesor de ventas.

- "La capacidad para ser entusiasta, es una cualidad espiritual generada desde dentro de uno; no se necesita de charlas especiales o excusas...Soy valioso porque Dios me creó con un valor y una dignidad interior."— Denis Waitley, escritor y conferencista

- "No existe una mejor área para probar su fe, que la administración de un negocio, sin importar el tamaño de la empresa. Reconocemos que Dios es realmente el propietario de todo lo que tenemos."
—Carl Lindner III, accionista de American Financial Corporation

- "Mi fe religiosa...satisface...la necesidad humana más básica de todas. Esa es la necesidad de saber...que nuestras vidas...cuentan como algo más que un instante,... más que un parpadeo en el universo."—Harold Kushner, autor de best-sellers

- "Mi trabajo consiste en hacer las cosas correctamente. El resto está en manos de Dios."—Martin Luther King Jr., activista de los derechos civiles.

- "Nuestro primer objetivo (honrar a Dios en todo lo que hacemos) no es simplemente una expresión de una creencia religiosa o de una denominación, sea esta Judía, Cristiana (Protestante o Católica)...Más bien, es la afirmación de que nuestra manera de hacer negocios, comienza con Dios. Rechazamos la noción de que...el razonamiento del hombre es la palabra o autoridad final."
—C. William Pollard, presidente y director administrativo de Service Master, Inc.

Estos líderes no expresan su espiritualidad todos de una misma manera y no todos tienen la misma fe. Pero todos tienen una fe y buscan cultivarla e integrarla a sus vidas personales y profesionales.

Para que usted tenga el éxito auténtico, debe cultivar estas áreas de su vida.

1. Haga oración

¿Cómo puede cultivar la espiritualidad? Permítame sugerirle tres pasos sencillos. El primero es aprender a experimentar a Dios, a hacer oración.

Ya he mencionado que hace años, cuando vivía en Filadelfia, había una tienda de rosquillas cerca de mi casa. Siempre que me acercaba a menos de un kilómetro de la rosquería, tenía la visión de unas rosquillas de canela, con mantequilla derramándose por los costados. Podía olerlas, podía verlas, podía saborearlas y secretaba saliva así como el perro de Pavlov, al pensar en esas rosquillas.

En un sentido muy real, la misma reacción debería ser cierta acerca de su relación con Dios. Usted puede ser capaz de tocarlo y palparlo virtualmente, sentirlo y probarlo. Usted puede experimentar que Dios es cariñoso y compasivo, es un Dios personal que cuida de usted. Usted debe aceptar y reconocer su presencia en el universo, a lo largo de cada día.

¿Y cómo hace uno eso?

Usted habla con Él a través de la oración. No me refiero necesariamente a reuniones formales de oración. Me refiero a la conversación franca, sencilla, honesta, expresándole al Creador su gratitud, sus necesidades, deseos, aspiraciones, alegrías, penas, frustraciones y aun expectativas.

"Procuro empezar la mañana poco a poco," dice el autor y conferencista Ken Blanchard. Mi amigo Ken, así como muchos otros a quienes he entrevistado y estudiado, invierte de quince minutos a dos horas diarias para reflexión, meditación y oración.

Como comentó un líder, "Tengo tanto por hacer, que debo tener una hora de meditación y oración, si es que acaso voy a hacerlo todo." Su punto de vista es claro. Este tiempo de oración y reflexión le ofrece perspectiva, poder y paz no sólo para hacer correctamente las cosas, sino para hacer las cosas correctas.

El presidente de una corporación con más de tres mil millones de dólares en activos, me dijo que revisa su planificador diariamente, reflexionando acerca de su agenda del día anterior, para determinar si fue de alguna manera ofensivo, inapropiado, rudo, o carente de amor para con alguien en el transcurso del día. Si lo fue, le pide perdón a Dios y si es necesario, a la persona afectada. Él dice que cree que tales momentos le dan la claridad para funcionar bien en su hogar y en el trabajo.

Otros comunican sus hábitos de oración a lo largo del día ofreciéndole, a las demás personas palabras de agradecimiento, su preocupación, su solidaridad en las luchas y en las alegrías. Su contínua evaluación es, que esos momentos de activa dependencia de una fuerza sobrenatural, son la CLAVE para una efectividad integral en su vida y en las vidas de todos aquellos que incorporan la oración en los quehaceres de su vida diaria.

De tal manera que le invito a ser una persona de oración. Empiece con algún tiempo de paz y retiro personal. Luego, háblele a Dios durante el día, así como lo haría con un amigo.

2. Medite en los grandes principios

Lo segundo que debemos aprender es a meditar.

Hoy día existe mucha controversia acerca de la meditación. Gran parte de esa controversia, gira en torno a una forma de meditación que practican las religiones orientales, llamada meditación trascendental. La meditación trascendental se basa en la suposición de que Dios es todo lo que nos rodea; que el hombre es básicamente bueno; que Dios está dentro del hombre; y si vaciamos nuestras mentes, el Dios que está dentro de nosotros, nos traerá total plenitud y felicidad.

Me refiero a un tipo diferente de meditación. La clase de meditación que me es de mayor ayuda, proviene del pensamiento hebreo. Los antiguos escritores judíos hablaban acerca de meditar en la Ley, o en sus principios, de día y de noche. El hecho es que, vaciar nuestras mentes, si acaso eso fuera verdaderamente posible, nos dejaría sin nada, excepto a expensas de nuestros propios recursos limitados. Lo que realmente necesita hacer una persona, es llenar su mente con los pensamientos correctos, aquellos que influenciarán positivamente su manera de vivir. Para mí, la clave para crecer en el área de la espiritualidad, es meditar en los grandes pensamientos y verdades que me ayuden a crecer, a desarrollarme y a fortalecer el carácter en mi vida.

Aprenda a meditar. Hágalo un hábito de día y de noche. Dése tiempo en la mañana para enfocarse en la planificación y a lo mejor, algo de tiempo para digerir algunas de las verdades más profundas que han enriquecido a la humanidad. También sería conveniente que se detuviera a mitad del día, para "oler las rosas," reconociendo así el maravilloso mundo que le rodea. Finalmente, antes de irse a la cama, reflexione sobre su día, enfóquese en los tipos de pensamientos que le dan significado a su vida y observe lo que ocurre, a medida que es transformado desde su interior.

3. Exprese su fe

También puede cultivar la espiritualidad al expresar su fe. En breves palabras, la fe es creer que cosas buenas y positivas ocurrirán en su vida, sin importar las circunstancias. Sin embargo, la fe sólo puede ser tan buena y útil, como el objeto o persona en el que se coloca dicha fe. Le exhorto a darle una larga y profunda evaluación a la fuente de su fe. Formúlese preguntas tales como:

1. ¿Es esta fe históricamente creíble?

2. ¿Realmente puedo ver la evidencia de vidas transformadas a causa de esa fe?

3. ¿Esa fe enfoca adecuadamente los principios básicos de mi vida, el significado personal, el perdón, el poder espiritual, la dirección, los valores, etc.?

La eficacia de su fe está en proporción directa a su sentido de la realidad del Dios viviente. La fe es como un músculo: cuanto más lo usa, más fuerte y grande se hace.

Hace algunos años una amiga estaba absolutamente abrumada por las preocupaciones. Ella se preocupaba por todas las cosas y si no tenía de qué preocuparse, entonces se preocupaba por no tener nada de qué preocuparse. Luego alguien la ayudó a comprender algunos de los principios que rigen la preocupación, basados en estas cinco frases: Número uno, *no te agobies*, no te preocupes. Número dos, *confía en el Señor tu Dios*. Número tres, *confíale tus caminos al Señor tu Dios*. Número cuatro, *descansa en el Señor*. Y número cinco, *espera en el Señor*.

Al reflexionar en la aplicación de su fe, ella dijo, "Comencé a poner mi fe a funcionar en cada uno de estos principios. Después de un tiempo de concentrarme en estos sencillos principios, aprendí que podía expresar mi fe, cuando tenía que resolver cualquier tipo de conflicto, ya fuera físico, mental, emocional, espiritual, o financiero. Mi fe creció como un músculo bien tonificado, hasta que pronto comencé a creer por cosas muy importantes en mi vida. Ahora el expresar mi fe se ha convertido en un hábito muy necesario para mí."

Los profesionales en muchos campos, reconocen la necesidad del crecimiento espiritual en los seres humanos. Lo que deseo que usted vea, es que puede tener una relación con Dios, de la misma manera en que puede cultivar una relación con cualquier amigo cercano. Puede ser significativa, puede ser profunda y puede ser suya. Usted puede hablar de ello si lo prefiere. Disfrútelo y permita que su espiritualidad sea cultivada y crezca.

Si usted desarrolla una relación con Dios y basa su vida en el carácter, es decir, en "ser", entonces será energizado interiormente. Será conocido más y más como una persona de éxito y de gran significado personal.

Pasos hacia la acción

1. Anote cualquier desafío u obstáculo que enfrenta para alcanzar una meta en particular:

Área	Carácter	Personalidad
Vida Personal Vida Familiar Vida Profesional Vida Social	(yo interno) (Ej.) Me siento vacío y a la deriva.	(yo externo) Evidencio que todo está "bajo control."

2. ¿Cómo puede usted crear alineamiento en una de éstas áreas esta semana? Desarrolle y eche a andar un plan de acción. Por ejemplo, trate de edificar sus raíces sobre la verdad (leyendo un buen libro, reflexionando sobre la majestad de la creación, haciendo una lista de todas las cosas por las cuales está agradecido y medite en esto varias veces al día, etc.)

3. ¿En cuál de las tres destrezas de desarrollo espiritual necesita usted enfocarse más en este momento de su vida? ¿Qué práctica diaria de 15 minutos puede comenzar a realizar para comenzar el experimento de 21 días para convertir esta destreza en un hábito?

Notas

Introducción

1. Jon Johnston, *Will Evangelicalism Survive Its Own Popularity?* (Grand Rapids, MI: Zondervan, 1980), 49.
2. Harold Kushner, *When Everything You've Ever Wanted Isn't Enough* (New York, NY: Simon and Schuster, 1986).
3. Glenn Bland, *Success* (Wheaton, IL: Tyndale, 1972), 54–55
4. Kushner, *When Everything You've Ever Wanted Isn't Enough*, 15
5. Ibid., 15
6. Ruth es simplemente una técnica literaria que estoy utilizando para personificar la sabiduría. Tiene su fundamento en la ley natural– universal, las verdades absolutas que pueden ser descubiertas en el ámbito de la creación, las obras clásicas, la filosofía griega, la sabiduría espiritual a través de las épocas, y muchos escritos generales, acerca de la religión y la filosofía, incluyendo el Antiguo y el Nuevo Testamento de la Biblia. Dondequiera que utilizo esta técnica para parafrasear alguna cita específica, así lo he documentado. De lo contrario, comunico mi síntesis a partir de múltiples fuentes de sabiduría.
7. Mi entrevista con Ruth (Prov. 8:4–9).
8. Mi experiencia personal de entrevistas, comenzó en 1973, cuando otra pareja, mi esposa y yo, dedicamos siete meses recorriendo el territorio de los Estados Unidos de Norteamérica, en un casa rodante. Cubrimos un total de unos 32.000 km, en treinta y ocho estados, y entrevisté a 350 prominentes líderes profesionales y ejecutivos. Este trabajo fue fundamental para mi tesis doctoral. A partir de entonces, me he dedicado a la búsqueda de personas que han alcanzado grandes logros y que han sido exitosos de acuerdo a como lo defino en este libro. Personalmente he entrevistado a líderes en los cinco continentes, y docenas de países. Ellos me han ayudado a darle una gran claridad e ilustraciones para los diez principios OPTIMIZARÉ (en inglés MAXIMIZERS).

Capítulo 1

1. Irwin Shaw, "*The Eighty-Yard Run*," un cuento.
2. Charles J. Sykes, *The Nation of Victims: The Decay of the American Character* (New York, NY: St. Martins,1 9 9 2) .
3. Ibid., 1.

4. Ibid., 7.
5. Mike Royko, "*A Discrimination Charge Hits Bottom*," Chicago Tribune, 22 May 1991, (Editorial Section), en Sykes, The Nation of Victims, 7.
6. Sykes, The Nation of Victims, 9.
7. Adaptado de la parábola de los talentos en el Evangelio según San Mateo, capítulo 25:14-30.
8. Douglas LaBier, *Modern Madness* (Redding, MA: Addison-We s l e y, 1986) en Doug Sherman y William Hendricks, *Your Work Matters to God* (Colorado Springs, CO: NavPress, 1988), 27–28.
9. Ibid., 28.
10. Art Williams, *All You Can Do Is All You Can Do* (Nashville: Thomas Nelson, 1988), 61.
11. Robert J. Ringer, *Million Dollar Habits* (New York: Ballantine, 1990). En este libro, Ringer desarrolla diez hábitos prioritarios, que van desde la práctica diaria de la realidad hasta la simplicidad, a la moralidad, a las relaciones humanas. Es uno de los mejores libros que se ha escrito respecto a los hábitos, y recomiendo ampliamente la lectura y estudio de este libro.
12. G. W. Target, "*The Windows*," *The Window and Other Essays* (Mountain View, CA: Pacific Press, 1973) en Tim Hansel, *You Gotta Keep Dancin'* (Elgin, IL: David C. Cook, 1985), 57–59.

Capítulo 2

1. James Moore, *Self - Image* (Colorado Springs, CO: NavPress, 1992), 26–27.
2. Peter Drucker, "*Tomorrow's Manager*," Success, October 1993, 80.
3. Ibid.
4. Ibid.
5. John Powell, *Why Am I Afraid to Tell You Who I Am?* (Chicago, IL: Argus Communications), 1969.

Capítulo 3

1. Martin Seligman, *Learned Optimism* (New York, NY: Random House, 1991). Una buena porción de esta sección resume parte de los pensamientos de Seligman. Para mayor amplitud, lea este libro y algunos de sus otros trabajos.
2. Ibid.
3. Richard Leider, *The Power of Purpose* (New York, NY: Fawcett Gold Medal, 1985), 29. Este es uno de los mejores libros que he leído acerca del manejo de las dificultades y los problemas, escrito por un hombre que ha enfrentado difíciles circunstancias en su propia vida.
4. Scott Peck, *The Road Less Traveled* (New York, NY: Simon & Schuster, 1978), 15.
5. Clyde Reid, *Celebrating the Temporary* (San Francisco, CA: Harper, 1974)

en Hansel, *You Gotta Keep Dancin'*, 44–45.

6. Lois A. Cheney, *"Feeling Blue"* in Hansel, *You Gotta Keep Dancin'*, 107.
7. Lewis Smede en Hansel, *You Gotta Keep Dancin'*, 53.
8. Frederick Buechner en Hansel, *You Gotta Keep Dancin'*, 74.
9. Norman Cousins, *Anatomy of an Illness* (New York, NY: Fawcett Columbia, 1986) en Anthony Robbins, *Unlimited Power* (New York, NY: Fawcett Columbia, 1987), 157.
10. Hansel, *You Gotta Keep Dancin'*, 83–85.
11. Karen Abbott, Scripps Howard News Service, San Diego Union-Tr i b u n e, 13 July 1992.
12. Ibid.
13. C. W. Metcalf, *Lighten Up: Survival Skills for People under Pressure* (Redding, MA: Addison-Wesley, 1 9 9 3).
14. David D. Burns, *Feeling Good* (New York, NY: Signet Books, 1980). Este es un excelente libro acerca de la sicología cognoscitiva, la cual postula que todos los estados anímicos son producto de nuestros pensamientos. En resumen, controle sus pensamientos –especialmente las distorsiones negativas– y usted podrá controlar su estado anímico.
15. Hansel, *You Gotta Keep Dancin'*, 94.

Capítulo 4

1. Alan Bloom, *The Closing of the American Mind* (New York, NY: Simon & Schuster, 1987).
2. Cal Thomas, *The Death of Ethics in America* (Waco, TX.: Word, 1988), 50–51.
3. "Poll bares 'The Truth,' if you can believe it," Cox News Service, San Diego Union, 29 April 1991, 1,A - Y.
4. Ibid.
5. Covey, *Los siete hábitos de la gente altamente eficaz.*
6. Jack Griffin, *"It's OK, Son, Everybody Does It"* in Ken Blanchard and Norman Peale, *The Power of Ethical Management* (New York, NY: William Morrow and Company, 1988), 30–31.
7. Blanchard and Peale, 27.
8. *"Boy Scouts of America Oath"* in Randy Pennington and Marc Bockmon, *On My Honor, I Will* (New York, NY: Warner Books, 1992), 4.
9. Alocución de Ted Koppel, con motivo de la graduación (1987) de estudiantes en Duke University in Thomas, *The Death of Ethics in America*, 133.
10. Para una amplia bibliografía respecto a herramientas para el desarrollo en esta áreas, ver la información de Future Achievement International, al final de estas notas.
11. John Greenleaf, *Servant Leadership* (New York, NY: Paulist Press, 1977).
12. Ken Blanchard, Patricia Zigarmi and Drea Zigarmi, *Leadership and the One Minute Manager* (N e w York, NY: William Morrow, 1985).

Capítulo 5

1. Leider, *The Power of Purpose*, 7 7 – 7 8 .
2. Ibid., 9.
3. Viktor Frankl in Leider, *The Power of Purpose*, 9.
4. George Bernard Shaw in Leider, *The Power of Purpose*, 3.
5. Para más herramientas y recursos en estas áreas, ver la información FAI, al final de estas notas.
6. W. H. Murray in Charles Garfield, *Peak Performers* (New York, NY: Avon Books, 1986), 123.

Capítulo 6

1. Kushner, *When All You've Ever Wanted Isn't Enough*, 145.
2. Ibid., 142.
3. Richard and Linda Eyre, *Life Balance* (New York, NY: Ballantine Books, 1987), 38. Este libro no sólo enfoca el equilibrio en las tres áreas que les he mencionado (prioridades, actitudes y metas), sino que también está repleto de herramientas prácticas acerca de cómo desarrollar ese equilibrio en su vida. Es un tremendo suplemento para este capítulo y el concepto en sí.
4. Ibid., 38–39.
5. Christina Maslach, *Burnout – The Cost of Caring* in Frank Minirth, et al., *How to Beat Burn out* (Chicago, IL: Moody Press, 1986), 14.
6. Eclesiastés 2:17–18, 20–23.
7. Maslach en Minirth, et al., *How to Beat Burn out*, 147.
8. Ibid.
9. Oscar Wilde en Gordon MacDonald, *Ordering Your Private World* (Nashville, TN: Thomas Nelson, 1984), 15.
10. MacDonald, *Ordering Your Private World*, 31–37.
11. Kushner, *When All You've Ever Wanted Isn't Enough*, 15–16.
12. Mateo 22:34–40.
13. Mi agradecimiento a J. Grant Howard por su labor en Balancing Life's Demands. El libro está orientado hacia desarrollar una base filosófica para edificar las prioridades de la vida, en torno a esta triple matriz.
14. Stephen Covey, *First Things First* (New York, NY: Simon & Schuster, 1994), 88.
15. Jody Johnson en Ellen James Martin, Kitchener - Waterloo Record, 28 January 1991, D-2.
16. Michael H. and Timothy S. Mescon, "*That Loyalty Thing*," revista Sky Magazine, June 1994, 30.
17. Ibid., 32.
18. Lynn Gaines, "*Like Family, Not Company*," Boston Globe, 17 March 1994, 41–42.
19. Mescon, "*That Loyalty Thing*," 34.

20. Roy Roberts in Matt Murray, "*Scratch That Itch and More Graduation Advice from the Top*," Wall Street Journal, 26 May 1994, B-2.
21. Gary Wilber in Murray, "*Scratch That Itch.*," B-2.
22. Eyre, *Life Balance*, 101.
23. Kushner, *When All You Ever Wanted Isn't Enough*, 146.

Capítulo 7

1. Daniel Yankalovich, *New Rules in American Life*.
2. Kushner, *When All You Ever Wanted Isn't Enough*, 165.
3. Jon R. Katzenback and Douglas K. Smith, *The Wisdom of Teams* (New York, NY: HarperCollins, 1994), 15–16.
4. Ibid., 18 (énfasis en cursivas es mio).
5. John Naisbitt, *Megatrends* (New York, NY: Warner Books, 1982), 191, 198–99.
6. Wayne Dyer, *The Sky's the Limit* (New York, NY: Pocket Books, 1980), 52.
7. James Dobson, *Hide or Seek* (Old Tappan, NJ: Fleming H. Revell, 1974), 9–10.
8. Robbins, *Unlimited Power*, 3 1 2 .
9. 1 Tesalonicenses 5:14.
10. Blanchard, Zigarmi, and Zigarmi, *Leadership and the One Minute Manager* (New York, NY: William Morrow and Company, 1985). Mi amigo Ken Blanchard y su equipo han desarrollado este concepto muy bien y proveen entrenamiento muy específico acerca de cómo asesorar a los demás.
11. David Augsburger, *Caring Enough to Not Forgive . . . Caring Enough to Forgive* (Ventura, CA: Regal Books, 1981), 19.
12. William Glasser, *Reality Therapy* (New York, NY: Harper & Row, 1965), 7.
13. Gail Sheehy, *Passages* (New York, NY: Bantam, 1974) in Kushner, When All You Ever Wanted Isn't E n o u g h, 62.
14. Kushner, *When All You Ever Wanted Isn't Enough*, 94.
15. Norman Wright, *Communication*: *Key to Your Marriage* (CA: Gospel Light Publications, 1974), 52.
16. Marriage Conference Manual (Little Rock, AR.: FamilyLife, 1993), 78.
17. Judson Swihart, How Do You Say "*I Love You*" ? (Downers Grove, IL: InterVarsity, 1977), 6–47.
18. Adapted from H.Norman Wright, *Communication: Key to Your Marriage Leader 's Manual* (CA: Gospel Light Publisher, 1974).
19. Proverbios 27:17.
20. C. S. Lewis, *Mere Christianity* (London, England: Fontana, 1952), 113–14.
21. Malcolm Muggeridge, *Something Beautiful for God* (New York, NY: Ballantine, 1971), 58.

Capítulo 8

1. Banjit Singh y Do-Wang Mei, *Theory & Practice of Modern Guerrilla Warfare* (New York, NY: Asia, 1971), 28.
2. Aristotle, *Nicomachean Ethics* (384–322 b.c.).
3. Singh and Mei, *Theory & Practice of Modern Guerrilla Warfare*, 44–45.
4. Para programación y herramientas para la implementación ver información acerca de FAI, al final de estas notas.
5. Para audio cintas, video cintas, así como literatura acerca de estos principios, ver información acerca de FAI, al final de estas notas.
6. Para mayor información acerca del manual y las herramientas de sistemas de archivo, ver información acerca de FAI, al final de estas notas.
7. Para mayor información acerca de estos materiales, seminarios, y la lista de "lo mejor de lo mejor," ver información acerca de FAI, al final de estas notas.
8. The American Heritage Dictionary, 471.
9. Bennett, *The Book of Virtues*, 217.
10. The American Heritage Dictionary, 978.
11. Waitley, *Being the Best*, 163.
12. William Sloan Coffin Jr. en *SELF*.
13. Robbins, *Ultimate Power*, 13.
14. Kushner, *You've Got to Believe Something*, 19.
15. *Winston S. Churchill: His Complete Speeches*, 1897-1963 (London: Chelson House, 1974), 6499.

Capítulo 9

1. Ringer, *Million Dollar Habits*, 100, 107–8.
2. Scott DeGarmo, "*Entrepreneurial Types*," S u c c e s s, September 1989, 2.
3. Peter M. Senge, *The Fifth Discipline* (New York, NY: Doubleday Currency, 1990). La conversación es adaptada a partir de su excelente trabajo en esta área.
4. Jeff Comer, "*The Hearing Organization*," C h a n g e (San Diego, CA: Center for Leadership Development, Fall 1993), 3.
5. Rick Warren, *The Fax of Life*, 29 September 1993.
6. Ibid.
7. Ibid., 5.
8. Eclesiastés 12:12b.
9. Eclesiastés 1:18b.
10. Charles Garfield, Peak Performers (New York, NY: Avon Books, 1986), 46.
11. O. A. Battista, *Quotations* (New York, NY: G. R. Putnam and Son, 1977), 74.
12. Ibid., 74–75.
13. Erwin DiCyan, Ph.D., *Creativity: Road to Self-Discovery* (New York, NY: Jove Publications, 1978), 15.
14. Adaptado de una guía de estudio de Campus Crusade, 1989.
15. Buckminster Fuller, "*Mistake Mystique*," East / West (April 1977), 26–28 en Garfield, *Peak Performers*, 215.

Capítulo 10

1. Lee Atwater with Todd Brewster, *"Lee Atwater's Last Campaign,"* L i f e, February 1991, 67.
2. David G. Myers, *The Pursuit of Happiness* (New York, NY: Avon Books, 1992), 178–79.
3. William Morris, ed., *The American Heritage Dictionary* (Boston: Houghton Mifflin Company, 1970), 1 3 1 6 .
4. Carl DeVries, *Zondervan Pictorial Bible Dictionary* (Grand Rapids, MI: Zondervan), 802–804.
5. Eclesiastés 1: 2, 14.
6. Eclesiastés 12:13–14 (énfasis propio). Le insto a que estudie esta obra, en adición a la sabiduría que fluye de otro de los trabajos del rey Salomón, el Libro de los Proverbios.
7. Alexis de Tocqueville in Gerald Kennedy, *A Reader's Notebook* (New York, NY: 1953), 224.
8. Stephen Carter, The Culture of Disbelief (New York, NY: Basis Books/Harper and Row, 1993).
9. William J. Bennett, *The Book of Virtues* (New York, NY: Simon & Schuster, 1993).
10. C. S. Lewis, *"Men without Chests,"* *The Abolition of Man* (New York, NY: MacMillan, 1978) en Bennett, The Book of Virt u e s, 264–265.
11. John Updike in William J. Bennett, *"Getting Used to Decadence: The Spirit of Democracy in Modern America,"* The Heritage Lecture s 477 (Washington, D.C.: The Heritage Foundation, 1993), 2.
12. Bennett, *"Getting Used to Decadence,"* 3.
13. Ibid., 5.
14. Walker Percy in Bennett, *"Getting Used to Decadence,"* 5.
15. Alexander Solzhenitsyn in Bennett, *"Getting Used to Decadence,"* 6.
16. John Buchan in Bennett, *"Getting Used to Decandence,"* 5–6.
17. Bennett, *"Getting Used to Decadence,"* 7.
18. Zig Ziglar in Pennington and Bockmon, *On My Honor, I Will* , xvi.
19. Myers, *The Pursuit of Happiness*. Este libro analiza los rasgos que conducen hacia la felicidad y la plenitud, mediante el amplio y objetivo uso de los estudios científicos efectuados en todo el mundo.
20. Inglehart in Myers, *The Pursuit of Happiness*, 179.
21. Myers, *The Pursuit of Happiness*, 183.
22. Martin E. P. Seligman, *"Boomer Blues,"* Psychology To d a y, October 1988, 50–55, in Myers, *The Pursuit of Happiness*, 189.
23. Randy Phillips, *Seven Promises of a Promise Keeper* (Colorado Springs, CO: Focus on the Family Publishing, 1993), 1–10.
24. Cyprian Norwid, 1850, Waladylaw Tatarkiewixz, *Analysis of Happiness* (The Hague: Martinue Nijhoff, 1976), 176, en Myers, *The Pursuit of Happiness*, 188.

25. Seligman in Myers, *The Pursuit of Happiness*.
26. Viktor Frankl, *Man's Search for Meaning: An Introduction to Logotherapy* (Boston, MA: Beacon Press, 1962).
27. Robert Wuthnow, "*Evangelicals, Liberals, and the Perils of Individualism,*" Perspectives in Myers, The Pursuit of Happiness, 190.
28. Myers, *The Pursuit of Happiness*, 196.
29. Denis Waitley, *Being the Best* (Nashville, TN: Thomas Nelson Publishers, 1987), 54–55.
30. Jeffrey P. Davidson, "*Integrity: The Vanishing Virtue,*" PMA Adviser, V, 9:1.
31. *The American Heritage Dictionary*, 1245.
32. Sam Keen, *Hymns to an Unknown God* (New York, NY: Bantam Books, 1994), xv.
33. Ibid, xvi.
34. Ibid, xvii-ix.

INDICE

NOTAS

NOTAS